江苏高校教师教学发展的探索与实践

王守仁 施林淼 主编

南京大学出版社

序

当前，党和国家对高等教育的发展高度重视，中国高等教育正面临着前所未有的大好发展时机。习近平总书记指出，"高等教育是一个国家发展水平和发展潜力的重要标志。今天，党和国家事业发展对高等教育的需要，对科学知识和优秀人才的需要，比以往任何时候都更为迫切。"教师是立教之本、兴教之源。高等教育要实现党和国家赋予的重任，必然需要一大批"有理想信念、有道德情操、有扎实学识、有仁爱之心"的教师全身心投入这项事业。

教师教学发展中心的建设是国家推动高等教育内涵式发展、建设高等教育强国的重要举措。自 2012 年教育部评选 30 家国家级教师教学发展示范中心以来，越来越多的高校建立了相应机构。并且，经过六年的工作实践，各校教师教学发展中心的建设取得了长足进步。教师教学能力的发展开始得到聚焦与专门关注，教学能力提升的相关研究开始精细化，教学培训的模式开始了多样化探索。教师教学发展中心得到各级教育行政部门和学校领导的重视和支持，呈现良好的发展态势。而今年年初，中共中央、国务院印发《关于全面深化新时代教师队伍建设改革的意见》，这是新中国成立以来党中央出台的第一个专门面向教师队伍建设的里程碑式政策文件，更是将教育和教师工作提到了前所未有的政治高度。应该说，我们从事的教师教学发展工作正面临着难得的发展机遇。

江苏是教育大省，高等教育规模已位居全国第一，高等教育质量也位列全国第一方阵，取得了令人瞩目的成绩。国家启动教师教学发展中心建设工作后，江苏高校也积极响应。目前，省内绝大多数高校都建立了教师教学发展中心组织机构，开展了卓有成效的工作。

随着省内教师教学发展中心的蓬勃发展，在省教育厅高等教育处、省高等学校教学管理研究会的指导下,由南京大学、东南大学、南京师范大学等高校共同倡议,江苏高校教师教学发展研究会于 2014 年 12 月成立。近四年来,研究会通过开展学术年会、专题培训会、研讨会、编书等工作,有效地凝聚各校智慧,促进优质资源的协同共享,成为校际研讨、交流、协作、提升的优质平台,有力推动了省内高校人才培养质量的整体提升。

为了总结阶段性经验,江苏高校教师教学发展研究会在第三届学术年会时决定编辑出版《江苏高校教师教学发展的探索与实践》。本书凝聚了省内相关高校前一阶段在教师教学发展工作方面的思考和经验,里面既有对综合性大学开展教师教学发展工作的思考,也有其他类型高校如工科院校开展相关工作的经验;既有从整体上对建立建强教师教学发展中心的设计,也有对某一群体(如青年教师群体)或某一环节(如教学督导)开展相关工作的思考。相信这些扎根于本土本校实践的智慧结晶,可以为其他高校提供有益的参考与启迪。

本书付梓之时,恰逢全国教育大会召开。习近平总书记在会上强调,要加快推进教育现代化、建设教育强国、办好人民满意的教育! 在新的历史发展阶段,我们在梳理过去经验的基础上,更要加紧奋斗,不辜负这个时代赋予我们的使命和机遇。相信通过省内全体教发同仁的共同努力,我们可以实现打造专业化教师教学发展中心、培养高素质教师队伍、提升人才培养质量的目标与任务,为建设高等教育强国做出自己的独特贡献。

王守仁

南京大学教师教学发展中心主任

江苏高校教师教学发展研究会理事长

2018 年 9 月

目　录

建立建强教师教学发展中心的八大环节探析

——以南京大学为例

何　晖　宋晓青　施林淼

南京大学教师教学发展中心

摘　要: 近年来,许多高校建立了教师教学发展中心,这对促进教师教学发展、提升学校整体教学质量发挥了重要作用。本文以南京大学为例,依据现有的实践经验和理性反思,提出要建立建强一所教师教学发展中心,应在明确自身定位、适合学校校情、主动服务教改、多形式开展活动、建设专业化培训师资、促进教学能力提升研究、营造追求卓越教学氛围、利用新媒体进行传播等八个重要环节下工夫,提升教师教学发展中心的服务与管理水平,为提高教师教学能力、打造育人为本的大学文化、提高人才培养质量提供优质服务。

关键词: 教师教学发展中心建设;教师教学能力

一、引　言

近年来,高校教师教学发展中心建设已成为中国高等教育改革和实践的重要内容之一。2011年教育部、财政部颁布的《关于"十二五"期间实施"高等学校本科教学质量与教学改革工程"的意见》提出,要"引导高等学校建立适合本校特色的教师教学发展中心,并重点建设一批高等学校教师教学发展示范中心"。2012年,教育部启动国家级教师教学发展示范中心建设工作,遴选出了30家国家级示范中心。之后,许多高校建立了教师教学发展中心或类似机构,并且这些中心都已初步完成了建制化的任务,开始在高校教师教学工作中发挥积极的引领和推动作用。①

　　教师教学发展中心的建立与发展在当前阶段有重要意义。据教育部最新统计,中国高等教育毛入学率已经达到42.7%。在这样一个高等教育大众化发展阶段,如何解决在校学生数量的快速增加与大学资源有限之间的矛盾,如何化解科研与教学之间的矛盾,如何构建知识创新和文化传承之间的平衡,需要提出创新的改革思路和应对举措。创建教师教学发展中心,转变教师教学理念,提升教师教学能力,改变教师课堂教学行为,是打造育人为本的大学文化、提高高等教育质量的重要抓手和现实策略。本文以南京大学为例,依据工作实践和已有经验,就如何建立建强教师教学发展中心,提出应紧紧抓住八个重要环节,由此提升教师教学发展中心的服务与管理水平,更好地提高大学的人才培养质量。

二、建设一流教师教学发展中心的八大环节

(一) 明确自身定位

　　建设好教师教学发展中心,首先需要明确教师教学发展中心的定位,辨析其与校内相关部门特别是教务处、人事处以及教育研究机构的关系,实现各部门间的彼此协调、错位发展。

　　首先,教务处是大学的教学管理行政机构,主要负责教学运行、教学质量保障、教学研究与改革、学生学习等各方面的制度性和管理性事务,因而带有较为明显的行政管理特点。相比之下,教师教学发展中心更强调通过教学培训、教学咨询等工作来服务教师,为教师教学能力的提升提供专业化、科学性的支持和帮助。因此,教师教学发展中心尽管也是大学所属的一个单位,但工作职能决定了其带有较少的行政性和强制性色彩,而更多体现出帮扶性和服务性的特点。人事处是大学的人事管理行政机构,主要负责学校的人才人事规划、人才引进与发

---

　　① 别敦荣,韦莉娜,李家新. 高校教师教学发展中心运行状况调查研究[J]. 中国高等教育,2015(3).

展、编制规划与管理、专业技术职务平等事务。教师教学发展中心在教师岗位聘任、教学工作评价等方面与人事处职能有一定的交叉，但它更偏重在教学领域对教师进行培训与支持。

其次，一所大学内部也经常会设有如高等教育研究所、教育研究院等教育研究机构，但这些机构主要致力于教育科学研究、教育学科建设，培养教育学科方面的人才等工作，理论性、研究性和学术性是其主要特色。相比之下，教师教学发展中心更强调学术的转化和应用，更强调利用教育科学的研究成果为教师的教学实践和教学发展服务，更强调解决所在大学真实情境中的教学困惑和问题。因此，扎根于一线教师的教学实践之中，在理论和情境之间进行跨接，实现教学问题的解决和教师能力的提升，是教师教学发展中心的核心使命，也使其相比于教育研究机构，带有更多的实践扎根性和问题解决性的特点。

尽管教师教学发展中心与教务处、人事处、教育研究机构之间存在功能和定位上的差异，但彼此间又存在着相互依存、同生共进的紧密联系。借助于教务处、人事处的行政力量，教师教学发展中心可以更加有力地推动有关教师发展的研究活动、培训活动和评价活动的开展，而与教育科研部门的合作，又可以获得更多的理论力量和前沿视角。由此可见，和而不同、错位发展，体现了教师教学发展中心与其他相关部门相比较为特殊的定位和角色，更进一步地，体现了各部门之间的资源统筹和协同发展所蕴含的生态发展价值。

（二）适合学校校情

建设教师教学发展中心，开展相应的工作，必须要以学校校情为依据。具体而言，既要与学校的发展历史联结起来，有历史的传承，也要与学校的类型和目标有机结合起来，更好地为学校现阶段的发展服务。

从历史上来看，南京大学自 1902 年建立以来，经历了三江师范学堂、两江师范学堂、南京高等师范学校等不同阶段，在教师培育培训方面有悠良的传统与口碑。当年的三江师范学堂，被誉为"江苏的最高学府，南方各省师范学堂的模范"。这对于在现阶段开展教师培训，既是一种激励，也有助于从中汲取历史经验，将优良传统发扬光大。

除了重视历史的传承，教师教学发展中心的工作更需要适合学校的独特校情,紧扣本校教师的实际需求。南京大学是一所研究型大学,教师面临着教学科研两手都要抓、两手都要硬的内在压力。教师教学发展中心的工作需要突出研究型大学的特色,帮助教师处理好教学与科研之间的矛盾,力图做到以科研支撑教学,以教学促进科研,实现教师教学与科研的深度融合、比翼双飞。据此,中心特别强调和鼓励教师采用研究性教学的方式来变革传统课堂,融自身的科学研究和教学实践于一体,推进研究型大学本科教学的模式创新。

教师教学发展中心从整体上设计了"从教学到科研"和"从科研到教学"两条培训路径,试图多视角、多脉络地展现研究性教学的理念、方法和实践经验。例如,按照"从教学到科研"的路径,中心邀请本校的国家级教学名师卢德馨教授开设名师工作坊,一方面向教师讲解科学的本质和核心要素,如科学精神、知识水平、科学素养、科学思维、洞察能力、科学道德、评价能力、批评精神、合作精神、敬业精神、严谨作风等,另一方面传授教学活动中融入科研活动的经验、方法和体会,使教师获得实实在在、高效实用的教学方法,并通过自身的教学尝试,去体会教学相长、教研融合的价值和魅力,认识到培养创新型人才的价值和意义。按照"从科研到教学"的路径,中心有意识地邀请在科研上有突出成就的教师介绍如何将科研与教学融合的经验体会。例如,国家科学技术进步奖二等奖获得者李满春教授对于"教研相长"之道的解析,长江学者王欣然教授主持的以教学科研融合为主题的青年教师教学沙龙等,让大家深刻体会到科研的卓越可以成为教学活动的丰厚土壤,可以为研究性教学的顺利开展奠定坚实的基础。

(三) 主动服务教改

教师教学发展中心工作只有紧扣学校的教学改革实践和需求,才能获得发展的动力。自南京大学推行"三三制"本科教学改革后,教师教学发展中心始终坚持围绕"三三制"教学改革的热点开展各项工作。例如,通识教育课程是"三三制"课程体系的重要建设内容,中心多次组织召开通识教育课程建设研讨会,围绕通识教育的课程目标、目前存在的问题、改进的方向等进行交流研讨。在进入"三三制"2.0阶段后,学校教学工作重点聚焦优质课程建设,教师教学发展中心的活动内容则相应聚焦到课堂教学质量的提升上。中心充分利用南京大学优质教学资源,由国家级教学名师或中青年骨干教师担纲,每月定期开展若干次教学工作坊,积极探索以课程观摩和教学演示为核心的教学能力提升模式。从内容上看,教师教学发展中心主要从课堂教学基本要素确定培训内容,主要围绕教学理念、学生学习、教学方法、课程设计、教学基本技能等方面开展(见表1)。

表 1 教师教学发展中心开设的工作坊举例

培训主题	开设的工作坊
教学理念	研究性教学
	批判性思维
	科研教学融合
学生学习	学生学习结果评估
	学生深层学习方式
教学方法	中大规模课堂中的教学互动
	互动课堂设计
	基于慕课的翻转课堂教学
课程设计	基于目标群体的课程设计
	学科前沿与低年级教学的融合
	跨学科教学设计
	科普与公选课课程设计
	热点问题与通识课设计
教学基本技能	PPT 美化
	教学视频资源的下载与剪辑
	教学中的发声
	课堂身体语言解读及美化

国际上兴起慕课教学改革浪潮后,南京大学也开始在学校层面推进慕课建设工作。为此,教师教学发展中心多次举办慕课培训会,组织多位教师制作慕课,迄今三十余门课程在 Coursera、中国大学 MOOC、学堂在线上线,得到全球学习者的欢迎。

创新创业教育是学校近些年开展的热点工作,教师教学发展中心与教务处共同制定了"教师创新创业教育教学能力提升计划"。具体包括邀请清华大学高建教授、南开大学张玉利教授、昆山杜克大学 Patrick Moreton 教授等知名专家举行创新创业教育专题报告,分享创业教学的成功经验与高校创业教育研究前沿理论;组织创新创业教师进企业活动,参观创客空间与创新型企业,获得对创新创业的感性认识;组织创新创业教育沙龙,共同探讨如何更好地开展创新创业教学等。

(四) 多样化培训形式

教学培训的形式应具有多样性。教师教学发展中心定期为教师提供各种形式的教学培训活动,如面向全校开展名师工作坊、教学工作坊、名师论教等活动;结合院系的具体需求,量身定制培训方案,开展学科教学专题培训。为了加速与国际一流高校的接轨,提升青年教师的国际化视野和教学水平,中心还实施了青年教师境外教学研修计划。

组织新进教师接受教学专题培训。面向新入校教师,中心组织的教学专题培训聚焦有效教学,帮助新进教师了解、熟悉和适应学校教学环境,提升教学理念,掌握教学技能。在开展培训时,考虑到每个教师的特点与需求不同,中心采取了"必修＋选修"的培训模式,教学适应模块和经验分享模块为必修环节,而教学技能选修模块则设置了多个工作坊,老师们可以依据自己的学科和个人兴趣选择参加其中的三个工作坊即可。每个报告或者工作坊结束后,新进教师都需要填写专门的反馈表,提出他认为这次工作坊值得肯定的方面以及下次需要再改进的地方,以便中心在组织下次活动时对内容进行优化。

定期开展教学工作坊。中心充分利用南京大学优质教学资源,由国家级教学名师或中青年骨干教师担纲,每月定期开展教学工作坊。工作坊尽量避免单纯的灌输式报告,而是强调以课程观摩和教学演示为核心,强调互动。中心在教学培训报名系统中,还专门设置了相应的需求和反馈模块,报名的老师可以事先提出对活动内容的具体期望和要求,并在每个培训活动后填写反馈意见,以便专家富有针对性地开展工作坊并在后续进行改进。

组织院系教学专题培训。中心主动与院系对接,了解院系的具体需求,与院系共同研究,量身制定培训方案,开展院系教学专题培训。除了对单独的院系进行培训外,中心还尝试组织大学科教学培训,如针对在学科上具有一定共性的大地学学科(含地球科学与工程学院、地理与海洋科学学院、大气科学学院等)的青年教师集中进行教学培训。

实施青年教师境外教学研修计划。中心启动了青年教师境外教学研修计划,推动青年教师开阔国际视野,了解国内外相关课程的最新发展动态。选派教师结合具体某门课程的建设任务,赴国外一流高校点对点听课、交流和学习,深层次领悟本学科、本课程最新教学理念和方法,切实实现人才培养的全球化、高标准的高位要求。目前已选派教师分别赴加州理工学院、加州大学洛杉矶分校等一流高校进修相关课程,入选教师回国后,陆续开设工作坊介绍其教学研修的心得并开设相应课程。中心不仅注重初期的选拔,更注重后续的跟进,为这些青年教师持续提供支持。其中一项举措是组织境外教学研修公开课,邀请校内外相关学科领域专家及教育学专家前来听课并提出改进意见,帮助青年教师进一步提升课程质量,更好地提升专业教学能力。

实施教学咨询服务。新的教学理念和教学方法为教师教学改革注入了动力,但也使教师在现实教学活动中产生了诸多的问题和困惑。帮助教师解决这些个性化的具体教学问题,促使他们逐步构建体系化、情境化、有生命力的教学专业知识(Teaching Expertise),也是教师教学发展中心服务教师、提高质量的重要方面。为此,中心为主动申请的教师提供及时、深入的个性化教学咨询服务,由教育学专家以及多位国家级教学名师坐镇把脉,咨询内容主要涉及教学策略与技巧、研究性教学、课程建设、教学设计、在线开放课程使用、学生心理等方面。

(五) 建设专业化培训师资

整体来看,各地的教师教学发展中心已经从早期的规模扩展和粗放式运行,进入了内涵发展的阶段。而内涵建设中有一块内容不可或缺,即如何培育专业化的教学培训队伍。中心在开展各类活动时,充分利用南京大学丰富的优质教学资源,同时也尝试开发新的培训资源,建设专业化的培训师资。在目前的体制下,建立一支优秀的教学培训队伍面临不少现实因素的制约,存在很多困难,包括机构编制的有限、进修渠道的缺乏等。特别是在机构编制有限的情况下,较为现实的选择是,整合校内外各种资源,建立相应的激励和培育机制。

为此,中心启动了"教师教学发展引智计划",充实教学培训师资。首期邀请了包括原马里兰大学教学卓越中心主任、澳门大学教与学能力提升中心主任Spencer Benson 教授在内的教师教学发展领域的专家对校内教师开展培训。他面向全校一线教师开设了"如何开展有效教学"和"成果导向的教与学"等多个教学工作坊,并提供课堂观察和教学咨询服务,从教学大纲(课程设计)、课件、考核方式、课堂讲授等方面给予教师详细的点评和建议。

同时,中心将目光聚焦到校内一线教师中,在一线教师中寻找合适的培训师资,培养本校专家,建立兼职队伍。在培养的过程中,特别注重过程性、规划性、团队化、激励性。

首先,注重培养的过程性,本校培训师资的培养不能一蹴而就,要经过凝练、锻炼、更新等环节。在凝练环节,主要是安排相应的专家与具有培养潜质的教师共同研讨,了解、总结他们的教学特色,帮助凝练他们可以开展的教学培训的主题。然后,进入锻炼环节,在校内外开展相应的工作坊,进入实战模式。最后,鼓励教师有意识地去学习其他专家类似主题的报告,进一步完善自身的培训内容与培训方式。

其次,开发本校培训师资时,应注重事先规划。中心应依据每位老师的专长,为每位培训专家确定他适合的培训方向,比如通识教育、慕课、翻转课堂、课程设计等。同时,要注意每位培训专家的培训领域尽量不要重复,如果是在同一个培训领域,他们在具体方向上应该有所区分。

再次,鼓励组建团队。一方面,应围绕某一个主题,组建一个小组,成员们可以一起研讨,相互观摩评价,以改进培训效果;另一方面,教师教学发展中心要把这些培训专家团结在一起,建立他们的归属感,帮助他们实现价值。

最后,学校应有一定的激励举措。南京大学设置了"郑钢教师教学发展引领者培育计划",目标是打造一支敬业、专业、稳定的教学培训队伍,提升教学培训的专业化水平。这个计划为期4年,每年选拔5位对教学培训有思考、有热情,有良好的培训经验的一线教师,每人奖励1万元发展基金。学校还会资助其赴境外参加教学培训方面的研修,以进一步提升他们教学培训方面的专业水平。

（六）促进教学能力提升研究

教师教学能力的提升，关键在于对自身教学实践活动的反思、研究和改进。这一过程对于教师而言，是一个行动研究的过程，即通过理论指导，设计自己的创新性教学介入方式，审视和评估教学效果，反思教学理论和自身的教学新模式，继而进一步改进教学，并开始新一轮的教学行动研究。教师正是在这样一个理论和实践深度连接的循环过程中，实现自身教学能力的扎根式、深层化的提升。

为此，教师教学发展中心设立了教师教学能力提升研究课题。主要面向一线教师、框定研究主题、鼓励解决具体问题，在评审基础上进行立项，给予主持教师经费支持和相关资源。通过这些研究活动，教师的教学观念、教学水平和教学能力不断得以提升。在此基础上，对于教学中有创新、实践效果好的教师，中心邀请他们开设工作坊，推广自己的成功经验和创新模式；而对于教育创新与教学实践中存在困惑的老师，中心也会定期组织各种小型的研讨会和咨询会，帮助教师克服教学探索过程中出现的问题，推动他们的教学改革实验走向成功。中心据此正式出版了《教学改革的探索与实践：南京大学教师教学能力提升研究成果集萃》。

中心还定期举办高层次教学研讨会。教学研究文化的传播还需要从教育科学的前沿视角来刺激和推进。中心连续主办了两届"东亚研究型大学的教与学"研讨会以及"互联网＋融合创新下的大学本科教学发展"研讨会、"高校教师教学评价：理论与实践"研讨会等，围绕高等教育热点问题，共同分析教与学方面的成果经验、做法和研究成果，不但取得了辐射化影响，而且汲取了最新的教育研究成果，拓展广大教师的教研视野，提高参与者对教育教学的理解和认识。

教师教学发展中心也要及时分析自身工作的实践成果，凝练工作经验，积极通过各种途径发声。中心在《中国大学教学》发表《聚焦教师教学能力提升 推进高校教师教学发展中心建设》、接受《在线学习》杂志访谈等，积极推广中心在教师教学发展中心建设以及慕课制作方面的成功经验。

（七）营造追求卓越教学氛围

高校中热爱教学、重视教学的氛围，能潜移默化地激励教师投入教学，提升教学能力。为此，教师教学发展中心主要通过教师教学工作评估和公开课等方式，努力营造卓越教学的良好氛围。

评估既是一种诊断手段，也是一种政策激励和引导方法。中心拟定了《南京大学专任教师应聘高级职务岗位教学工作评估实施办法》与《教学工作评估等级标准》。教学工作评估主要考核教师的教学工作量、专家现场听课评价以及教学改革与成果方面的情况，每位教师的考评结果分为优秀、良好、合格、不合格。对申请教学科研岗的教师，必须获得"合格"以上等级才能进入应聘程序，而对获得"优秀"等级的教师，在职称评聘时可以获得优先考虑；对申请教学岗的教师，实行"公开课"评估，由该学科领域的校外专家对申请人的课堂教学进行评价，评价结果作为职称评定的重要参考指标。

中心还着力打造公开课设置体系，逐步营造人人愿意公开课堂的氛围。引入公开课，一方面是为了更好地客观评价教师的教学水平；另一方面，推动公开课的逐步扩大，让公开课蔚然成风，人人愿意公开自己的课堂，能倒逼整体教学质量的提升。公开课的设置包括三个维度：评价性维度、发展性维度、辐射性维度。评价性维度主要包括教学岗公开课，如前所述，每年请外校专家对教学岗申请人听课，听课结果作为职称评审的重要参考指标。发展性维度主要包括常规课程公开课和境外教学研修公开课，前者是每月公布2～3门课程的授课时间和地点，供校内老师自行去听；后者是邀请外校及本校学科专家、教育学专家对参加过青年教师境外教学研修计划的老师听课，提出改进意见。辐射性维度包括"优质课程"公开课，中心公布入选南京大学百门层级的"优质课程"的授课时间和地点，供校内外老师观摩。由此，逐步促使课堂教学的开放成为常态，稳步提高教学质量。

（八）利用新媒体进行传播

新媒体技术的迅猛发展，使得线下实地培训和线上网络传播的结合成为可能，这也正逐渐成为教学培训工作新的发展形式。特别是教师教学发展中心的工作以服务为主,不具有强制性,可能会面临参与者较少的困境,所以传播工作就更加重要,必须让更多教师了解、理解这项工作,才能将各项活动的效益实现最大化。对此,中心主要从三方面着手:

首先,提前公布活动计划。在月末或月初通过教师教学发展中心网站、微信公众号、新媒体等手段公布下个月或本月的活动,及时将中心举办的丰富多彩的活动推广给老师们,提前公布计划有利于教师早做安排,尽量避免由于通知发布不及时造成教师不能参加中心活动的情况。其次,分享培训笔记,推广优秀教学经验与方法,培训笔记有利于没时间来的老师获取"干货",尽量详尽的活动报道有利于更多老师学到精髓,拓宽教师教学培训的途径,避免由于不能现场参加中心活动而造成的信息获取损失。再次,开展持续性的人物报道。结合"我身边的教学人"专栏,定期报道我校首批"百"层次优质课程主讲教师的教学理念、教学事迹、课程建设方法等,潜移默化地影响更多的老师。

三、结　语

"本科教育是大学的根和本,在高等教育中是具有战略地位的教育、是纲举目张的教育。"在建设高水平本科教育的过程中,师资队伍的建设具有重要意义。迈入新的历史发展阶段后,我国教育改革发展的一个重要理念就是必须"坚持把教师队伍建设作为基础工作"。中共中央、国务院在2018年初专门下发了《关于全面深化新时代教师队伍建设改革的意见》,指出,要"全面提高高等学校教师质量,建设一支高素质创新型的教师队伍。着力提高教师专业能力,推进高等教育内涵式发展。"

作为建设高素质创新型教师队伍的重要举措之一,教育部、财政部、国家发展改革委2018年8月联合下发的《关于高等学校加快"双一流"建设的指导意见》里,再次强调要"建立建强校级教师发展中心,提升教师教学能力"。在过去几年的实践中,我们在前述八个环节入手,努力建强教师教学发展中心,而贯穿在这些环节中的核心思想主线是:努力提升自我、真心服务教师、全力服务学校。我们认为,只有中心自身的工作水平提高了,才可能服务好老师和学校;只有中心各类活动的内容真正契合教师的需要,活动的方式真正为老师喜闻乐见、方便有效,真正是高质量为教师服务,才能赢得老师们的信赖;只有努力将中心的工作和学校的发展重点结合起来,才能持续获得发展的资源和持续进步的不竭动力。

参考文献

[1] 别敦荣,韦莉娜,李家新.高校教师教学发展中心运行状况调查研究[J].中国高等教育,2015(3).

[2] Cook, C. E. & Matthew Kaplan, Eds. Advancing the Culture of Teaching on Campus: How a Teaching Center Can Make a Difference. Sterling, VA: Stylus, 2011.

[3] 王守仁,施林淼.聚焦教师教学能力提升　推进高校教师教学发展中心建设[J].中国大学教学,2016(4).

构建青年教师教学培养体系的实践探索

郝 杰 陈绪赣 顾建新

东南大学教师教学发展中心

摘 要:青年教师是教学工作的中坚力量,青年教师教学培养则是保证高校教学质量的关键环节和重要任务。本文以东南大学构建青年教师教学培养体系的实践探索为例,阐述了基于"三条主线"的教学培养体系、以教学督导工作为依托的教学传承机制和服务青年教师教学发展的制度保障,并对东南大学的实践探索进行了反思和展望,不断促进青年教师教学能力的全面提升。

关键词:青年教师;培养体系;教学传承;制度保障;东南大学

一、引 言

随着我国高等教育的跨越式发展和"双一流"大学建设的全面展开,大批高学历、高素质的青年教师充实到高校教师队伍中。有关资料显示,至 2011 年底,江苏高校共有专任教师 10 万多人,其中 35 岁以下青年教师的比例高达 45.3%,并且这一比例还在继续增高[1]。青年教师的教学能力在很大程度上决定着教学质量,直接影响着高校的教育质量[2]。但有实证研究表明,高校青年教师的教学发展不容乐观,存在教学责任意识不强、重科研轻教学、教育专业知识缺乏、教学方式单一等问题[3]。东南大学一直坚持把一流师资队伍建设作为提高人才培养质量的根本保证,并把青年教师视为未来教学工作的中坚力量,把青年教师教学培养视为保证高校教学质量的关键环节和重要任务,并针对教师个性化、专业化发展和人才培养的需求,以校本为依托、以国际化为路径,构建了围绕教师成长发展的轨迹链、教师专业发展的进阶链和教学发展专题活动载体链的"三条主线"的青年教师教学培养体系;以青年教师教学培养为重点,构建了以教学督导工作为依托的教学传承机制,引导青年教师重视教学工作,提高教学水平。

二、建立围绕"三条主线"的青年教师培养体系

从 20 世纪 80 年代末至今,东南大学长期坚持有计划、有目的地培养青年教师,并于 2011 年成立了教师教学发展中心,通过教师培训、教学评测和教学研究等为教师的教学发展提供专业化、常态化和制度化的支持与服务,构建了围绕"三条主线"的青年教师培养体系。

(一) 基于教师成长发展的"六层次"青年教师培养过程

东南大学围绕教师成长发展的路径,逐步实行师资分层次培养,至目前,学校已形成了"研究生助教培训""新教师入职培训""首次开课培训""青年教师授课竞赛""青年骨干教师培养""教学名师培养"的"六层次"一体化递进的教师培养体系。六层次环环相扣,逐层递进,一体协同,有机地构成了东南大学基于教师成长发展的培养序列。青年教师自入校开始,就沿着"合格教师—优秀教师—教学名师"的轨迹成长发展:

1. 研究生助教培训

助教培训旨在通过成体系的培训,提高研究生助教的教学能力,使研究生助教更好地履行岗位职责,并为研究生毕业后胜任教学工作打下坚实基础,有效培养教师后备力量。东南大学助教培训包括专题培训环节和户外素质拓展环节。专题培训涵盖"如何有效沟通与交流""大学教师的教学责任""助教基本素养""高等教育心理学"等相关主题。研究生助教培训,是研究生进行教育实践的有效途径,有助于培养研究生的综合能力,有利于学校教学质量的提高。

2. 入职培训

入职培训主要是帮助新进校教师掌握教学基本理论,了解教学各环节及要

求,成为一名合格的教师。东南大学新教师入职教育由"岗前培训""集中培训与交流会"和"专题系列活动"三个阶段组成。"岗前培训"是学校组织新进校教师,完成"教师职业道德概论""教育法教程""高等教育学"和"高等教育心理学"理论课程学习并参加统一考试,培训合格后取得教师资格证书。"集中培训与交流会"采用集中培训与交流的方式,邀请学校书记、校长、主要职能部门负责人、校史专家、教学名师和优秀青年教师代表,与新教师进行集中的交流和研讨,帮助新教师熟悉教学、科研、管理环境,并为新教师搭建和职能部处负责人交流的平台。"集中培训与交流会"采取翻转课堂的模式,调研新教师职业发展需求,使培训内容更具有针对性;并建立"新教师工作 QQ 群""微信群",方便开展线上和线下的交流活动。"专题系列活动"则通过讲座、研讨、工作坊、观摩等形式,为新教师提供职业发展和教学基本技能的相关培训,并开设社会主义核心价值观教育和师德师风教育的相关培训模块,帮助青年教师树立正确的人生价值观,并掌握教学基本理论和方法。

3. 首次开课培训

东南大学青年教师走上本科讲台前必须接受首次开课培训,培训合格才能担任本科教学主讲教师。青年教师在向校教务处申请担任本科教学主讲教师时,须由校教学督导专家对其进行为时一学期的校"首次开课教师培训"。在首次开课培训期间,由首次开课培训督导组(1991 年成立)中的校、院(系)两级督导专家对第一次为本科生开课的教师(包括新引进的和新毕业刚走上讲台的年轻教师),通过随堂听课、试讲评议等活动进行手把手的专业指导,并进行考核。在培训期间,学校还对首开课教师进行包括学教学理论,参观陶行知纪念馆,听教学思想、教学艺术系列讲座,观摩教学等方式进行全方位的培训。专家指导、培训工作贯穿整个首开课学期,学期结束后进行总结考评,合格者颁发合格证书,不合格者再次接受培训。至今,学校已组织首次开课培训共计 56 届,近2 000 名青年教师参加,首开课督导专家每年督导全校千门以上的课程,极大地帮助刚刚走上讲台的青年教师提高了基本教学能力和水平,并为青年教师的进一步成长奠定了坚实的基础。

4. 青年教师授课竞赛

为鼓励青年教师在教学上不断探索和创新,促其教学水平不断提高,自

1993 年以来,东南大学每年组织开展与教学实际进程完全融合的青年教师授课竞赛活动,特点是不搞脱离教学现场的集中比赛,而是在整个参赛学期督导组评审专家对每个参赛教师进行 4 人次以上的随机课堂听课,进行全过程的跟踪评比和帮助,同时开展教学系列专题讲座、组织观摩优秀教师的现场教学等活动。为保证授课竞赛活动的顺利、有序开展,学校还制定了《东南大学青年教师授课竞赛实施办法》,并规定授课竞赛成绩优良者,可优先获得教学奖励和教学改革建设立项支持。这些都有效地保证了青年教师参与教学和提高教学水平的积极性。自 1993 年以来学校组织青年教师授课竞赛 25 届,已有近 3 000 人次参加了该项赛事,每年组织上百名专家随堂听课评审,共评出各等级奖项近千人次。学校正式将青年教师授课赛事打造成"评奖、考核和培养"三功能合一的青年教师培养项目,一直以来建设情况良好,培养了一大批青年教师,有力地推动了教师教学能力发展,并充分地调动了青年教师提高教学水平及尝试课堂教学改革的积极性,也为青年教师成长为优秀骨干教师和教学名师提供了锻炼的平台和发展的基础。

5. 青年骨干教师培养

学校青年教师通过以上层次的培养后,由学校通过考察其在教材建设、教学法研究、课程改革以及科学研究等方面所做出的成绩,根据东南大学《优秀青年教师教学科研资助计划实施办法》等相关政策措施,对青年骨干教师进行重点培养。此外,配合《东南大学青年骨干教师公派出国培养计划实施方案》,学校继续实施青年骨干教师出国研修计划,支持青年教师到世界一流大学的一流学科与一流导师进行教学科研合作,拓宽国际视野。

6. 名师培养

学校制定《东南大学突出成果奖励暂行条例》,从政策层面确立了"教学成果与科研成果同等对待""教学名师与学术大师同等对待"的评价理念,鼓励选拔教学带头人作为教学名师培养对象,遴选东南大学教学名师,全方位支持其成长为高水平教学带头人,并争取获得国家或省级教学名师奖。

(二) 基于教师专业发展的"五模块"发展课程

秉承整体的发展理念,东南大学为青年教师各个阶段的成长和晋升提供专业化的服务与支持,将教师发展所需的"五个模块"内容和职业成长阶段有机结合,充分发挥各级教学名师、教学指导委员会专家、授课竞赛获奖教师、出国培训骨干教师的示范和引领作用,努力构建"内容模块化、对象层次化、形式多样化、管理柔性化"的菜单式培训课程体系。教师发展培训课程分为两个基本类型。第一类课程为学校提供的网络在线培训课程,第二类课程为学校自主开发的校本教师发展课程。校本课程分为五个模块:教育理念与教学文化(促进组织发展),教师职业技能(促进专业发展),课程设计与开发(促进教学发展),教学法与学习评价(促进教学发展),教师通用技能(促进个人发展)。课程建设负责人以校内教师和专家为主,适时聘请校外专家承担培训课程。课程管理流程为:课程前期建设、发布开课通知、自主报名、刷卡签到、教师讲课、评价反馈、活动简讯、改进反思等。

(三) 基于教学发展的特色专题活动

东南大学以校教师教学发展中心为主导、以院系为依托,充分利用校内外优质教学资源,以学科教学能力提升为方向,以国际国内一流大学教学质量为建设标杆,采用教学讲座、教学沙龙、教学午餐会、教学专题研讨等组织方式,开展了有关教学对象、教学方法、教学技术、教育管理方面的专题培训活动。其中,为配合学校人才培养目标和学校建设新课型的需要,重点开展了研讨课教学培训、双语课教学培训、PBL指导教师培训、微课与慕课建设培训、现代教育技术等专题培训活动。此外,学校还组织青年教师进行课堂观摩研讨,年均100人次左右;并邀请骨干教师和听课专家深入课堂听课指导,年均900人次左右;鼓励青年教师录制教学微课,进行微课解析教学研讨,年均50人次左右。

学校还开展了教学管理能力培训。邀请国内知名专家做"大学的内涵发展与质量建设""从'李约瑟难题'和'钱学森之问'谈起——从文化视角谈教学改革""做事、管人、把方向、带队伍——漫谈怎样当好院系领导"等专题报告会;并与美国德州农工大学教师教学发展中心举办了"教学管理与领导力"高级研讨班,为我校教学管理人员提供人才培养理念、课程体系、课程开发、教学模式、教学评价、教师培养等方面的教学管理领导力培训。

根据学校国际化的目标,为了帮助教师拓展国际视野、学习国际先进教学理念,学校积极完善青年教师培养机制,邀请国外知名高校教师发展专家及代表团到我校做教学工作坊,与英国牛津大学、曼彻斯特大学、美国马里兰大学、里海大学、德州农工大学等在教师发展和教师培训方面保持着良好的合作关系;并选派我校优秀教学骨干、教学管理人员到海外高水平大学进行进修、交流与访问,助力教师职业发展和教学能力提升。

以上围绕"三条主线"的培养过程,一体协同,有机地构成了东南大学教师教学培养的完整体系。这种层次化、系列化的整体培养、支持机制,为青年教师的教学成长奠定了坚实的基础。

三、重视以教学督导为依托的教学传承

东南大学教学督导工作,以青年教师教学培养作为重点,逐步形成了立体化运作、层次化培养、人性化指导、长效化坚持的督导工作机制;并在督导工作的全过程中,落实东南大学资深教师与青年教师之间的"传、帮、带"机制,引导青年教师重视教学工作、追求教学艺术、提高教学水平。

(一) 基于教师成长培养的督导体系

自 1989 年开始建立校级专家听课制度起,学校逐步构建了校、院(系)两级教学督导体系。校、院(系)两级教学督导形成了明确的工作职能,即:校级教学督导组执行全校的教学督察、指导、评比、咨询职能;院(系)教学督导组执行本院(系)的教学督察、培养、考核、咨询职能。两级教学督导专家由学校与院(系)分别聘请与管理,并按各自的工作方式开展工作、行使职能,他们任务上有重点,业务上有交流,工作上相互配合,不具行政隶属关系,有效地保证了两级督导的积极性。在监控教学质量方面,校级督导组面向全校课程,院(系)督导组则面向本单位教师或为本单位学生开课的其他院系教师,两者均结合专业评估、课程调研等需要,随机深入现场听课,保证更多门课程教学状况处于受控状态。

结合青年教师成长培养的需要,校、院(系)两级教学督导又在横向上分为首次开课培训组、青年教师授课竞赛组、实践教学督导组、医学教学督导组等小组。此外,为进一步深入了解学生评教排名靠前和靠后教师的课堂教学实况,发现优

秀教学人才、帮助教师提高课堂教学质量,自2014年起,对于学生评教两端的教师,每学期组织40～50位督导听课专家开展关注教师的重点听课活动,每学期的听课对象基本覆盖学校15%的任课教师,每学年专家听课达500多课时。听课专家提供详细的听课观感和教学改进建议。对评教不好的教师,听课专家会及时与授课教师进行问题交流,加强教学指导,促使改进。

各督导小组在独立开展工作的同时,在人员安排上可以交叉使用。如授课竞赛评比组的专家成员除本组人员外,还可根据参赛人数情况在其他组及之外另聘若干学科专家。这种小组与小组打通,学校与院系打通,立体化、交叉贯通的教学督导方式,实现了对教学过程全面深入的监控,有力地保证了督导组工作的针对性、协调性与高效性,并且可以更具针对性地培养青年教师的教学能力。

(二)"以人为本、青蓝相继"的教学传承

东南大学督导工作的根本目的在于引导青年教师重视教学工作、追求教学艺术、提高教学水平。督导组专家们始终坚持"督是关心,导是帮助,以督促导,督中重导"的原则,依靠以人为本的、和谐的督导文化来浸润与熏陶青年教师。督导专家直接参与青年教师的指导工作,传授教育教学基本理论知识,深入课堂第一线直接指导课堂教学,帮助教师追求教学艺术的目标,规范和养成良好的教学行为与习惯,引导青年教师主动从事课堂教学研究。学校的青年教师从教学生涯之初就得到了一批德高望重、热爱教育事业的督导前辈们所给予的教育思想和教学技艺培训,并从前辈们那里得到了极其宝贵的教学经验和为师启迪,顺利步入教学工作的正轨。在东南大学,督导者与被督导者之间形成了新老同行"业务交流""互交朋友"的良好氛围。

东南大学教学督导工作已经形成了相对稳定并持续有效的工作模式,不仅使青年教师的教学水平得到有效提高,更重要的是使学校教师热爱教育事业、热爱教学工作、严谨治学、精益求精的从教精神得到传承,营造了东南大学良好的教学氛围和朴实的教学文化,有效地保障和提高了教育教学质量。

四、建立服务青年教师教学发展的制度保障

东南大学紧密围绕"人才培养"的办学主旨，要求教师积极履行教书育人职责，将主要精力投入本科教学工作，并将加强青年教师培养视为学校师资质量建设的关键建设点。因此，学校制定了鼓励青年教师教学发展的相关政策，从制度层面提供保障和依据。

(一) 充分发挥专业技术职务晋升条件的政策杠杆作用

东南大学新入校的青年教师必须通过学校组织的首次开课培训，才能担任本科教学主讲教师。在专业技术职务晋升条件中，如《东南大学教授(研究员)职务评聘基本条件(试行)》《东南大学实验技术系列专业技术职务评聘基本条件(试行)》，只有参加东南大学授课竞赛并获"提名奖"或取得校首开课"优秀"评价等级的专任教师(包括实验技术人员)才具备参评相应专业技术职务晋升资格。授课竞赛二等奖以上奖项作为职称评审的破格条件之一。为了调动广大教师投身教学改革与建设的积极性，特制定《东南大学教学岗教授职务评聘实施办法(试行)》，鼓励教师为培养高素质人才做贡献，并在教学工作研究与实践中取得高水平的教学成果，面向全校性的重要公共基础课、平台课、校级实验中心和国家、省级重大、重点教学改革项目，学校在学科岗之外特别增设教学岗。

(二) 构建教学与科研共生协调的教师考核评价模式

根据东南大学《教师岗位考核积分办法(修订)》，在教师岗位积分考核工作中，对当年度完成的本科及研究生课堂授课(包括课堂教学、实习、实验课、课程设计等)时数，获得教改项目立项以及参与课程建设的教师均设定了较高的积分折算标准，引导教师不断提升教育教学能力；在校内人才培养支持体系的遴选和国家级、省部级人才工程项目的推荐工作中，学校在注重申请人学术产出的同时，将教学能力的考核和评价放到突出重要的位置上来，选拔了一批在教学上取得突出成果的优秀人才进行重点支持。

（三）制定教学突出成果奖励办法

学校制定《东南大学突出成果奖励暂行条例》，为教师教学的健康发展营造出良好的政策环境。除了论文奖励、专利奖励、学科建设贡献奖励、科研成果奖励以外，对国家级、省部级优秀教学成果奖分别设定了奖励等级和极具竞争性的奖励金额，鼓励教师在注重科研成果产出的同时也要多出优秀的教学成果，在学校政策层面确立了"教学成果与科研成果同等对待""教学名师与学术大师同等对待"的评价理念。

五、总结与反思

东南大学特色的青年教师培养体系和青蓝相继的教学传承，对青年教师教学能力的培养和提升起到了积极、显著的效果，也为东南大学整体师资水平的提高提供了支撑。很多青年教师，从刚入校时的教学新手，已成长为教学中坚和学术骨干。我校青年教师在首届全国高校青年教师教学竞赛上荣获一等奖1件；在"第一届全国高校微课教学比赛"和"第二届全国高校微课教学比赛"中获全国一等奖1件、二等奖3件、三等奖2件；在江苏省教育厅主办的第一届和第二届高校微课教学比赛中，获一等奖9件。经过多年的努力，东南大学教师教学水平与教学质量持续提高，已拥有一支结构合理、积极投身本科教学、教学能力较高的师资队伍。

但总结学校近年教师教学发展成果，与世界一流研究型大学，乃至与国内一流研究型大学相对照，我校与培养拔尖创新人才相适应的教师教学能力有待进一步提高。其中，对与研究型大学相适应的教学模式研究不透彻，"以学生为中心""成果导向"和"持续改进"等理念及教学方法在课程教学中落实不到位，缺少完整的教学理论做指导；研讨式教学模式、方法及相应的教学条件与环境缺乏系统的校本研究；信息化技术在促进本科教学建设方面整体规划不足，软硬件环境不足以支撑线上线下大规模混合式教学，教师从事慕课建设的积极性不高；教师培训的多样化和个性化不足；教师缺少自主性，其自主学习和自我提高的积极性不高，教师教学研究意识有待提高。

　　对此,为进一步完善青年教师教学培养体系,学校将在下述方面进行进一步的探索:① 立足培养新型师资,建立教师教学能力培养提升的完备机制。将对教师教学能力的培养贯穿其成长全过程,既要有学校层面的整体培训安排,也要有学院层面的培训计划,并充分发挥基层教学组织的"传、帮、带"作用。② 不断创新教学培训模式和方法,满足教师教学发展的多样化和个性化需求。其中重点是建立新教师"助教制度"和"名师工作室",前者着重教学能力的基础性培训,后者工作重心在于组织各级名师加强教学发展的研究性工作。③ 完善教学激励制度,构建教师教学发展的动力机制。在教师教学能力培养方面,学校应在各方面都给予必要的支持、帮助和引导,建立科学、合理的教学激励制度,引导和激发教师提高教学能力的自觉意识。在教学激励制度设计方面将重点构建一套教学荣誉体系,将长期激励与年度激励相结合、综合激励与专项激励相结合、物质激励与精神激励相结合。④ 设立不同职称阶段的教师培训积分制度。学校将强化基于教师自主发展的教学能力培养策略,帮助教师树立自主发展的理念,引导教师积极、主动参加教学培训,制定个人发展计划,并将教学基本理论应用到具体教学实践中,自主锻炼和提高自身的教学能力;并鼓励教师参与高水平教学团队,为教师提供交流和学习的平台。⑤ 加强信息化软硬件环境建设,提高教师信息化环境下的教学能力。为合理运用新兴信息技术来提高教学效率,学校教育信息化工作领导小组将进一步完善教育信息化工作条例、建立和完善教育信息化创新支撑体系、建立经费投入保障机制、加强项目与资金管理等举措进一步提升教师信息化教学能力;建立相应制度,促进教师紧跟时代步伐,及时掌握教学信息化知识与能力,不断提升信息化环境下的教学能力,提高教学质量。

参考文献

[1] 李明成. 着力实践提升青年教师教学能力[J]. 中国高等教育,2013(1):29-32.

[2] 马强. 高校青年教师教学能力提升机制探析[J]. 中国高等教育,2012,480(9):59-60.

[3] 姚利民,贺光明,段文彧. 重点高校青年教师教学发展的现状与原因分析[J]. 高等教育研究,2016,37(261):55-61.

高校三层次教师教学发展理论及其实践研究

王丽萍

南京师范大学教师教学发展中心

摘　要:本研究首先通过对教师教学发展理论的述评,提出三层次教师教学发展理论,即有所发展、专业发展、谋划发展。其次,阐释在高校中开展组织建设、制度建设和文化建设是实现教师教学发展的必由之路。最后,从具体工作中探索教师教学发展实践道路。

关键词:三层次;教师发展;组织建设;制度建设;文化建设

一、引　言

教师教学发展不仅关乎教师的个人成长,对高校教育教学工作的有效开展影响深远,对建设一流本科教育具有重要意义。教师是本科教育的具体实践者,高校教学质量的提升,关键在于教师。一流本科教育要求教师回归本分,具体而言就是要求教师热爱教学、倾心教学,研究教学,潜心教书育人,即要求高校教师不仅要教书,更要教好书。近年来,高校教师教学发展已成为国家意识和高校的实际行动。南京师范大学至2012年成立教师教学发展中心以来,一直致力于教师教学发展的理论研究和实践探索。提出了促进高校青年教师教学发展的各种思路和举措,如推行发展新教学评价,以教学团队建设为抓手促进青年教师教学成长,开展教学文化建设为教师教学发展提供环境保障等。经过多年研究和探索,我们发现教师教学发展,不能仅限于帮助教师消除教学障碍、丰富教学策略、提升教学水平,而是应该将教学发展放到教师的全面发展视域中,让教师教学有所发展,促进教学专业发展,并且为教师谋划教学出路。三层次教师教学发展理论需要与之相配合的发展路径设计,我们认为开展教师教学发展的组织建设、制度建设、文化建设是必由之路。

二、三层次教师教学发展理论

1. 教师教学发展的理论综述及其评价

国内外,教师教学发展的理论非常丰富。美国教育联合会、博耶、伊文思都做过解释,其中有作为教师个体的理解,也有作为教师类的理解,有目标说(教学的最高标准),也有过程说(追求教师专业化的过程),不一而足。总体来说,可以归纳为狭义和广义两种维度。狭义维度皆将教师的教学发展单纯锁定在"教学"领域,一种狭义教学发展观点认为教师教学发展是相对于教师的学术发展、教师的社会发展等概念而存在的,深入到其具体内容,教学发展主要指"对学习材料的准备、教学模式和课程计划的更新"(1991 年美国教育联合会 National Education Association,NEA)。另一种狭义教学发展的代表论点就是"教学学术"(厄内斯特·博耶 Ernest L. Boyer),教学学术于 20 世纪 90 年代开始,在美国率先提出,缘于当时美国研究性大学过于重视科学研究、轻视本科教学;过于重视论文与学术成果,轻视教学与学生培养质量以及大学内部普遍存在"不发表即解聘"的教师评价和管理制度背景下提出的。"教学学术"(Scholarship of Teaching)与"发现的学术"(Scholarship of Discovery)、"整合的学术"(Scholarship of Integration)、"应用的学术"(Scholarship of Application)在高校教师的学术构成中共同存在。之后以舒尔曼为代表的研究团队又将"教学学术"的内涵进一步拓展,他们认为在高校教学中,教与学是紧密联系的、密不可分的,因此教学学术应该包含"教的学术"和"学的学术"(Scholarship of Learning,SoL),但是并不影响此类高校教师教学发展内涵的狭义归类。而广义的教师教学发展则将之与教师专业化相联系,有学者认为教学是高校教师的根本任务,教师所做的工作都是为教学服务的,所以教师专业发展在很大程度上是指教学发展。其中,伊文思(Evans)(2002)提供的关于教师专业发展的理解具有一定的权威性,按照他的理解,教师教学发展是教学态度上和功能上的发展。安克林德

(Akerlind)关于教师专业发展阐述得较为具体,他在广泛调研的基础上,总结出对高校教师专业发展的五种理解:一是为了更熟悉教什么而掌握了所教学科专业更完整的知识。二是为了更熟悉怎样教而积累了作为教师有用的实践经验。三是为了成为更熟练的教师而拥有教学策略库。四是为了成为有效教学教师而发现或甄别对自己有用的教学策略,这是对于前者的反馈与反思。五是进一步提升自己对学生有用的认识或理解,其表现为关注学生的学习结果而非教师的舒适,教学成功的终极标志是学生的学习结果——进步与发展。

2. 三层次教师教学发展理论

无论是狭义还是广义的教学发展理论,都鲜少从教师教学终身发展角度考虑,关怀到教师教学发展的阶段、层次和教学发展出路问题。在通过广泛的问卷调查总结教师教学发展的群体经验和规律的基础上,再通过个案研究寻求个体的范例和典型,我们得出高校教师教学发展应该具有三个层次:第一层次是让教师的教学能力有所发展,通过教育学、心理学、现代教育技术学等培训,促进教学反思,提高教师的教学能力;第二个层次是教师专业发展,就是让教师的教学不仅仅停留在教育学、心理学、教育技术学等师范层面上,而是将教师的教学与专业的发展结合起来,以教学推动专业,以专业提高教学,达到教学与科研的统一,成就既符合教育规律,又具有很强的专业性和学术性的教学;第三个层次就是让教师通过教学谋划发展,实现以教师的教学能力与业绩表现获得发展机会,而不是当前科研主导的发展体系。

三层次教师教学发展理论,总结为三句话即:提高教学能力、实现科教融合、获得个人发展。在这个理论中,教师教学发展是一个成长性叙事,在一个支持性和学术性的环境辅佐下,激励教师去实现个人职业发展的期望,即通过教学能力不断提升,教学与科研相辅相成,在制度性和文化性的环境中感受到工作的意义并实现个人的发展,从而实现教学目标,教师在完成这些期望的同时,也促进了高校的教学发展,实现了高校教学质量的提升。

三、三层次教师教学发展路径设计

（一）组织建设

设置专门的教师教学发展组织机构。国外高校长期重视教师的教学发展，并且较早的以成立专门机构的方式来负责培养高水平教师。美国高校教师发展组织化始于 20 世纪 60 年代密歇根大学的教师与教学发展中心，进入 20 世纪 90 年代，美国大部分高校设置了大学教师发展机构。英国大学教师发展机构于 20 世纪六七十年代逐步建立，80 年代后获得快速发展。日本大学的教师发展机构则起步于 20 世纪 90 年代。同时期，我国香港和台湾地区的高校亦设有此类促进教师教学发展的专门机构。西南财经大学、中国海洋大学、南京师范大学等是大陆较早成立教师教学发展机构的高校。专门组织机构的成立能克服传统教师资格培训的弊端和应对从"教学培训"到"教学发展"理念的转变。

1. 传统教师资格培训的弊端

长期以来，高校教师入职后获取教与学的知识仅来自"高校教师资格培训"。这种主要以获取"教师资格证"而进行的教育教学理论的培训活动一般由人事部门负责组织实施，是人事部门诸多职能工作中的一项。培训性质为"应试性"，不能满足教师的实际教学需求；学习方式是"灌输式"，无法与教学实践相结合；培训形式是"集中式"，不能考虑不同教师的个性化要求；培训时间是"短期终结式"，无法满足教师可持续发展的需求。另外，由于培训者多为教育学科专业的教师，自然缺乏与来自多学科专业背景的高校教师教学实践的有机结合。无论是从组织上、内容上还是实效上，培训"隔靴搔痒"的弊端日渐显现，严重阻碍了教师的教学发展。

2. 教学发展理念转变的要求

从"教师教学培训"到"教师教学发展"，不是简单的概念转化，而是蕴含着深刻的认识变化和理念更新。教师教学发展的内涵是为达到教师的全面发展，实现教师的人生价值，通过内部与外部的行动，消除教学障碍，进行教学反思，丰富教学策略，进而提升教学能力与水平的过程。这些理念的转变和更新，需要一个专门负责教师教学发展的有形组织机构来承担。成立教师教学发展中心专门负责对高校教师教学发展进行理论研究和实践操作,促进教师教学能力提升成为当务之急。教师教学发展中心是教师教学发展的理想传递和功能实现的载体。作为教师教学发展的组织机构,有助于学校将教师教学发展作为一项系统的专业工程加以建设,可以提供更为专业、全面与系统的教学资源以及咨询、培训、评价与帮助,可以使教师具有更强的归属感与认同感,并激励教师进行自主成长。

(二) 制度建设

只有教学能发展,教学有出路,才能吸引教师将注意力真正关注到教学上来。只有建立确保教师教学发展的制度文化,将教师教学发展进行循序渐进地制度化设计,才能逐步提升教师的教学能力,让教师收获教学成就和喜悦,从而增强教师教学成就感。

1. 常规性的教师教学发展制度

高校一直以来都秉持着"学者必良师"的理念,在引进人才时,考察的重点都是该教师的科研能力和学术水平,缺乏对教学能力的有效评定。而教师的教学发展往往也被看成是教师自己的事情,这导致教师尤其是新入职的教师在教学能力提升上缺乏有效的支持,因此,建立常规性的教师教学发展制度,对教学发展进行制度化建设就显得尤为必要。常规性的教学发展制度包含教学能力提升制度和发展性教学评价制度两个方面。

2. 教学能力提升制度

国外高校对教师教学能力提升的方案和设计较为成熟,以美国为例,美国教师教学做出了专门的发展计划,计划可分为三类:可选性发展计划、规定性发展计划、联合性发展计划。其中可选性发展计划是一种自助餐式的,给予教师自由选择的自主权,纽约城市大学的布鲁克林学院拥有成功的案例,值得借鉴和参考;规定性发展计划是一种系统性的、综合性的评估措施,至 2005 年,美国约 50 个州和哥伦比亚特区均实施了该计划;联合性发展计划则是通过校际合作,由多所大学共同发起,如美国新泽西学院的教学与学习研究院和伊夫格林州立学院共同成立的华盛顿中心(Washington Center for Improving the Quality of Undergraduate Education)。我国多所高校也试图借鉴国外高校在教师教学发展方面设计的提升方案,随着国内高校教师教学发展中心的组建和成立,对高校教师教学提升方案设计的努力已初有成效,如南京大学国家级教师教学发展示范中心在通过教师培训、教学评测、教学研究,加强和完善对全校教学工作的支持和服务,优化和弘扬研究型大学的教学文化,为其他高校提供了借鉴方案;中国海洋大学从信息化与学习科学的视角对高校教师的教学发展方案做出了设计;江南大学教师卓越中心则制定了"微格教学教师提升方案"等,这些理论和实践的探索都为其他高校制定更具全面性、针对性的教师教学发展方案提供了参考和借鉴。

3. 发展性教学评价制度

发展性教学评价是教学质量保障的根本出路,有利于教师的教学发展。引入"发展性教学评价"制度,在教学考核中延长评价周期,通过建立教学质量管理平台,整合质量投诉、信息发布、信息反馈、教学质量标准建设等功能,将原先"一评定音"的方式变革为"以评促教"。不仅在教学评价过程中强调过程取向,更增强了主体取向,一方面通过教学团队建设,强化同行评议;另一方面不断加强学生教学信息员和教学督导两支评价队伍的建设。开通咨询热线加强"点对点"诊断式教学咨询和评价机制,在教师与学生、教学名师和教学管理者之间架起沟通的桥梁,促进学生、教师和学校的全面发展。与"发展性教学评价制度"相配套的是"教学业绩登记制度",教师定期填写《教学业绩手册》,记录教学的点滴,如发表的教学论文、进行的教改项目、学生的评价意见等等,一方面使教学管理部门了解教师的教学工作,给予更有针对性的指导和服务,更重要的是给教师一个反思教学的平台,让教师能总结自己的优势和不足,通过进一步学习和进修,来不断进行自我激励和自我提高,从而获得教学进步和能力提升。

(三) 文化建设

1. 更新观念,营造崇尚教学的精神文化

更新观念,营造崇尚教学的精神文化就是要在全校树立教学中心地位的观念。只有全校上下重视教学、关注教学、投入教学,才能在教师中树立崇尚教学的精神文化,为教师教学发展提供可能。将学校办学历程中"重教""厚生"等为内核的教学文化发扬光大。坚持教学工作"一把手工程",全校工作都要围绕这

个教学这个中心来开展。例如南京师范大学"十一五"以来，学校每年命名一个教学主题，"本科生创新能力建设年""研究性教学年""研究性教学推进年""本科教学质量工程年""质量工程推进年""教师教学发展年""教学评估年""教学改革与质量工程提升年"等，一年一个主题，一年一个重心，所有本科教学工作均围绕这个重心开展，形成了系列品牌，产生了强大的影响力和辐射作用。这些主题年的确立旨在在教师中弘扬教学文化，营造教学氛围，以教学文化的影响力和教学氛围的感染力来促进教师开展教学研究、深化教学改革、提升教学能力、实现教学发展。

2. 加大投入，营造教学先行的物质文化

加大投入，营造教学先行的物质文化的核心就是要将教学发展作为学校事业发展的基础和前提，在教育经费支出中确保"教学先行"，采取一系列有效措施切实保障教学经费的投入，优先进行教学建设，着力改善教学环境、教学条件。确保并逐步加大教学奖励、在学校和教师中营造重视教学的物质文化，在教师评比、申报等工作过程中实行教学工作"四个等同"，即教学工作等同科研工作，教学研究项目等同科研项目，教学成果等同科研成果，教学带头人等同科研带头人。"十二五"期间，南京师大在经费总盘子不变的情况下，克服困难，在原有年均4 655万多的本科教学专项经费投入的基础上，每年再追加2 880万用于本科教学的"理念创新工程""专业建设工程""实践教学工程""教师教学能力建设工程""学生学业发展工程""公共课程改革工程""信息平台建设工程"等七大本科教学专项工程的建设。2013年，学校重新制定了《南京师范大学突出成果奖励条例》，加大了教学立项奖、教学获奖成果奖的奖励力度，使教学奖励的力度不小于同等级别的科研奖励。

3. 开展活动，营造教学研究的行为文化

教学研究是教师们"在本学科的认识论基础上，对教学实践中存在的问题进行系统研究，并将研究结果公开，与同行进行交流、接受同行评价并能够让同行在此基础上进行建构。"这是高校教学文化之行为文化的内涵。学校通过举办教学论坛、名师讲座、教学观摩示范、交流研讨、主题沙龙等多种活动形式，帮助青年教师提高教学水平。比如：沙龙的主题有"研究性教学的实践与创新""外语教学中辅导教学的必要性和可行性研究""教师教育课程价值定位""艺术设计课程的设计""工科专业导论课的教与学"等,这些均是教师们结合了学科专业,在教学研究基础上的交流和建构。为促进新进校教师进行教学研究,组织新教师研习营和新教师名师工作坊活动,让新教师在研习营中集中学习和分享教学体会,在名师工作坊中向名师和学科专家汇报自己的教学研究心得,逐步引导新教师们确立自己的教学思想,形成教学风格和特色。青年教师教学大赛的"教学理念和实践"汇报是最为关键的环节,创造、形成、保持和发展教学理念必须经历一个长期的教学研究的过程,借来的"理念"必定是空洞、缺乏说服力的。此外,在全校评选和推广教学团队,也是旨在加强教师和教师之间的交流和分享,培养和吸收实践教学学术、进行教学研究的教师。

四、教师教学发展的实践探索

教师教学发展中心工作的成效取决于教师发展需求的满足程度。实行多样化的教师教学发展策略首先要对处于不同发展阶段的教师需求进行调查归类,为满足每个教师的教学及职业发展需求,提供相关的培训、教法咨询以及多层次的教学支持。其次是为教师提供职业发展的规划和途径。

1. 根据教师发展阶段提供有效教学支持

根据美国心理学家伯林纳(D. C. Berliner, 1988)的五阶段发展理论,教师教学专业发展可以分为新手教师、熟练新手教师、胜任型教师、业务精干型教师和专家型五个阶段。在这个过程中,教师的需求不同,要根据教师的需求提供有效的教学支持。具体来说,教学发展初期,教师的需求主要在于入职适应。通过开展"高校教师身份认同"等讲座,以满足高校教师的身份定位和角色转换。开展"新教师与校长共话活动"让新教师与校长进行高层对话,明了学校发展是教师个人发展的前提。发展中期,教师的需求主要在于开展教学研究。这段时间的教学支持主要应围绕提供教学服务,设置"教学咨询室"为他们解难答疑、指点迷津,开展"教学沙龙"活动,帮助教师进行教材分析、教法改革、教育理念的提升等。发展后期,教师的需求主要在于教学成果的分享和交流。可以通过教学团队的建设,以团队建设为抓手,分享和交流教学心得体会,同时充分利用业务精干型教师和专家型教师的影响力和辐射力,让他们担任团队的负责人,开展"老带新""传帮带"活动。此外学校通过"以教学名师为核心,建构一个团队;以教学团队为主力,编写精品教材;以优秀教材为基础,建设精品课程;以精品课程为中心,打造特色专业;以特色专业为依托,铸就教学成果"的建设思路,让教学为主型教师在集体中获得发展,同样收获荣誉感和成就感。

2. 为教师进行教学发展职业规划设计

教师教学发展不是否认科研发展,而是为高校教师的发展提供另外一种可能,在过分强调科研发展的今天提供一种回归教学本位的补充。"获得能力,获得机会,获得幸福"是教师教学发展的三重境界,也是教师教学发展的路径所在。获得能力是获得机会的前提,而只有获得机会才能收获幸福。一是设计教学发展的职业路径。教师教学发展的路径设计就是要让教师看到实现职业理想和目标追求是有路可循、有道可走的。南京师范大学为所有的教师设计了一条教学发展的职业路径,即"参加新教师研习营—签约教学导师—担任教学助教—加入教学团队—开展教学改革研究—形成教学理念和风格—从教师教学大赛中脱颖而出—加入名师培养工程—参加海外教学高访—获评教学为主型教授—收获教书育人奖—成长为教学名师"。这条职业路径,为长期坚持在教学一线且教学成果突出的教师设计了出路,为热爱教学、擅长教学的教师提供了科研以外的另一种发展途径。最终让全体教师得到专业发展、让教师的价值得到升华。二是提高教学奖励。我校出台教学突出成果奖励办法,重奖在教学上取得的成果,同时加大教学奖项的奖金和资助项目的力度,让教学奖项更加具有吸引力。三是建设教学团队。为发挥集体的优势,实现一加一大于二的效应,我校加强教学团队建设力度,已经形成了清晰的建设思路,即以名师培养工程为起点,形成一个核心;以教学名师为核心,建构一个团队;以教学团队为主力,编写精品教材;以优秀教材为基础,建设精品课程;以精品课程为中心,打造特色专业;以特色专业为依托,铸就教学成果。四是实施教学服务。学校以服务教师教学为目标,编纂《南京师范大学教师教学手册》,除介绍教学资源外,还加入了"教师教学艺术"的研讨部分,以名师的实际做法,介绍教学的各种方法,以利于广大教师更好学习借鉴。我校还在积极进行《南京师范大学名师访谈录》等教学资源的摄制和编写工作,以形成更多的资源供教师参考。学校借鉴西方的成长档案袋管理模式,实施教师教学业绩登记制度,实时记录教师的教学信息,为教师对比信息、改进教学提供有用的帮助。

五、结语与反思

教师教学发展需要与之相适应的组织、制度和文化长期引导、巩固和固化，但要充分认识到这个过程是长期的，情况是复杂的。观念转变、评价体系改革是促进高校教师教学发展的基础性工程，这需要国家层面的政策支持、高校层面的制度保障和教师自身观念的更新协同进行。只有这样，我们才能真正缩小与西方大学教师教学发展方面的差距，确保教师提高教学能力、实现科教融合、获得个人发展，从而全面提升人才培养质量。

此外，总结高校教师教学发展工作，提出几点反思和建议：

第一，加强教师教学发展专业领域的学术研究，建设省级教师教学专家资源库。我国高校教师教学发展的理论研究严重落后于实践，对高校教师教学发展的相关理论研究，以及在研究的基础上开展的教师教学发展活动项目的研发是高校教师教学发展领域亟须大力加强的工作。教师教学发展中心在设立教学研究项目、支持教改研究和实践的同时，不仅需要深入了解教师教学发展的现状，把握教师的个性化需求，同时应开展跟踪研究，及时了解教师教学发展中心工作开展的成效。据此开展的活动才会更具针对性、科学性和有效性，更能提升教师参与活动的积极性。建设一直省级平台的专家队伍，可以进一步支持全省高校教师教学发展中心工作的开展，提供指导，提升工作的效率和效果。

第二，进一步加强教师教学发展机构的建设。目前，大多数高校设置了专门的部门或者科室来承担教师教学发展的工作，能够保证相关工作的顺利开展，是教师教学发展工作开展的重要依托，也是教师教学发展的基础和保障。但是仅有很少的教师教学发展中心作为学校直属单位独立运行，其余大部分则挂靠在教务处或人事处而非独立机构。虽然在一定程度而言，此种方式能够使多个部门合作为高校教师教学发展提供支持，但难免存在与挂靠单位或者部门出现工作交叉的情况，也带有行政色彩。这样虽能以职能部门的权威开展教师教学发展工作但却可能因行政色彩而令教师望而生畏，谨慎参与教师教学发展中心的相关活动。

　　第三,进一步提升教师教学发展服务的专业化水平。高校教师教学发展中心应当加强自身专业化建设。首先,高校教师教学发展中心要清晰准确地定位自身。高校教师教学发展中心的主要工作职责是为在校教师的教学发展提供服务,是以教师专业化发展为特征的成人非学历教育。设定的工作目标一方面要促进教师教学发展,如转变教学理念、改善教学技能、将现代教育技术充分融入教学之中等,使教师的教学水平有所提升;另一方面教师教学发展是一项专业性极强的工作,保证教师教学发展专业人员配备,保障教师教学发展工作者具有足够的专业胜任力,能够有效部署和开展教师教学发展活动,研发有效的教师教学发展活动项目,提升教师教学发展活动的专业水平。

　　第四,提升教师教学发展工作内容的系统性、科学性和有效性。作为教师教学发展中心的工作主体,教师教学培训是各项工作的重中之重。培训采取的形式虽然多样,包括讲座、沙龙、工作坊、座谈会、研讨会等多种类型,但讲座仍然是最常用的形式。尽管讲座独具优势,能够在短时间内讲授大量的内容,实现多人同时受益,但是这种高效单一的讲座如同碎片化知识一样,不一定能够有效转化为教师自身的有效提高,并且对教师参与活动的吸引力较低。此外,需提高服务的针对性和个性化程度。高校教师教学发展中心的服务对象多样,在教师教学培训方面将一般将教师划分为新入职教师、青年教师、骨干教师和在职教师 4 种类型,虽然服务的对象种类多样,但服务内容却在很大程度上有所重叠,这就意味着活动的针对性不足,个性化程度还有待提升。

参考文献

[1] Shulman, L. S. From Minsk to Pinsk: Why a Scholarship of Teaching and Learning? [J]. The Journal of Scholarship of Teaching and Learning, 2000(1): 48 - 53.

[2] Boyer, E. L. Scholarship Reconsidered: Priorities of the Professoriate[R]. New Jersey: The Carnegie Foundation for the Advancement of Teaching, Princeton University Press, 1990: 10 - 15, 25.

[3] 陈德良等. 教师教学发展的路径探讨[J]. 教育理论与实践,2011,(3):47 - 49.

[4] 张连红,陈德良. 发展性教师评价与教学质量保障研究[J]. 教育与职业,2011(21):17 - 19.

[5] 宋永忠. 教师教学发展的三境界[N]. 中国教育报,2011 - 11 - 21(论衡).

工科优势高校教师教学发展研究与实践

——以南京航空航天大学为例*

江爱华　易　洋

南京航空航天大学教师发展与教学评估中心

摘　要：新一轮科技革命与产业变革，全力推进"新工科"建设。高校是培养人才的重要阵地，教师是培养人才的最关键因素。培养具有创新创业能力和跨界整合能力的工程科技人才，是高校的使命、教师的责任、产业的希望。南京航空航天大学作为一所工科优势高校，聚焦新工科人才培养，对高校教师教学发展进行了深入研究和积极探索。2013年以来，从教师教学能力现状和特点分析入手，结合学校办学特点和行业需求，打造"五位一体"服务平台，秉承教师跨界发展理念，构建全生命周期的教师发展培训体系，实施"五航培训计划"，将教师发展与学校发展、学生发展相融合，取得了明显成效。

关键词：新工科；工科优势高校；师资队伍；跨界发展

一、引　言

2011年7月，为提高教学质量，教育部、财政部联合下文，在《教育部　财政

　＊　基金项目：2013年江苏省高等教育教学改革研究课题"理工科大学教师教学发展的研究与实践"（2013JSJG282）；2015年江苏省高等教育教学改革研究课题"校院两级教师教学发展中心协同机制研究"（2015JSJG179）；2017年江苏省高等教育教学改革研究课题重点课题"面向新工科的教师跨界发展机制研究与探索"（2017JSJG019）。

部关于"十二五"期间实施"高等学校本科教学质量与教学改革工程"的意见》中，提出了要在高校成立教师"教学发展中心"的实体机构，以满足学校提升教师教学能力以及教师自身发展的需要："引导高等学校建立适合本校特色的教师教学发展中心⋯⋯提高本校中青年教师教学能力，满足教师个性化专业化发展和人才培养特色的需要。重点建设一批高等学校教师教学发展示范中心。"①作为"本科教学工程"的组成部分，教师教学发展已经上升为国家战略。2018 年 1 月，中共中央、国务院印发的《关于全面深化新时代教师队伍建设改革的意见》中明确提出"全面提高高等学校教师质量，建设一支高素质创新型教师队伍"，要求高校教师发展平台应全面开展教师教学能力提升培训，重点面向新入职教师与青年教师，开展教师研究与指导，推进教学改革与创新，建立完善传帮带机制。中国高校建立科学、有效的教师教学发展管理和运行机制，既要借鉴和学习发达国家教师教学发展中心的成功经验，也要考虑国情、校情的最大实际，不能一味地照搬照抄，而是需要结合办学特点和行业特色，在研究、实践中加以创新。南京航空航天大学自 2013 年 3 月成立教师教学发展中心以来，积极探索促进教师教学发展的新机制、新模式，为教师教学发展提供专业化的指导、支持和服务，有力促进了教师教学理念和教学能力的提升，为推进本科教学工程建设和提高人才培养质量奠定了坚实的基础，也为国内其他工科类高校的教师教学发展工作提供了改革经验和启示②。

二、工科优势高校教师教学能力现状

作为一所工科优势高校，南京航空航天大学（以下简称"南航"）创建于 1952 年 10 月，是新中国自己创办的第一批航空高等院校之一，是一所立足"三航"（航空、航天和民航）、服务"三化"（工业化、信息化和国防现代化）、行业特色鲜明的

---

① 教育部，财政部. 关于"十二五"期间实施"高等学校本科教学质量与教学改革工程"的意见[Z]. 2011 - 07 - 01.

② 江爱华，易洋，钱钰. 理工科大学教师教学发展机制创新与实践探索[J]. 南京航空航天大学社科版，2016(2)：86 - 91.

理工科大学。理工科大学的前身基本都是隶属中央部委,围绕行业需求,依托行业发展,人才培养体系具有鲜明的行业特色,在人才培养目标、教学活动形式、教学文化氛围与综合性大学、文科类大学相比具有显著的工科特点和行业特色,教师的教学能力表征主要呈现以下特点:

(一) 学术学历高,教学理论缺

近年来高校教师的学历层次不断优化,特别是理工科大学博士学位教师所占比例迅速增加,具有海外高水平大学留学或工作经历的教师日益增多,但教师学历层次的提高并不代表学校教学质量的提升,尤其是非师范院校毕业的理工科教师。理工科大学教师普遍具备较高的专业素养,但缺乏系统的教育教学理论,缺乏对教育教学规律的掌握与运用,对教育学以及教学职业所需的知识和能力更为缺乏。

(二) 科研能力强,教学投入少

在理工科大学,科研与教学已经成为人才培养的重要路径。鉴于理工科大学普遍存在的"重科研、轻教学"现象,刘延东同志指出:"健全以提高教学水平为导向的管理制度和工作机制,做到政策措施激励教学,工作评价突出教学,资源配置优先保证教学。要把教授为本科生上课作为基本制度,坚决避免本科教学被弱化的现象。"①教学是大学人才培养的最基本形式,教学水平直接影响着人才培养的质量。科研是大学人才培养的重要载体,教师通过科研,不断汲取新知识、产生新知识,对教学内容进行补充和完善②。理工科大学的教师教学与科研本应如同飞机之两翼,相辅相成,相互促进,缺一不可。

(三) 理论水平高,工程素质差

理工科大学教育具有明显的实践特征,必须注重在工程实践中培养学生的

---

① 刘延东:走以提高质量为核心的内涵式发展道路[EB/OL]. (2012 - 05 - 16)[2016 - 02 - 29]. http://politics. people. com. cn/GB/17901720. html.

② 张丽,朱亮,陈诜,卞雅琼,李玥. 校院二级管理体制下的药学类教师教学发展机制与可能路径初探[J]. 安徽医药,2015(10):2031 - 2033.

工程实践能力、工程意识以及工程素质。然而,理工科大学很多新进的教师毕业于国内综合性大学,大多没有本行业企业的工程培训和实习实践的经历,缺乏对行业的深入理解和认同情怀,工程素质不高。只有具有工程实践能力的教师才能用工程的视野去指导研究和教学,因此理工科大学首先需加强对教师工程实践能力的培养。新一轮科技革命和产业变革已经来临,我国制造业的创新发展,对以研究应用技术见长的理工科高校提出了新的挑战,也对教师的工程教育素质与能力提出了更高的要求。

(四) 受训机会多,个人意识弱

高校的人才培养质量最终决定于教师的教学能力。只有教师从内心深处认识到提升教学能力的重要性,才能从思想上、实践中高度重视教学①。然而理工科大学的很多教师却把教学能力简单地等效为授课,甚至就是把教材上的内容做成PPT,到课堂上给学生讲述一遍而已。尽管学校提供了很多课程建设经费供教师外出学习、调研、培训,但是实际上很多老师根本没有外出长"见识"的欲望和自我要求。尽管教师教学发展中心也组织了很多的主题培训和专题研讨,但是自觉自愿来参加的教师并不多。

三、教师教学发展的体系链设计

南京航空航天大学针对理工科大学对教师教学能力的要求,以教学创新为使命,发挥行业优势,着力打造集研究、培训、研讨、竞赛与实践五位一体的常态化、制度化、个性化服务平台,促进了中青年教师的教学理念和教学能力的提升,为深化本科教育教学改革,提高本科教育教学质量做出了一定贡献。

(一) 构建以创新为使命的教师教学发展工作体系

高校教师教学发展中心要着眼于创新的建设使命,它作为全校教学系统新的组成部分,必须对学校原有的教学运行机制和管理工作体系进行改革创新,才

---

① 武荔涵. 教学与科研相融合:高校发展的战略选择[J]. 教书育人,2012(24):04 - 06.

能实现其服务于教学、服务于教师的根本建设目标,从而使教师素质得到提升,教学质量得到提高。南京航空航天大学从本校人才培养特点出发,创新体制机制,构建了校院联动、校际共享、校企协同的教师教学发展工作体系。

1. 建立分工协作的校院联动机制

学校统揽全校教师教学发展工作的总体规划和制度设计安排,构建校院两级教师教学发展中心的工作架构和职责。在 8 个学院和工程训练中心、学生处分别设立教师教学发展分中心,围绕本单位教师在科研、教学以及自我发展上的实际需求,根据学科专业特点,开展各具特色的主题学习、研讨、培训活动。

2. 建立交流开放的校际共享机制

为弥补培训师资及资源的不足,通过加入两岸四地"高校教学发展网络"和江苏高校教师教学发展研讨会,与国内众多国家级教师教学发展示范中心结为合作伙伴,开展了深入的校际交流和合作,学习借鉴高水平大学教师教学发展的先进经验,共同举办教师培训活动,共享优质师资和课程资源,为教师教学能力的提升提供持续动力。

3. 建立合作共赢的校企协同机制

培养学生的工程实践能力,首先要求教师具备较强的工程实践经历和经验。紧紧围绕《中国制造 2025》,促进政府、行业、高校、企业在校企共担制造业人才培养重任上达成共识,充分发挥企业和高校在创新主体和创新要素上的资源优势,将青年教师在企业的工程实践与本科生、研究生和企业员工的实践和培训结合起来,合作共赢,调动企业的积极性。

(二) 打造以研究为导向的教师教学发展服务平台

《中国制造 2025》和《一流大学一流学科建设方案》对创新人才培养有了新的理念和新的思路,也对理工科大学教师教学能力提出了新的要求。建设教师教学发展中心,要坚持以研究为导向,深入研究高校人才培养体系和教学管理体系中存在的问题和矛盾,深入研究提高教与学效益的方法和途径,深入研究高水平科研支撑创新人才培养的新机制,打造一个能有效帮助教师提高教学能力的综合服务平台。

1. 搭建学术驱动的研究平台

互联网＋教育环境下，大学教学中需要解决的问题越来越凸显。要提升人才培养质量，既要加深"教学乃大学之本"的认识，更要强化"教学即学术"的认识。教师教学发展中心也应以教学研究为主要职能，以"教学"为研究对象，为学校教育改革提供最新的理念和改革举措，引领学校的教育教学改革。近几年来，南航围绕专业建设、课程建设、教育教学、教师发展，面向教师和教学管理者设立了专项研究课题，针对本科教学建设中的问题和困惑，通过研究、实践、反馈、改进，有助于教师以科研的视角审视和不断完善教学，在更高的层次和水平上设计和组织教学，从而促进教学质量实现质的飞跃。

2. 搭建提升理念的培训平台

理念是行动的先导，教师教学改变的最大动因是其理念与态度的改变，教师对新的教育教学理念认识得越清晰、越深入，其在教学实践中对改革、创新、探索的欲望与态度就会更强烈、更坚决。南航在教师培训中一贯注重理念、态度的引领，围绕高校创新人才培养的新形势、新要求，创办了"名师论教""院长论教""教授论教"等培训品牌，邀请清华大学、南京大学等校内外的名师、教授、管理专家做专题培训报告，强化教师树立"育人为本"的办学理念和"以学生为中心"的教学理念，让教师认识到激发学生的学习动机、唤起学生的求知欲望、培养学生的探究能力才是教学的应有之义。

3. 搭建交流分享的研讨平台

合作学习可以有效地深入挖掘教师自身的教育资源，能使具有不同教育能力和不同知识结构的教师实现互补，有效改善个体学习能力与学习方法。[1] 国内教师教学发展示范中心实践证明，许多教师参加教师教学发展活动的主要动机也是想从别的老师那里获得教学经验，教师间的对话和交流有利于促进教师采取新的教学理念和方法。[2] 南航教师发展创办"论教悟道"教学沙龙，围绕新型课程建设、翻转课堂、互联网＋教育、校院两级管理等教学改革的热点难点问

---

[1] 刘萍.超越课堂：透视美国高校教师教学发展活动[J].中国高等教育，2015(18)：59-61.

[2] 罗鹏，何萍.学习共同体与大学教师发展[J].广东工业大学学报，2007(3)：12-14.

题组织青年教师进行实践体验及研究成果的分享与交流。鼓励教师有选择地、有意识地形成学习共同体,通过成员间彼此的互助合作,促进自身知识结构、认知能力不断发展。

4. 搭建展示教技的竞赛平台

青年教师是高校教学工作的中坚力量,他们的教学能力是影响教学质量和效果的关键因素,需要探索出一种能让青年教师之间得到广泛交流,互相学习、共同提高的方法和途径。举办每年一次的青年教师研究性教学竞赛,"以赛促研""以赛促教",是提升青年教师教学能力的一条有效途径。青年教师参加校院两级竞赛,集中进行现场教学展示,可以发现他们在教学方面取得的重大进步和存在的问题以及今后继续努力改进的方向,正确指导和引导青年教师的成长和发展。经过反复的准备和多次比赛的实践,有助于引导青年教师形成和提升自己的教学理念,研究教学规律和教学方法,提高教学能力和水平。

5. 搭建强化工程的实践平台

高校教师的教学能力不仅仅包括课堂教学(技能),同时也包括引导学生实践创新的能力。特别对于理工科大学,其专业课程大都具有明显的实践特征,更需要教师具备丰富的工程实践能力、工程意识以及工程素质。南航在西安、成都等地的航空企业建立了青年教师工程实践基地,每年暑期组织教师到企业进行为期一周的工程实践培训。通过现场参观、主题报告、学术研讨,让教师对航空工业领域的高尖新设备和技术有全面、直观的认识,有助于教师获取最先进的第一手工程知识,了解行业领域最热点问题,同时也有助于教师对课堂教学改革和学术研究做进一步的思考和探索。

(三) 营造以促进教师发展为核心的教学文化氛围

教学是高校的首要任务,大学文化建设的核心是教学文化建设,教学文化建设的核心是促进教师教学发展,只有质量意识深入到每个教师的灵魂,成为每个人的自我要求和自律行为,才能形成潜在的大学教学文化。营造良好的教学文化氛围,应不断提升教学发展的"知名度",提高活动信息的"曝光度",让更多教师熟知教学发展、认同教师发展。

1. 强化教学的中心地位

教学文化建设的核心任务就是要落实教学的中心地位。以教学为中心，就是要将教学放在优先发展的地位。只有全校上下重视教学、关注教学、投入教学，才能在教师中树立崇尚教学的精神文化，为教师教学发展提供可能。60 多年的办学历史，我校积淀了以"教学为要、尊师重教"为内核的教学文化。近年来学校进一步加大教学建设投入，制定了一系列政策和制度，激励教师要将教学当成自己的第一要务，以培养优秀人才为己任，加强教学研究和反思，把主要精力放在提高教学质量上。一系列论教主题活动，就是要在教师中弘扬教学文化，营造教学氛围，促进教师开展教学研究、深化教学改革、提升教学能力、实现教学发展。

2. 确立以学生为中心的教育理念

教育理念决定高校的办学特色。大学不仅是学生学习的地方，更是学生成长、生活的地方，必须注重对大学生全面、个性发展和培养创新能力提供条件。以学生为中心，就是强调激发学生内心向学的积极性。实现建成高水平研究性大学的南航梦，需要更新教育理念，将学校的一切工作以学生成才的需求为中心，增强为学生服务的意识，努力培养学生时代责任感，充分发挥和发掘学生的创新意识和创造能力，为我国航空、航天、民航系统提供高素质的人才。教师教学发展中心的直接功能是提升教师的教育教学能力，而最终目的是培养学生。为应对互联网＋教育的发展趋势，学校提出要巧借慕课之石攻玉，坚持以学生为中心，以改革考试方法为突破口，倒逼教与学改革，引导学生转变学习方式，构建更加适合学生发展的自主学习、多元学习模式。

3. 大力宣传教学优秀典型

借力"微时代"的新媒体，拓展信息发布渠道，做到信息发布的立体化、移动化、交互化。以"本科教学建设先锋""优秀微课作品""研究性教学课程作品展""学生心目中的好教师"等为主题，制作展板或道旗，在教师节、元旦等节假日集中宣传展示。创建南航教师发展公众微信平台，设置"图解南航本科教学""师观点""师学堂""师推荐"等栏目，推送学校相关教育教学理念、教学资讯、教学改革动态、名师教育观点等讯息 100 余期，被上海交通大学、四川大学、南京大学、重庆大学等高校教师教学发展中心关注。近五年中，在工业和信息化部网、中国工业网、腾讯网、新华网、南航报共发关于本科人才培养、教学改革与建设、教师教学专题培训等方面的新闻稿件 100 多件。

(四) 完善以制度为保障的教师教学发展长效机制

完善的制度是一个组织运行的有力保障,构建教师教学发展建设体系,需要学校层面的教学工作制度体系保障其有效的组织运行。

1. 从制度上确立教师在创新人才培养体系中的关键性地位

创新人才的培养最终由教师来落实,只有具有创新精神和创新能力的教师才能培养出具有创新精神和创新能力的学生。学校大力推进校院两级管理,实施专业负责人制和核心课程责任教授制,新出台了专业建设、课程建设、教材建设等相关的管理办法,确立了学院在专业建设和人才培养工作中的主体地位,明确了学院负责制订专业建设规划和人才培养方案、组建教学团队、开展教学培训、落实教学任务、把控教学质量,充分保障了高水平教师在创新人才培养体系的各个环节发挥学术主导、教授治学和科学决策的作用。

2. 建立科学、合理的教师评价考核制度

评价考核制度是影响教师工作积极性的主要因素之一,也直接影响到教师工作被认可的程度。学校修订了本科教学工作量计算办法,鼓励小班化教学、研究性教学,更加凸显教师在研究、改革、创新上的创造性投入,促进教师站好讲台、做好学问、提高实验环节水平,努力调动教师适应高等教育发展、探索教学改革的积极性。同时,学校还出台了教师课程教学评价与激励实施办法,坚持以学生评教为依据、专家评价为参考、管理评价为保障,确立学生在教师评价中的主体地位;设立课堂教学优秀奖,对教学工作中取得业绩的教师予以奖励,充分调动广大教师投入教学、搞好教学的积极性。

3. 建立系统完善的经费保障制度

经费支持是教师教学发展中心顺利开展各项工作的基础,是不可或缺的根本性条件,因而建立教师教学发展的经费保障制度是必不可少的环节。教育部高等教育司对中央部委属高等学校国家级教师教学发展示范中心在"十二五"期间由中央财政资助 500 万元的建设经费,为中心的建设和可持续性发展提供了保障。南航每年筹集 100 万元,用于教师教学发展专项课题研究、教师培训、教学竞赛以及青年教师的工程实践活动。除此之外,学校每年拨款 2 000 多万元用于本科教学建设,由学院自主确定教学建设项目、自主确定项目经费,为学院教师教学分中心建设、课程教学团队建设以及教师学习共同体建设提供了充足的经费支持。

四、高校、教师和学生在新工科建设中的融合发展

新经济快速发展迫切需要新型工科人才支撑,需要高校面向未来布局新工科建设,探索更加多样化和个性化的人才培养模式,培养具有创新创业能力和跨界整合能力的工程科技人才。新工科人才跨界培养需要教师先受培训,因此研究与探索面向新工科的教师教学发展工作创新意义重大,紧迫而又必要。

(一) 高校在新工科建设中承担重要任务

为主动应对新一轮科技革命与产业变革,支撑服务创新驱动发展、"中国制造 2025"等一系列国家战略,2017 年教育部全力推进新工科建设。2 月 18 日,以北大、南大为首的 30 所高校齐聚复旦大学召开综合性高校工程教育发展战略研讨会,针对新经济对工程教育的需求和挑战等问题,达成了"新工科"建设的"复旦共识",随即又推出了"天大行动"和"北京指南",并发布了《关于开展新工科研究与实践的通知》《关于推进新工科研究与实践项目的通知》,全力探索形成领跑全球工程教育的中国模式、中国经验,助力高等教育强国建设,自此"新工科"概念"横空出世",百度搜索量超 1 800 万条,《光明日报》《人民日报》《中国教育报》等众多媒体评论"新工科——未来工程教育的新趋向""新工科:悄然带来的大变革"。《新工科建设指南》中提出高校在新工科建设中的两项重要任务:一是探索多学科交叉融合的工程人才培养模式,建立跨学科交融的新型组织机构,开设跨学科课程,探索面向复杂问题的课程模式,组建跨学科教学团队、跨学科项目平台,推进跨学科合作学习。二是制定符合工程教育特点的师资评价标准与教师发展机制,探索与新工科相匹配的师资队伍建设路径,强化教师工程背景,对教师的产业经历提出明确要求并积极创造条件。

（二）人才培养模式改革是新工科建设的核心

新工科提出了五个新——"新理念""新结构""新模式""新质量""新体系"，其中新模式指"探索工程教育人才培养新模式"，即"要打破学科界限，梳理课程知识点，开展学习成果导向的课程体系重构"[①]。2017 年 4 月，时任教育部高等教育司司长张大良在天津大学做关于"新工科"建设的主题报告，指出"以'互联网＋'为代表的新经济形态引发的产业改造提升对工程科技人才培养提出了新的要求，即在行业专精的基础上，应具备交叉复合特征，应加强跨学科、跨产业的知识能力储备"。教育部高教司理工处处长吴爱华指出，以"互联网＋"为新业态的新经济时代是跨行业、跨领域的概念，"互联网＋"的产业创新模式急需一批具备跨学科、跨产业的跨界整合能力的"新经济工程科技人才"。高教司司长吴岩在"第二届中国高等工程教育峰会"上解读新工科内涵时指出新工科不是单指"新的工科专业"，也不是独指"工科新要求"，而是两者的结合。原先理科与工科两个学科是分明独立的状态，而现在的新工科是两者相交的部分，没相交的原先工科的部分是工科的新要求，而且很重要的一点，"现在我们要发展一批新兴工科专业，把人文社科，特别是道德伦理、职业操守等内容加入工科专业的建设中去，赋予新工科新的内涵"。可见，新工科建设的核心是人才培养模式改革，要求高校借鉴 CDIO 等工程教育理念，根据产业需求和技术发展灵活设置专业方向，以市场需求和提高国际竞争能力为导向制订人才培养方案，探索以学生为中心的培养模式等。

（三）新工科建设关键是提升教师跨界能力

新工科人才跨界培养需要教师先受培训，即教师的跨界发展。跨界培养理念即打破专业边界、学科边界、学校与社会边界，通过专业间、学科间、校企和校社的协同育人方式，形成一套符合社会、行业人才需求的人才跨界培养体系。新工科建设要求高校在产教融合、科教结合、校企合作上下功夫，促进人才培养与

---

① 吴爱华，侯永峰，杨秋波，郝杰.加快发展和建设新工科　主动适应和引领新经济[J].高等工程教育研究，2017(1):1-9.

产业需求紧密结合,推动校企联合制定培养目标和培养方案,共同建设课程与开发教程,共建实验室和实训实习基地,合作培养培训教师,合作开展研究。新工科建设关键是教师队伍的跨界能力提升,要求高校从新工科人才跨界培养的视角做好教师跨界发展的顶层设计、平台搭建、体系优化、实践探索,创新教师发展机制,拓展教师发展内涵,深化产教融合、科教结合、校企合作的形式和路径,唤醒教师自我发展意识,打破学科专业壁垒,穿透师生交流隔阂,消除校企合作障碍,提升教师教学理念和教学能力。当务之急,要从工程教育特点和教师跨界发展的需求出发,厘清满足新工科建设的教师任职要求,明确产业经历,明晰高水平卓越师资队伍建设的路径。在科教协同、产教融合、校企合作、国际交流中锻造出与新工科相匹配的高水平卓越师资队伍,制订教师教学业绩评价指标体系,将学校的发展、学生的发展同教师的发展结合起来,在追求自身发展目标的同时也能积极为学校发展和学生的未来考虑,实现教书育人的目标。

五、新时代教师教学发展工作创新

(一) 构建基于新工科建设的教师跨界发展机制

聚焦新工科人才培养,探索与未来学生培养目标、培养方式、培养内容、毕业要求相适应的基于跨界培养理念的"教师跨界发展"新机制。《关于深化教育体制机制改革的意见》指出,要注重培养适应学生终身学习发展、创新性思维,适应时代要求的关键能力,包括认知能力、合作能力、创新能力、职业能力等。要培养学生具备这些关键能力,教师首先要具备相关能力。从工程教育特点和教师跨界发展的需求出发,研究设计促进教师跨界发展能力提升的培养方案与课程设计,探索教师能力提升的新方式、新路径,健全与完善"理论与实践相结合、通识与专业相结合、校内与校外相结合、国内与国际相结合、线上与线下相结合"的教师跨界发展课程体系,实行基于积分制管理的培训考核办法。推动教育界和产业界的跨界融合、人才链与产业链的有机衔接、国外高校与国内企业的产教互补,强化教师工程背景和工程实践能力,打造以教学能力、工程实践能力和国际交流能力提升为核心的教师跨界发展培训平台。

（二）构建基于全生命周期的教师发展培训体系

以教师岗前培训为切入点，推动教师培训、教学评估、高教研究的融合与联动，建立校、院、系、团队四级教师培训体制。紧密结合我校办学特点和行业特色，按照分层分类培训的原则，实施"五航发展计划"，即面向新教师，以岗前理论课程和校本培训为主要内容的"启航计划"；面向中青年骨干教师，以互联网教育技术与课程教学深度融合为主题的"引航计划"；面向教学优秀教师，以跨学科发展、科教融合、产教结合、校企深度合作为主题的"领航计划"；面向潜质教师，以教学诊断、培训提升、评估反馈、持续改进为重点的"助航计划"；面向教学督导，以适应"互联网＋"教育、更新教学理念、创新督导方式为内涵的"续航计划"。借助产品全生命周期管理的概念，应用互联网信息技术开发教师发展管理系统，汇集优秀教学资源建设教师在线学习平台，加强部门协作完善教师教学荣誉激励机制，探索基于积分制管理的培训考核办法，构建基于全生命周期的教师跨界发展培训体系，培养教师终身学习的习惯，驱动教师自主发展的意愿。

（三）完善教师分类评价与激励制度

创建符合工程教育特点的教师教学评价标准，破解体制机制障碍，设置合理的教师评价制度。探索对专任教师队伍、专任科研队伍、实验教学队伍以及教育管理队伍的分类评价，制订教师教学业绩评价指标体系，完善与健全教师教学荣誉体系的设计，强化教师关键能力素质的培养，建设与新工科相匹配的高水平教师队伍，培养适应产业发展需求的拔尖创新人才。从人本主义的角度对教学荣誉体系进行探讨，把教师需求和学校目标的实现作为教学奖励的出发点，以教学业绩为教学奖励的基础，促进教师提升教学能力，推进教师的教学投入，完善学校的教学奖励制度，注重评选结果与教师发展相结合，充分激发广大教师投入教学的荣誉感和积极性。构建新工科背景下教师荣誉体系，真正把从事一线教学、积极开展教学改革与教学研究的优秀教师评选出来，将评选结果与教师发展相结合，帮助教师提升教学能力，充分激发广大教师投入教学的荣誉感和积极性，从而解决教师教学能力普遍弱化的态势。

（四）坚持党委统揽教师队伍建设全局

完善组织机构，健全运行机制是教师发展工作能否取得实效的前提和基础。党的领导是我国教育改革发展取得伟大成就最基本的经验，也是新时代深化教育改革最根本的政治资源。整合校内一切师资建设与教师发展资源，重构适应新时代要求的师资队伍建设工作网络。以设立党委教师工作部为契机，将师资队伍建设改革纳入学校党委及其常委会的常规议事日程，遵循党管人才的要求总揽教师发展全局，联合组织部、人事处、教师发展中心从学校层面做好师资发展规划与建设的顶层设计，创新教师发展动力、服务、激励、保障机制，协调人事、财务、教学、教发各部处，形成合力，从根本上破解制约高校教师队伍建设的体制机制障碍，有效推进师资队伍建设。

（五）探索新时代工程科技人才融合培养新模式

新时代的新工科建设需要拓展校企协同育人的内涵与路径。南京航空航天大学将在总结南航—成飞"智慧蓝天"科技孵化中心两年探究与实践的基础上，把青年教师的工程实践培训纳入校企协同育人体系，统筹企业员工培养与高校人才培养，融合人才跨界培养与教师跨界发展，与中航西飞公司、南京通信研究院联合组建主题创新区，由企业发布科创类研究课题，由来自不同学科的师生和企业导师联合组队（含高年级本科生、研究生、青年教师、企业技术骨干），实行双导师制，资助项目研究团队的老师和学生到企业现场考察和调研，力求解决企业研制、生产、管理领域的实际问题。在总结中国 20 年产学研合作和全国高校"黄大年"式教师团队建设经验的基础上，探索多学科交叉、科教互促、产教融合、师生从游的新方法、新平台和新体系，打造体现政府、行业、高校、企业"四方联动"，教学、科研、生产、管理"四环融合"，本科生、研究生、青年教师和企业员工培养"四位一体"新模式的新时代融合育人示范区。

六、结束语

工业和信息化部部长苗圩同志指出，在我国从制造大国走向制造强国的进程中,部属高校理应承担起培养人才的历史使命,在传承中担当使命。部属高校是工业和信息化系统的重要组成部分,是中国特色高等教育的重要力量,在服务"中国制造 2025""互联网＋""网络强国""一带一路"等国家重大战略中,为建设制造强国培养具有较强行业背景知识、工程实践能力,胜任军工行业发展需求的拔尖创新人才是部属高校的根本任务。伴随新工科、新产业的发展需求,新时代的高校教师发展在人才培养体系和师资队伍建设工程中的地位和作用愈加凸显。2018 年 1 月,学校正式成立教师跨界发展研究中心,期盼整合全校的教师发展优质资源,联合国内高水平大学和新产业行业企业,深入研究新工科人才培养机制,打造高水平师资队伍,把通识教育、专业教育、行业教育、管理教育融合起来,形成全新的学、研、训、创、产融合式教育模式。

参考文献

[1] 教育部,财政部. 关于"十二五"期间实施"高等学校本科教学质量与教学改革工程"的意见[Z]. 2011 - 07 - 01.

[2] 江爱华,易洋,钱钰. 理工科大学教师教学发展机制创新与实践探索[J]. 南京航空航天大学社科版,2016(2):86 - 91.

[3] 刘延东:走以提高质量为核心的内涵式发展道路[EB/OL]. (2012 - 05 - 16)[2016 - 02 - 29]. http://politics. people. com. cn/GB/17901720. html.

[4] 张丽,朱亮,陈诜,卞雅琼,李玥. 校院二级管理体制下的药学类教师教学发展机制与可能路径初探[J]. 安徽医药,2015(10):2031 - 2033.

[5] 武荔涵. 教学与科研相融合:高校发展的战略选择[J]. 教书育人,2012(24):04 - 06.

[6] 刘萍. 超越课堂:透视美国高校教师教学发展活动[J]. 中国高等教育,2015(18):59 - 61.

[7] 易洋,江爱华,钱钰. 理工科大学教师教学发展路径研究与实践——以南京航空航天大学为例[J]. 工业和信息化教育,2016(4):13 - 17.

[8] 林杰,魏红. 大学教师发展的国际趋势[J]. 高校教育管理,2016(1):86 - 90.

[9] 吴爱华,侯永峰,杨秋波,郝杰. 加快发展和建设新工科 主动适应和引领新经济[J]. 高等工程教育研究,2017(1):1 - 9.

大学教师教学发展路径探索与实践

——以南京邮电大学为例[*]

陈嫒琳　　赵允玉

南京邮电大学教师教学发展中心

摘　要：潘懋元教授对"高校教师发展"这一概念进行了定义。"高校教师发展"就是所有在职大学教师，通过各种途径、方式的理论学习和实践，使自己各方面的水平持续提高，不断完善。而狭义上的"高校教师发展"，更多地强调高校教师作为教学者的教学能力的发展和提高。我国教师教学发展工作起步较晚，与国外大学相比，在教师教学发展方面存在着较大的不足。如何积极学习先进的教师教学发展理念，并结合本校的实际情况，有效开展大学教师教学发展工作，提升教师教学能力，并在此基础上建设适合于本校的教师教学发展体系，已成为教师教学发展工作的重中之重。南京邮电大学自 2011 年成立教师教学发展中心以来，不断探索教师教学发展途径，初步建立了具有本校特色的教师教学发展体系，并不断完善与发展。

关键词：教师发展中心；教师发展；教学学术

＊ 本文为南京邮电大学 2015 年教改课题"教师教学发展视野下青年教师导师制的创新与实践"（编号 JG06215JX63）项目成果；南京邮电大学 2016 年教师教学发展专项课题"国内外教师教学发展中心组织建设与发展规划比较研究"（编号 JG06216JX100）项目成果。

一、引 言

2011 年 7 月 1 日,教育部会同财政部颁布的《关于"十二五"期间实施"高等学校本科教学质量与教学改革工程"的意见》中明确指出要"引导高等学校建立适合本校特色的教师教学发展中心,并重点建设一批高等学校教师教学发展示范中心"。2012 年 3 月,教育部颁布的《关于全面提高高等教育质量的若干意见》中指出,高校要普遍建立教师教学发展中心,提升中青年教师专业水平和教学能力。2012 年 9 月,教育部、中央组织部、中央宣传部、国家发展改革委、财政部、人力资源社会保障部《关于加强高等学校青年教师队伍建设的意见》提出要"推动高等学校设立教师教学发展中心",并对教师发展中心应当为教师提供的服务做出了较为具体的说明。2012 年 11 月,教育部正式批准 30 个高校教师发展中心为"十二五"国家级教师教学发展示范中心,旨在引导和推动更多的高校建立适合本校特色的教师发展中心。由于我国教师教学发展较国外的大学起步较晚,与国外大学相比,在教师教学发展方面仍存在着较大的不足。如何积极学习先进的教师教学发展理念,结合本校的实际情况,有效开展大学教师教学发展工作,提升教师教学能力,并在此基础上建设适合于本校的教师教学发展体系,已成为教师教学发展工作的重中之重。南京邮电大学自 2011 年成立教师教学发展中心以来,不断探索教师教学发展途径,初步建立了具有本校特色的教师教学发展体系,并不断完善与发展。

二、南京邮电大学教师教学发展探索与实践

(一) 设立专门机构,提供组织与制度保障

南京邮电大学是国家一流学科建设高校,也是一所以工学为主体,以电子信息为特色,理、工、经、管、文、教、艺、法等多学科相互交融,博士后、博士、硕士、本科等多层次教育协调发展的高校。为适应新时期下学校教育事业的发展,传播先进教学理念,提升教师教学能力,营造大学教学文化,进一步提高课堂教学质

量,学校于 2011 年成立了教师教学发展中心,同时成立了教师发展中心工作指导委员会,由分管教学校领导担任主任,教务处、人事处处长任副主任,相关行政部门、教学单位负责人、校教学督导组负责人及在职校级以上教学名师为成员。为切实开展教师教学发展工作,学校制定了《南京邮电大学教师(教学)发展中心实施办法(试行)》,明确了教师教学发展中心的宗旨、组织构架、职责、工作内容及相关制度,为教师教学发展工作提供了组织与制度保障。学校专门设立了教师教学发展办公室,每年拨付教师教学发展专项经费。目前,中心有专职主任 1 名(正处级),专职工作人员 4 名,以保证中心各项工作顺利实施与持续发展。

(二)中心定位与工作理念

南京邮电大学教师教学发展中心作为校直属单位,与教务处合署办公。中心定位为学术性服务管理机构,避免与教务处职能交叉,尽量实现协调错位发展。

中心以提高人才培养质量为宗旨,关注教学质量,致力于推广更新教学理念,提升教师教学能力,加强教学研究,助力优秀教师成长,搭建教师交流平台,建设与共享优质教学资源,并逐步建立多方位的教学支持服务体系,为广大教师提供常态化、专业化的教学服务。

(三)中心工作职能与本校特色工作内容

南京邮电大学教师教学发展中心根据教育部相关文件及本校实际情况,确立了 4 项基本工作职能,并开展具有本校特色的教师教学发展工作。

1. 开展教师教学培训

Deborah L. Rickey(2008)指出,各种各样的教育改革措施若想要在课堂当中发生作用,必须要从教师着手。为帮助教师更新教学理念,提升教学技能,教学培训成为教师教学发展工作的重中之重。而教师作为成人,必须遵从其成人学习特质,从成人学习理论视角,设计科学有效的教学培训项目。

一是具有本校特色的青年教师教学培训。当前中国大学教师发展,应当着重初任教师的教育,这是因为大学教师队伍扩大快、初任教师人数多。[①] 我校每年引进近百名高学历高学位的新专任教师,绝大多数没有经过系统的教学专业技能培训,对教育规律、教学方法缺少了解,对教学环节较为生疏,教学经验缺乏。如果一入校就开始承担教学任务,不仅课堂教学效果堪忧,而且也不利于其科研工作的延续性。针对这一情况,教师教学发展中心联合人事处、校教学质量评估中心,共同制定了《南京邮电大学关于提升青年教师教育教学能力的意见》,针对35周岁以下的青年教师,开展校、院两级教学培训,主要有以下两个方面:

(1)青年教师导师制项目(以下简称导师制)。近年来,很多高校在青年教师管理上出现了"只用不养",以考核性评价代发展性评价的情况,学校给予青年教师的发展性帮助不够,导致部分青年教师自我效能感走低。中心于2016年开始实施导师制,主要针对新入职从事高校教学工作不满一年的专任教师。新任教师所在教学单位必须在其入职1周内,为其配备师德高尚、高校教学经验丰富的教学导师。导师制实施时间为1学年,以一对一的方式对青年教师进行教学指导。导师制充分发扬了老教师"传、帮、带"的优良传统,让导师在各个教学环节全方位指导青年教师,融洽、和谐的环境有利于提高青年教师自我效能感,特别是来自同事和前辈的关爱与帮助。青年教师通过导师制的教学培训,逐步适应高校教学工作,更好地实现职场角色的转变,并通过跟随导师授课、辅导答疑、指导学生实践等教学环节,较为系统和全面地学习大学教学技能。导师制实施期间,青年教师不得独立授课,必须通过导师制教学考核,获得导师制结项证书后,方可独立授课。为更好地推进导师制,中心组织青年教师座谈会和导师座谈会,深入了解在导师制实施过程中出现的问题,采纳合理建议,及时调整相关方案。通过近两年的导师制实践,青年教师对导师制好评不断。导师制以制度的形式,将传统"以老带新"的做法固化下来,将导师职责与青年教师的教学培训任务加以明确,避免了以往流于形式的"指导",使青年教师真正学习到了教学"干货",也为教学团队的培育奠定了基础。

(2)按需开展适合本校青年教师的教学培训项目。为科学、合理设计教学培训内容,中心对本校部分青年教师开展了教学培训需求调查。调查对象以5

---

① 潘懋元.大学教师发展纲论[J].高等教育研究,2017(1).

年以下教龄的青年教师为主,发放问卷 78 份,回收 63 份,有效问卷 63 份,利用分析软件 SPSS 进行统计分析,结果表明:

① 人口学特征方面,调查对象中,男性占 71.4%,女性占 28.6%;年龄在 25~30 岁之间占 63.5%;博士研究生占 92.1%;高校教龄在 5 年以下人数占 95.2%,符合理工类高校青年教师男性居多、学历高的特点。② 学科门类方面,调查对象所在学院属于 6 大学科门类,分别为经济学、法学、文学、理学、工学和管理学,其中工学类最多,占 81%,其他学科门类分布较少,符合本校学科分布结构。③ 在"迫切需要提高的教学知识和技能"方面,调查对象在"课堂教学技能与技巧"方面的需求占 77.78%,其次为"课程与教学设计能力"和"课堂沟通与管理能力",分别占 63.49% 和 55.56%,而"信息技术应用能力"成为调查对象选择的最不迫切需要提高的教学知识和技能,仅占 14.29%。由此可见,青年教师迫切需要提高的教学知识和技能,是与课堂教学有关的技能和能力,因为这是使他们更好地融入课堂、站稳讲台最直接、最有效的方法,这符合新任青年教师课堂教学基本技能较弱的实际情况。相比之下,其信息技术应用能力都普遍较强,因此也成为最不迫切需要提高的方面。④ 在已参加过的教学培训项目方面,岗前培训和师德师风教育培训是调查对象参加的最多的培训,分别占 85.71% 和 20.63%,说明学校比较重视岗前培训和师德师风教育,对信息技术与现代教育技术培训重视力度不大,教学研讨与交流参与较少。⑤ 在参加教学培训项目与活动时长方面,调查对象参加教学培训项目与活动总时长少于 1 个月的最多,占 69.8%,有 85.7% 的调查对象参加教学培训项目与活动总时长少于 3 个月,这说明青年教师参加教学培训和活动的总时长总体上较短。⑥ 在最希望参加的教学培训项目方面,教学能力提升培训班、教学讲座与报告、教学沙龙与研讨会是调查对象最希望参加的培训项目或活动,分别占 63.49%、50.79% 和 38.1%,表明青年教师最想提高的是教学能力,并希望通过参加培训班、教学讲座、教学沙龙和研讨会的方式进行提升。而教学比赛是调查对象最不想参加的活动,仅占 7.94%,这与新任教师教学能力还达不到参加教学比赛的水平有关。

除了上述问卷调查,中心还通过青年教师座谈会、个人访谈等方式,了解新入职青年教师的教学培训需求,并得出以下结论:新入职青年教师学历高,专业知识较丰富,学习能力强,但教学经验欠缺,对自身的教学水平有较为客观的认识,对教学技能提升有较强烈的需求,但学校相关教学培训活动相对较少,校本教学技能培训不足,培训方式较为单一,不能满足青年教师教学发展的需求。

中心根据上述情况,充分发挥教学培训主导作用,结合本校实际,开展青年教师教学专项系列培训,内容涵盖教师职业角色的转变与融入、教学技能与方法、最新高等教育理念、现代教育技术、教学与科研协同发展、教育心理学、大学德育教育等多个方面,并开设了"名师风采讲堂""名师工作坊"等品牌教学培训项目,邀请国家级、省级、校级教学名师、优秀教师、心理学专家等,以专题讲座、教学研讨等青年教师乐于接受与参与的方式,开展教学能力专项培训,加强教师间的互动与交流,使青年教师既能得到一对一的导师指导,也能获得其他教学专家与同行的指导。中心在对教学培训内容进行不断完善与调整的过程中,充分挖掘校内资源,逐步建立了校本教学培训专家库,保障了教学培训的高质量和稳定性。此外,中心以教学评优评选、青年教师授课竞赛等契机,组织青年教师进行教学观摩活动,领略优秀教师的授课风范与深厚的教学功底,增加教师间的交流与学习。

二是开展教学专项培训。中心根据高等教育发展的最新理念与趋势,紧密结合学校教育教学改革热点与教学研究的要求,为骨干教师量身定制教学培训方案,围绕在线课程建设、"翻转课堂"教学模式改革、学科教学竞赛等方面,开展教学专项培训。为提高培训的针对性和有效性,中心组织骨干教师参加教育部全国高校教师网络培训以及集中培训课程。教师可根据自身的学科背景与教学课程,自主选择培训课程,培训时间灵活,深受教师的欢迎。

2. 教学交流与研究

一是搭建教师交流平台,围绕当前高等教育热点与学校教育教学改革要求,举办各类教学研讨与教学沙龙活动,组织教师开展研讨,鼓励相近学院、专业的教师共同参与,积极营造关注教学、热爱教学的氛围,促进教师间的交流。中心注重校际教学交流,与省内,尤其是南京市内多所高校教师教学发展中心开展合作与交流活动,为教师开阔视野、拓展思路提供平台。二是倡导教学学术,设立教师教学发展专项课题,开展教学研究,促进教师教学发展。教学学术观把高校教学当成一种学术,旨在为大学教师评价的价值回归提供支点。[①] 专项课题既与教务处设立的教学改革项目保持关联,也与之有所区别,更关注教师通过教学实践进行教学改革研究,促进其教学反思,并用研究成果推动教学改革实践,切实提升教学能力。

3. 教学激励与优秀教师培育

中心制定了一系列教学评优政策,针对不同职业生涯阶段与教学层次的教师,开展"教学名师""教学标兵""青年教师优秀教学奖""优秀教学团队"等评选活动和教学竞赛,树立优秀教师典范,激励和引导教师投入教学,推进教学改革。优秀教学团队可以成为青年教师进步的伙伴,让青年教师能在一个互帮互助的团队中得到指导和营养,教学和科研水平都能得到更快的提高,成员间有更多的机会得到相互承认与欣赏。通过优秀教师培育政策,为教师创造良好的发展环境,有效提高教师的综合素质,本着重点培养、目标管理、严格考核、滚动发展的原则,培养、造就一批优秀教师,构建优秀教师梯队,形成示范和引领效应,带动教师队伍整体教育教学水平的提高。

4. 教学资源建设

一方面开展硬件资源建设。中心紧密结合教学改革要求,与多部门联合,建立了录播教室、"翻转课堂"专用教室、录影棚等,为教学改革实践提供硬件支持。另一方面开展软件资源建设。围绕高等教育改革热点,坚持"学为中心,应用驱动"的理念,进行在线开放课程的建设与应用,是省内高校中较早出台《在线开放课程建设应用与管理办法》的学校之一,为在线课程的建设应用提供了政策保证。为推进课程建设,中心组织在线课程建设专项培训,为教师提供校内外教学交流机会,支持和帮助教师转变教学观念,突破教学改革瓶颈。目前已建设在线开放课程 50 余门,投入使用课程近 30 门,"中国大学 MOOC"平台对外上线课程 13 门,其中 3 门课程获得国家级 MOOC,12 门课程获得省级课程立项。通过推进"在线通识课""暑假第三学期 MOOC""在线重修班""翻转课堂教学"等多种混合式教学,促进了教学模式和学生学习模式的改变。同时,建设中心网站、运营微信平台,为教师交流学习、提供教学资讯搭建平台。

---

① 李宝斌.教学学术发展的阻滞与突破[J].高等教育研究,2015(6).

三、经验与不足

经过几年的探索与实践,南京邮电大学教师教学发展工作取得了一定的成效,但也因为发展时间较短,凸显出了很多不足之处。

1. 培训偏重组织的主导作用,教师自主发展性不够

中心自成立伊始,一直以服务教学为宗旨,紧密结合学校教学改革,开展形式多样的教学培训项目。与教务处合署办公增强了中心的行政色彩,保障了培训活动的参与率。但在理念上,教学发展应更注重教师的主体需求,当其有强烈的需求获得某些教学技能、教学知识,并达到某种自定教学目标时,借助教学培训、教学研讨与交流,达到其教学发展的目的。中心应更重视教师发展的自主性、个性化需求,构建教师发展性自我评估体系,引导教师对自身成长进步进行自我反思,提升教师的自我效能感,从教师追求自我价值的内部动力促进教师的自主学习与自我提高,尽量避免使用行政手段作为主要动力,最终达到教师教学发展的科学性与可持续性。

2. 偏重青年教师的教学发展,老教师的教学发展不够

近年来,学校教师队伍迅速扩大,新任教师人数增多,为使青年教师尽快进入角色,较好地适应高校教师生活与工作,中心着力设计了适合本校的青年教师教学发展项目,有效促进了我校青年教师的教学成长。而老教师任职多年,教学经验丰富,学术造诣也比较深厚,在教学发展方面容易成为被忽略的对象。但是,由于近年来互联网与信息技术的迅猛发展,高等教育理论不断发展与更新,大学教师的角色和地位也在发生着变化,即使是老教师也需要不断更新教育教学理念,提高信息化教学技能,与时俱进,才能适应互联网环境下新的教学与学习模式。因此,中心还须及时跟进老教师的教学发展,满足不同层次、不同职业生涯阶段的教师教学发展需求,促进整体教学质量的提高。

3. 初步建立了校本教学发展基础性资源,但仍需加强与完善

学校大力支持教师教学发展工作,在短时间内建立起了教师发展与教学改革实践所需的硬件和软件资源,使教师教学发展工作得以大力实施与推广。但是,随着教学发展工作的深入开展,现有的教学资源难以满足教学发展项目的多

样化需求,教师教学发展的自主性、针对性特点也愈发突出,在活动场地、专家等方面资源的欠缺就会阻碍教师发展工作向深层次推进,尤其是个性化咨询服务还比较欠缺,从咨询服务专家到咨询专用场所都有待进一步建设与完善。因此,中心还需充分挖掘校本资源,建立和完善教师发展工作活动场所和专家智库,进一步提高教师发展项目的内涵与质量,满足教师发展的自主性需求。

4. 弘扬教学文化,但力度还需进一步加大

中心通过网站、微信公众平台发布教师教学发展动态、教学咨询,及时报道校内相关教学政策与教学活动,积极营造关注教学、热爱教学的氛围,但作为一所工科院校,理性宣传偏多,而人文关怀欠缺。中心需充分利用网络平台,开展温馨师生互动项目,展示优秀教师高尚师德与敬业风采,使广大教师能"乐业",真正帮助其内心成长。

四、结束语

大学教师教学发展任重而道远,中心应加强自身专业化建设,始终坚持以人为本,不断探索,创设科学、合理、温馨、友善的教学发展环境,提高教学发展项目的针对性、科学性和有效性,由外至内地促进教师的教学发展与成长。

参考文献

[1] 潘懋元.大学教师发展纲论[J].高等教育研究,2017(1):62-65.

[2] 王守仁,施林淼.聚焦教师教学能力提升　推进高校教师教学发展中心建设[J].中国大学教学,2016(4):75-80.

[3] 魏红,赵彬.我国高校教师发展中心的现状分析与未来展望[J].中国高教研究,2017(7):94-99.

[4] 庞海芍,张毅鑫,宋文.教师发展体系构建与实践[J].高教发展与评估,2017(2):50-58.

[5] 刘化喜,朱中华.高校教师教学发展中心建设的若干问题[J].高教发展与评估,2017(4):102-108.

[6] 陈嫒琳,沈召前.高校青年教师教学技能培训需求状况调查研究[J].价值工程,2015(34):169-171.

[7] 李宝斌.教学学术发展的阻滞与突破[J].高等教育研究,2015(6):80-86.

高校新进教师教学发展体系探索与实践

——以河海大学为例

于 伟 张 容 陈 磊

河海大学教务处

摘 要:推进新进教师教学发展是高等教育发展新形势的必然要求和教师专业发展的内在需要。准确把握职业生涯初期新教师的特征,据此扎实开展新进教师入职教育工作、导师制全方位指导、教学系统培训和多措施激励教师教学发展,旨在帮助新进教师完成组织社会化和确定职业锚的两大职业生涯初期目标,为教师走向卓越、学校建成高素质师资队伍奠定坚实的基础。

关键词:职业生涯;新进教师;教学发展

新进教师是指已完成最后学历教育并在高等学校开始从事教育教学工作以及学术研究工作的人。本文中对新进教师的时间界定为进校一至三年的教师,该时间段也可以称之为教师的入职期或教师职业生涯初期。入职期在高校教师职业生涯中起着至关重要的基础性作用,高校要建成一支有理想信念、道德情操、扎实学识和仁爱之心的高素质师资队伍,必须在教师的入职期采取系统措施,帮助新进教师稳步起航教学生涯,为教师走向卓越奠定坚实的基础。

一、新进教师教学发展的必要性

（一）高等教育发展新形势的必然要求

一方面,随着高校学生规模的急剧扩大,青年教师成为本科教学的重要力量。青年教师的素质、教学能力和教学水平直接决定着学校人才培养质量。另一方面,《"十三五"规划建议》提出,提高高校教学水平和创新能力,使若干高校和一批学科达到或接近世界一流水平,随后国家开始全面统筹推进世界一流大学和一流学科建设(简称"双一流建设")。双一流建设,质量是根本,人才是关键。高校要坚定立德树人的根本任务,关键在于建成一支有理想信念、道德情操、扎实学识和仁爱之心的高素质师资队伍。新进教师将在未来几年时间快速成长为学校教育教学的中坚力量,高校必须高度重视和落实新教师的培养尤其是教学能力方面的培养工作,以此贯彻落实人才强校战略。

（二）教师专业发展的内在需要

美国卡内基促进教学基金会前主席厄内斯特·博耶(Ernest L. Boyer)1990年在《学术反思:教授工作的重点领域》①中明确提出了"教学学术"的观点。博耶认为,学者的主要工作不仅在于从事原创性的研究(探究的学术),也要关注理论与实践之间的连接(整合和应用的学术),并将个人的知识有效地传递给学生(教学的学术)。"教学的学术"要求从专业性的角度来看待教学,教师必须在对自己所讲授的领域有深刻全面的认识的同时,能够将自身的理解转化为学生的学习。教学不应当被看作传递知识的简单技艺,而是教师通过对教学实践的持续性的反思与探究,构建学科教学知识体系,促进自身专业发展的学术性活动。教学工作是高校教师的一项首要且重要的工作,高校教师要高度重视自身教学

---

① Boyer, E. L. Scholarship Reconsidered: Priorities of the Professoriate [R]. New Jersey: The Carnegie Foundation for the Advancement of Teaching. Princeton University Press, 1990, 15 - 25.

学术水平的提升，以此提高教学能力和教学水平。新进教师要开好教学头，起好教学步，从源头上做实教学基本功训练，为日后做好教学学术，成为卓越教师奠定坚实的基础。

二、职业生涯视角下新进教师的特征

对教师职业生涯发展阶段进行科学的划分，对于我们认识教师每一发展阶段的具体特征和需求并制订相对应的培训和激励措施具有重要的意义。休伯曼（M. Huberman）提出了教师职业生涯周期论，将教师职业生涯分为入职期（工作1～3年）、稳定期（工作4～6年）、实验和重估期（工作7～25年）、平静和保守期（工作26～33年）、退出教职期（工作34～40年）[①]。朱晓红将高校教师职业生涯分为学习入门期、能力形成期、成就获得期、转型提升期[②]。此外，还有很多国内外专家学者从不同角度对教师职业生涯发展阶段进行了划分。经比较分析，有一个共同之处是将教师职业生涯初期阶段作为教师职业生涯的一个重要阶段，张爱红等人将该阶段定义为"新手期"，是教师职业生涯阶段的关键期。此时教师刚踏上新的岗位，一方面满怀希望和抱负，渴望大展身手；另一方面对教学研究、校园环境、人际关系等比较陌生，渴望获得引导。如果没有利用好这个发展的关键期，随着时间的推移，新教师将面临结婚生子等各种各样的问题，压力越来越大，能够进行自我提升的时间和精力越来越少。工作数年之后，已形成思维定势，要提高教学、科研水平等能力面临的阻力会更大[③]。因此，高校要把握好这一培养的最佳期，有针对性地制订新进教师培养方案，促进新进教师更快更好地适应和胜任教学、研究等工作。

高校新进教师的优势特征主要体现为：一是教学态度端正，新教师刚刚步入教师行列，他们会认真地做每一件事情；二是可塑性强，思维活跃，对新事物接受

---

①　贺斌. 国外教师专业发展阶段理论简介[J]. 青年教师学报，2007（05）：115-117.

②　朱晓红. 基于"第二曲线"理论的高校教师职业生涯周期研究[J]. 河南师范大学学报，2011（06）：112-115.

③　张爱红. 激励理论视角下的高校教师职业生涯发展策略[J]. 嘉兴学院学报，2016（06）：88-92.

能力强,对职业生涯的建议和教学发展培训易于接受;三是勇于创新,勇于挑战,敢想敢干,富有青春活力,进取意识强烈;四是新教师有旺盛的精力和时间投入到教育教学工作中。在肯定新教师优势特征的同时,我们也要看到其不足之处,主要有以下几方面:首先,新教师职业规划不清晰,对教师职业全面性了解不够;其次,思想较为自由开放,由于当前有很大一部分新教师有海外留学经历,面对中西方文化及教育教学理念的思想碰撞,需要进行积极引导;再次,教育教学理论知识和教学实践经验不足,绝大部分新教师毕业于非师范类院校,求学期间没有系统学习过教育学方面的课程,也没有教学实习的经历,因此在教学实务上存在教学方法单一、教学手段运用不当、教案板书不规范等问题。

三、新进教师的职业初期发展目标

(一)组织社会化

高校新进教师的职业初期基本发展目标是组织社会化,也就是了解、熟悉所在学校,接受该学校的文化,克服不安全感,学会与人相处,并融入教师工作群体。这一阶段的教师往往会经历一个比较艰难的时期,有人称之为职业生涯中的三年之痒。这一阶段如果处理得不好,教师就会开始怀疑当初的选择,产生挫折感,进而产生悲观失望的心理,感到茫然无助甚至怨天尤人。因此需要高校组织采取一定手段支持新进教师的社会化。很多企业采取有效的入职活动来促进新进职员的社会化过程,值得高校管理者借鉴。企业开展的入职活动是使新进职员熟悉社区、单位和同事的过程,入职过程直接影响着新进职员的稳定性和工作绩效。有效的入职活动应体现在以下几方面:让职员感觉受到欢迎且有安全感;帮助职员成为团队的一员;鼓励职员获得优异的成绩;提供有关社区、员工等信息;让职员认识将与他一起合作的其他职员等。同时,我们还应看到,高校教师相对其他职业来说还有一定的特殊性,一方面高校教师身兼教学、科研、服务职能,合理安排这三者并协调地发展是每个高校教师面临的突出问题;另一方面,高校教师的劳动特点决定了他们在制度上不需要坐班,导致教师与同事、管理者之间沟通的机会不多。这种特殊性加大了教师组织社会化的难度,需要高校开展更有效的入职活动,帮助教师产生归属感。

(二) 确定职业锚

高校新进教师职业初期最重要的发展目标是确定职业锚。个人职业锚的形成是在个人进入职业生涯早期工作情境后,由习得的实际工作经验所决定,并在经验中与自身的才干、动机、需要和价值观相符合,逐渐发展出的更加清晰、全面的职业自我观,以及达到自我满足和补偿的一种稳定的职业定位①。虽然职业锚是员工自我意向习得部分,但这种职业定位的形成和组织是密不可分的。新教师的才干、动机、需要和价值观通过一次次尝试,在与工作环境的互动中得到体现。在这过程中,高校必须有针对性地提供尝试的机会和岗位,并对新教师的工作成果进行评价。新教师通过这种信息反馈以及自己的工作感受,自省自身条件,在经过多次信息往来和反复强化后确定自己的职业锚。学校组织在这个过程中可以采取适当的方式引导某些适合组织需要的能力的发展、价值观的建立,从而影响教师职业锚的确立。此外,入职活动对教师职业锚的形成也有很大影响,通过对工作性质、内容的介绍,教师对职业的要求有了一定了解,会有意识地对一些能力、价值观等进行调试。

四、河海大学促进新进教师教学发展的探索与实践

(一) 做实入职教育工作

每年 10 月份,学校针对当年新入职教师开展岗前培训工作。主要分三个阶段进行,第一阶段为师德师风主题教育阶段,学校党委书记和校长在岗前培训开班仪式上分别做主题报告,校领导结合自身成长经历,与新进教师分享做人、做事、做学问的体会。希望新进教师要不忘初心,牢记使命,努力成长为有理想信念、道德情操、扎实学识和仁爱之心的好教师。此外,纪委、宣传部等职能部门负责人也开展相关主题教育讲座,旨在加强新进教师的思想道德修养,坚定立德树

---

① 张再生. 职业生涯管理[M]. 经济管理出版社,2002:117.

人的根本任务。第二阶段为校史校情专题教育阶段,以系列讲座的形式分别介绍校史、校情、学校有关政策,教育教学、科学研究等内容,旨在让新教师尽快融入学校环境,同时为教师个人职业生涯发展提供指导。另外学校还组织新进教师参观校史馆、张闻天陈列馆以及严恺、徐芝纶、刘光文陈列馆等,旨在号召新进教师学习老一辈教育家教书育人的先进事迹,传承和发扬学校的优良传统。第三阶段为素质拓展训练,与校外专业培训机构合作,开展野外素质拓展活动,通过体验式的学习,突破个人心理极限、熔炼团队,旨在培养新进教师的团队意识和个人心理承受力,让教师尽快熟悉周围同事,融入周围环境。入职教育工作加快了新进教师的组织社会化进程,同时也为新进教师确定职业锚奠定了初步基础。

(二)实施新进教师导师制

学校规定新教师进校后,所在学院必须为新教师配备专业导师,对新进教师进行至少一年的教学、科研等全方位指导,有效发挥资深教师对新进教师的传帮带作用。导师制的优势主要体现在:首先,导师的言传身教对新教师的价值观、态度等起到潜移默化的影响作用,有助于教师确定职业锚;其次,新教师在遇到工作上的困难时能及时得到帮助并予以改进,就不会产生孤军奋战的无力感,工作更有信心,也更容易出成绩。学校规定新教师开课前,必须观摩导师讲授的课程;开课后,导师必须进行随堂听课指导,加强新进教师培养尤其是教学能力方面的培养。在配备导师的过程中,注意导师与新进教师的匹配度。研究表明,比新教师年长且与新教师性别相同的导师比较容易成功。采取这一策略还必须注意,不要给导师带来额外的负担,要适当减轻他们的教学任务,并给予一定的奖励。当然,导师制还有很多值得探讨和完善的问题,如我们的设想是新进教师入校第一年内不安排独立授课任务,担任导师的助教,全程跟随导师开展观摩听课、助教研讨、科学研究等工作,为进入职场做好充分的准备,但是在实际工作中,部分学院反映师资力量缺乏,不能有效履行新教师助教政策建议。

(三)开展教学系统培训

针对新进教师,学校教师发展中心每年开展新教师研习营系列活动,帮助新进教师开好教学头、起好教学步。

教育理念先行,开展教育教学前沿理念学习活动。培训形式分线上培训和线下培训,旨在为新进教师提供丰富、优质、便捷的学习资源。线上培训依托学校与教育部全国高校教师网络培训中心共建的"河海大学教师在线学习中心"开展活动,线上培训包括专业课程教学培训、通识类教学培训和直播讲座培训,培训内容涵盖了教育教学理念和方法、课程教学方法、信息技术在教学中的应用、教师综合素质提升等。线下培训包括组织高等教育学、高等教育心理学、教师职业道德和教育法律法规四门课程的培训学习,邀请校内外教学专家开设专题讲座,与新进教师面对面探讨教育教学理念与方法,同时选派部分教师外出交流培训。

教学实务破冰,开展岗前试讲多对一指导活动。参加试讲的教师以院系为单位进行分组,每组2~4人,每个小组均有3位专家进行现场点评与指导。教师准备25分钟的内容进行现场授课,教学专家通过听课、审阅教案、现场点评等方式对新教师的教学理念、教学内容、教学方法、教学手段和教学技能等方面进行深入交流与指导。岗前试讲持续时长为一个月,邀请包括国家级省级教学名师、宝钢优秀教师奖与徐芝纶教学奖教师、本科教学督导、优秀主讲教师、教学院长、系主任等教学经验丰富的优秀教师参与指导。

教学交流研讨,开展教学沙龙、教学午餐会等主题研讨活动。教师发展中心不定期举办教学沙龙、教学午餐会等主题研讨活动,利用教师午餐时间、业余时间开展小型交流研讨,研讨内容可以是宏观方面的,也可以是教学上的一个点。该活动形式多样,氛围自由宽松,能帮助新教师高效解决在实际教学过程中遇到的问题。

借鉴他山之石,开展教学示范公开课观摩交流活动。邀请全国高校青年教师教学竞赛一等奖获奖教师、宝钢优秀教师奖和徐芝纶教学奖教师、优秀主讲教师、讲课竞赛一等奖教师等教学优秀教师陆续开设了教学示范公开课。主讲教师精心准备,课堂教学严谨有序、生动活泼,充分展示了作为一名优秀教师所应具备的先进教学理念和扎实教学功底。新进教师观摩听课、虚心研习,在观摩与自身专业相关示范公开课的同时,也积极选听专业外的课程,吸取百家所长。国家级/省级教学名师、教学督导等对示范公开课进行现场点评,并就教学热点与难点问题与主讲教师和观摩教师进行交流。

汇编学习材料,鼓励教师开展自学自省自纠工作。河海的先贤们留下了教书育人的优良传统,特别是徐芝纶院士通过自己高尚的人格品德、严谨的治学精神、高深的学术造诣、精湛的教学艺术,铸就了良好的教师风范。在其"学为止境,教亦无止境"的精神熏陶下,学校涌现出了一大批治学严谨、教书育人的优秀教师。学校组织教学优秀教师编写了《优秀主讲教师谈课堂教学》《优秀主讲教师教学经验荟萃》等学习材料,旨在号召新进教师传承我校传统优良教学文化,主动提升教学能力。同时教师发展中心还设计制作了《河海大学教师教学能力发展记录本》,鼓励新教师记录教学成长历程,在学习过程中不断反思,不断总结实践经验,促使培训成果及时转化,尽早确定职业锚。

检验巩固成效,开展教师教学应知应会测试活动。进行教学应知应会测试,不仅是对新进教师培训成效的有效检验,更是一次对教师综合素质的全方位提升。教学应知应会试卷内容涵盖了教育时政热点、教育教学理念及发展趋势、学校校史校情和教学基本规范,旨在引导新进教师全面熟悉各项政策与规范,为教学工作奠定坚实的基础。同时,教学应知应会测试活动还搭建起了新进教师和教学相关职能部门的沟通桥梁,教师在测试试卷中畅所欲言,踊跃发表对学校教育教学工作的意见和建议,力求共同改进提高,实现个人职业发展和学校组织发展的有机结合。

(四) 激励教师教学成长

教师的成长和发展与学校的发展息息相关,高校教师职业生涯规划激励机制不仅能为高校教师个人架起成长的阶梯,同时也能为高校组织发展提供永不枯竭的能量[1],学校采取多项激励措施以激活新教师发展的内驱力。首先是物质激励,刚入职的新教师收入水平普遍偏低,面临结婚生子等问题,在当前物价与房价上涨的背景下,学校首先要重视新进教师的物质生活需求,如学校给新教师发放租房补贴,以解决新教师的租房问题;开展教师讲课竞赛,青年组竞赛一

---

① 任汀郴,张勇,李湘洲.论我国高校教师的职业生涯规划激励机制[J].现代大学教育,2006(6):99-104.

等奖6 000元;参加校外教学评比和比赛,获国家级一等奖奖励5万元,获省级一等奖奖励2万元,以此激励教师教学成长。其次是发展激励,由于物质激励只能带来短暂的喜悦,却不能持久地激发动力,因此在物质激励基础上必须采取发展性的激励。如在教学上为教师提供一条专业发展路线,新教师在入职一段时间后可以参加讲课竞赛,在竞技中展示和提升自己;入职五年后可以参加优秀主讲教师的评选;教学优秀者还可以继续申报徐芝纶教学奖和宝钢优秀教师奖;对于杰出教师,鼓励申报省级、国家级教学名师。再次是目标激励,目标激励引导新教师设置合理的规划目标,将新教师个人发展目标和学校发展目标相结合,使新教师朝着个人发展目标和学校整体目标努力,从而实现个人和学校的双赢。如学校的人才培养目标是培养具有"中国灵魂、全球视野、河海特质"的一流人才,要实现人才培养目标,必须要把教师打造成一流教师,学校鼓励教师朝着一流教师的目标努力;学校的目标定位是建立世界一流特色研究型大学,建议新进教师围绕学校特色优势学科开展专业研究工作,为学校优势学科发展奠定坚实的基础,同时学校优势学科的强劲发展又反哺教师自身的专业发展。最后是成果激励,如学校设立多项教改课题,给予经费资助鼓励教师开展教学研究与改革;鼓励教师参与指导学生的学科竞赛、创新创业项目等,学生获奖则给予教师对应奖励;开展教学成果奖评选活动,对教师的教学成果予以充分肯定和奖励。

参考文献

[1] Boyer, E. L. Scholarship Reconsidered: Priorities of the Professoriate [R]. New Jersey: The Carnegie Foundation for the Advancement of Teaching. Princeton University Press, 1990, 15 - 25.

[2] 贺斌. 国外教师专业发展阶段理论简介[J]. 青年教师学报,2007(05):115 - 117.

[3] 朱晓红. 基于"第二曲线"理论的高校教师职业生涯周期研究[J]. 河南师范大学学报, 2011(06):112 - 115.

[4] 张爱红. 激励理论视角下的高校教师职业生涯发展策略[J]. 嘉兴学院学报,2016(06): 88 - 92.

[5] 张再生. 职业生涯管理[M]. 经济管理出版社,2002:117.

[6] 任汀郴,张勇,李湘洲. 论我国高校教师的职业生涯规划激励机制[J]. 现代大学教育, 2006(6):99 - 104.

江南大学教师教学发展的综合路径

王鸿博　杨　延　郑建双　王列娟　李燕飞　陈　栋

江南大学教学评估与教师卓越中心

摘　要：江南大学教学评估与教师卓越中心探索校院两级联动服务与支持模式，建立院级教师卓越分中心，打造"卓越教学智库"，开展合作交流和区域服务，逐渐形成具有自身特色的教师教学发展综合路径。中心以教学研究项目为依托，推动教师教学改革；以教学能力提升为目标，组织教师培训研讨；以教学评估实施为重点，提供教学质量保障；以教学问题解决为切口，开展教学诊断咨询；以教学服务平台为支撑，提供优质资源服务；以教学示范引领为抓手，搭建教学交流平台；以教学制度建设为基础，构建教学卓越文化；以改进作风提高效能为目标，构建教学服务文化。在未来发展中将逐步完善教师培训体系，加强教师教学发展支持组织建设，拓新教学质量保障机制，深化教学文化体系。

关键词：教师卓越；校院两级联动；卓越教学智库

一、成立缘起

"所谓大学者，非谓有大楼之谓也，有大师之谓也"，教师对于大学发展的重要性是不言而喻的①。在高等教育大众化的发展背景下，社会对高校教育教学

---

① 教育部. 所谓大学者，非谓有大楼之谓也，有大师之谓也[J]. 教育院/系/研究所名录，2011.

质量寄予更高的期望,提出了更高的要求,如何提升教师的教学能力,助推教师发展已经是各高校重点关注的话题。

《国家中长期教育改革和发展规划纲要(2010—2020 年)》中指出要进一步深化本科教育教学改革,提高本科教育教学质量,大力提升人才培养水平。同年,《教育部 财政部关于"十二五"期间"高等学校本科教学质量与教学改革工程"的意见》中把高校教师教学能力发展作为高等教育改革的重要内容。2012年教育部《关于全面提高高等教育质量的若干意见》中强调"推动高校普遍建立教师教学发展中心,重点支持建设一批国家级教师教学发展示范中心"。同年,遴选出 30 所"十二五"期间国家重点建设的教师教学发展示范中心,以推进高校教师培训工作的常态化,切实提高教师教学能力和水平,建设高素质教师队伍。2016 年《教育部关于中央部门所属高校深化教育教学改革的指导意见》提出普遍建立教师教学发展中心,开展教师培训、教学咨询服务、教学改革研究、教学质量评估,建设优质教学资源,提升教师教学能力和业务水平;发挥国家级教师教学发展示范中心的示范、辐射作用。2018 年国务院又印发了《关于全面深化新时代教师队伍建设改革的意见》,强调以习近平新时代中国特色社会主义思想为指引,准确对标新时代要求,紧扣教育发展和教师队伍建设的主要矛盾,对师德建设、培养培训、管理改革、教师待遇、保障措施等方面提出了具体政策举措。该《意见》提出,到 2035 年,教师综合素质、专业化水平和创新能力大幅提升,培养造就数以百万计的骨干教师、数以十万计的卓越教师、数以万计的教育家型教师。

顺应高等教育改革和发展的潮流,通过借鉴世界一流大学先进的教师发展理念和教师发展模式,结合自身特点探索教师发展方略,2010 年 3 月,江南大学成立了处级独立建制的直属单位"教师卓越中心",希望通过中心的工作拓展出一条适合本校教师的卓越发展之路。2015 年 9 月强化了教学评估职能,中心更名为"教学评估与教师卓越中心"。在学校党政领导的统一部署和指导下,进一步建立健全教师教学发展体系和教学质量保障体系,弘扬先进教学学术理念和育人文化,形成有序开展教学研究、教师培训、质量评估、咨询服务、资源共享、示范辐射的长效机制,为教师教学发展提供专业化的指导、服务与支持。

二、职能定位

中心以"建设教学服务平台，促进教师教学发展，提升教育教学质量"为宗旨，秉承"研究、提升、评价、建设"的工作方针，开展教学研究、教师培训、质量评估、资源建设等工作。目前，中心编制为18人，其中，高级职称4人，博士学位4人，硕士学位10人，专业领域涉及教育学、管理学、文学、工学等学科门类。中心下设高等教育研究所、教师培训中心、教学评估中心、教学资源中心和综合办公室。

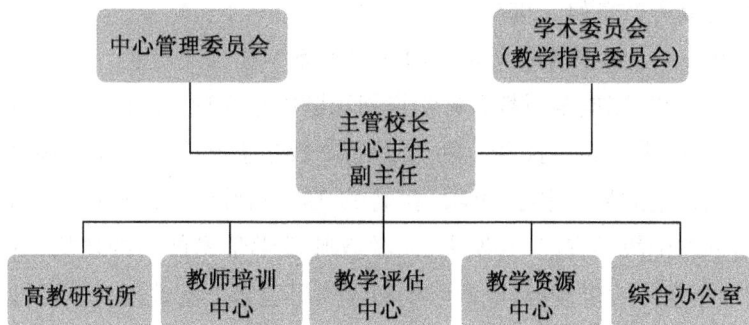

图1　中心组织架构

高等教育研究所工作的重心为"研究"，开展以院校改革和教学实践为导向的高等教育研究，引领教师教学发展。教师培训中心工作的重心为"提升"，以开展培训、研修、咨询等方式促进教学能力提升，夯实教师教学发展。教学评估中心工作的重心为"评价"，作为"校内第三方"开展教学质量常态监测和评估，助推教师教学发展。教学资源中心工作的重心为"建设"，开发校本教学发展资源，引进国内外优质教学资源，支撑教师教学发展。

江南大学教学评估与教师卓越中心是中国高等教育学会高校教师教学发展分会、全国高校教学发展网络（Chinese Higher Education Development Network，CHED）、全国高校质量监测研究会、江苏高校教师教学发展研究会常务理事单位。

三、工作举措及成效

（一）以教学研究项目为依托，推动教师教学改革

遵循"为教育行政决策服务、为教育改革实践服务"的理念，以研究推动管理，以管理引领改革，构建教育研究、课题管理和决策咨询"三位一体"的高等教育研究模式，做好各级各类教育科研课题管理和成果奖申报工作，为教师教育科研保驾护航。2017 年江南大学高等教育研究所被中国高等教育学会评为第五届"全国优秀高等教育研究机构"。

1. 做好各级各类教育科研课题的管理服务工作

截至 2017 年，完成全国教育科学规划课题申报立项 14 项，江苏省教育科学规划课题 75 项，中国高等教育学会、江苏省高教学会教育科学研究规划课题 21 项；组织省级以上成果奖申报 29 项，获奖 11 项。持续开展以校情为主的高教专题研究，引领教师教学发展，共发表《大学教师教学学术能力的建构》等论文 23 篇，《高校青年教师发展研究》等专著 2 部，《项目引领下的教师教学卓越》等编著 2 部；"高校青年教师教学发展模式研究"获江南大学教学成果奖特等奖，《心理教育论》获江苏省哲学社会科学优秀成果奖二等奖，《高校青年教师发展研究》获第五届全国教育科学研究优秀成果奖二等奖，实现了重大突破。

2. 推进学校"教师卓越工程"项目的深入开展

深入实施江南大学"教师卓越工程"项目，鼓励教师围绕课堂教学广泛开展理论和实践研究，推进课堂教学改革，截至 2017 年共立项 86 项。组织"教师卓越工程"项目的公开课展示以及教学研讨活动，对项目成果进行汇编，引领全校教育教学改革。

3. 建立一支"专兼融合"的兼职研究员队伍

组建兼职研究员队伍，出台了《江南大学高等教育研究所兼职研究员聘用与管理办法》和《江南大学高等教育研究专项课题管理办法》，营造学校高等教育研究氛围。组织江南大学高等教育研究所第一批兼职研究员报名及选聘工作，召开专题会议，聘任了 10 名专家学者为高等教育研究所兼职研究员。围绕学校改

革和发展需求,组织开展专项课题的研究,将院校研究成果转化为切实可行的行动策略,为学校发展提供政策建议和智力支撑。

4. 创办学校内刊《高教动态》

2017 年选择"新工科建设""大学新生研讨课""双一流建设""一带一路发展"等学校迫切需要研究的选题,编辑了 4 期《高教动态》,提供国内外最新高教动态和研究成果,并结合我校实际以"编后语"的形式进行分析,为学校管理体制改革和教育教学发展提供参考和咨询。

(二) 以教学能力提升为目标,组织教师培训研讨

遵循"以师为本、服务引导、研修交流、共同发展"的工作理念,实施教师教学能力提升计划,开展多元化的教学研讨,组织卓越讲坛、精品展坛、教学工作坊、网络培训、国内研修等活动,为广大教师的教学实践、教学创新提供"实验场"。

1. 培训计划

(1) 实施"入职教师培养计划"。根据江南大学"教师教学能力提升计划"实施办法的要求,制定了江南大学入职教师培养方案,安排了详细的课程计划表,内容涵盖教育理论、教学素养、教学规范、教学技能、教学实践等方面,通过素质拓展、展馆参观、专题讲座、微格教坛、入职教坛等方式进行为期一年的全方位培训,帮助入职教师快速站稳讲台,提高教师教育理论基本素养,提升教学基本技能,促进新任教师尽快转变角色,适应岗位需求。2017 年中心扩大了区域服务范围,首次承担了无锡市高职院校所有新入职教师 966 人的岗前培训工作。

(2) 开展"骨干教师研修计划"。为打造一支精于教学的骨干教师队伍,造就一支在教育教学实践中发挥示范带动作用的教师中坚力量。2017 年暑假期间,中心与教育部全国高校教师网络培训中心联合组织前往山东大学进行研修,19 个学院 40 位教学骨干教师共同参与,首届"国家级教学名师"南开大学顾沛教授、山东大学教学促进与教师发展中心主任张树永教授、副主任李赛强教授、清华大学在线教育办公室课程总监、雨课堂项目负责人王帅国博士分别做了题为"谈教学的艺术与魅力""以培养目标为导向推进课程与教学建设""教师角色认知与学生学习理解"和"混合式教学与教学创新"的教学工作坊,教师反馈收获良多。

（3）组织"潜能教师教学提升计划"。成立由主管教学的副校长牵头，教学评估与教师卓越中心主任、各学院主管教学院长组成的"潜能教师教学提升计划"领导小组。针对每年度教师教学质量考核与评价结果相对落后的教师，以及各学院推荐有必要进行教学帮扶的教师，组织教学专家随堂听课，从教学态度、教学设计、教学方法、教学效果、教学评价等方面对教师的教学进行诊断评价，及时反馈教学专家诊断报告，辅以教学咨询、教学调查等方式，为教师教学提升提供参考建议。

（4）实施"研究生助教培训计划"。积极组织研究生助教岗前培训，充分发挥了研究生对本科教学的辅助作用。自 2012 年开始，共组织培训十二期，培训人数达 3 000 余人次，覆盖全部学院。培训工作聘请学校相关领导和教师以及有助教经验的研究生代表进行专题培训，学校主管领导主要从研究生助教制度实施背景、指导思想、实施情况、岗位要求和国外启示五个方面对研究生助教工作进行解读；专任教师主要从前期准备、随堂听课、批改作业、辅导答疑四个环节对研究生助教工作的价值与岗位职责进行了深入细致的培训指导，强调积极沟通和主动反馈是有效提升研究生助教辅助教学的两个关键点；研究生助教代表主要分享工作经验和个人心得。研究生助教是学校本科人才培养质量保证制度中的重要一环，是研究生自我培养的重要平台，研究生助教通过岗位锻炼完成了从理论知识到专业技能、在校学生到学生员工、济困助学到能力提升、自我发展到爱校情结的四转变，丰富了个人阅历，收获了自我成长。

2. 精品活动

中心组织卓越讲坛、精品展坛、教学工作坊等系列培训活动，积极开展网络培训，组织直播讲座和校本培训，得到了广大教师的积极响应和支持，促进了教师教学理念的更新和教学水平的提升。

卓越讲坛是为弘扬教育精神、传播先进理念、培养卓越教师、助推学校变革而设立的高水平学术交流平台，先后邀请新加坡南洋理工大学王其云、加拿大莱姆顿学院 Dee Cox、香港大学王敏红、南京师范大学程天君等一批知名学者来校讲学。精品展坛是依托于"教师卓越工程项目"，为教师提供展示空间，搭建交流平台，共举办公开展示课 60 余次。教学工作坊定期选取"智慧教学""PPT 课件制作""微课课程建设"等教师们感兴趣、贴近教师需求的教学话题，开展主题研讨与实践操作活动,通过分享、互动、参与式的研讨形式帮助教师解决教学实践中的问题,激发教师对教学的关注与探讨。

与全国高校教师网络培训中心合作,积极开展网络培训,组织直播讲座,先后承办了"为未来而教:数字原居民时代的教育新思维和新方法""VR 技术在教育教学中的创新应用""创新创业人才培养模式及课程教学的理念与方法""新教师教学适应性能力提升""高校教学理念和教学方法与实践专题"等研修班。

(三)以教学评估实施为重点,提供教学质量保障

遵循"全方位监测,多阶段跟踪,持续性改进"的工作理念,构建引导教师发展的质量保障观,形成培养、激励和约束机制紧密配合的质量保障体系。依托校院两级教学督导、党政管理干部队伍、学生教学信息员队伍、学生评教等对教师课堂教学情况进行全方位监测,借助课程评估、专业评估、校外第三方评估等多举措探索各环节相互衔接、支撑的全过程、多维度、立体式内部质量保障体系。

1. 教学常态监测

(1)加大课堂教学反馈和青年教师的帮扶力度,增强教学评价效能。中心认真落实干部教师听课和教学督导制度,进一步加大对教师课堂教学的督导力度。在中心的组织下,学校和学院联动开展教学质量监测,领导干部、教学督导、学生从不同层面对教学进行督查与反馈,领导干部突出思政课专项听课;教学督导重点关注近两年新进的青年教师;搭建学生教学信息员系统,信息员利用系统及时反馈教学状况,为教师调整教学提供了依据与参考。

(2)重视本科教学基本状态数据采集,实现本科教学质量常态监测。本科教学状态年度监测依据教学工作内在规律,组织 24 个职能部门和 18 个学院协同采集学校基本条件、学科专业、教师、学生、人才培养、教学管理与质量监控等 7 大类数据,全方位分析学校教学基本状态;整合 13 个部门的学年度材料,编撰江南大学年度本科教学质量报告,通过总结经验、诊断问题、商讨整改方案,实现教学的持续监测与改进。

2. 教学质量评估

(1)开展以学生能力为导向的专业审核评估,推动专业内涵式发展。自 2016 年起,开展专业审核评估工作,搭建专业审核评估系统,聘请校外学术专

家、行业专家、用人单位代表对光电信息科学与工程、视觉传达设计、工业工程、教育技术学等9个专业把脉诊断，通过解读专业基本状态数据，审阅自评报告，以及听课、座谈等环节全面、系统诊断专业的运行状态，有效促进专业办学水平提升；完成9个专业的专业基本状态数据分析报告，安排了工商管理、汉语言文学、光电信息科学与工程等3个专业的专业整改工作，通过促进与培育专业自我保障机制的完善，推动各专业的内涵式发展。

（2）推行过程性为主的课程评估，提升人才培养目标达成度。加强和完善课程建设与评估是推动教学基本建设，提高教学质量的关键。截止到2017年，共邀请45名校内专家对23门专业关键课程进行评估，通过全程录像、专家全过程跟踪听课、学生调研、教师访谈等多环节、不同渠道对教师开设的课程进行综合评价，共形成40余份课程评估报告，为课程建设提供有效指导。

3. 教师教学评价

（1）探索学生评教方案的新路径、新方法，突破评教尴尬困境。2017年搭建本科教学质量监测系统，启用学生评教新方案。实施以学生为主体的教师课堂教学效果评价制度，探索学生评教方案的新路径、新方法，采用"期中＋期末"综合评价方式，从方案修订与测试、全校各个层面广泛讨论、文件修订到系统搭建与部署历时一年半时间，已经正式启用，初步取得成效。

（2）落实教师教学质量与学生发展效果监测，稳步提升人才培养质量。协同18个学院开展年度教学质量考核与评价，以全面提高本科教育教学质量为目标，强化教师教学工作职责，健全教师教学质量考核与评价体系，实施多元评价、分级管理，为教师岗位聘任、教学评优、职称评审、优化教学管理等提供依据，激励广大教师牢固树立质量第一的理念，加大教学精力和时间投入，改进教学内容和教学方法，不断提高教学能力和教学水平，促进教师专业化发展。依托北京大学"高校教学质量与学生发展"监测项目，对在校生学习经历展开调研，通过分析学生能力知识掌握程度、公民素养和道德价值观等方面的情况，为人才培养机制的建构与完善提供咨询，为相关决策提供参考依据。

（3）完善优秀教学奖励评选制度，促进名师优课的涌现与培育。为激励教师钻研教学、潜心育人，每年投入百万奖励，开展优秀教学奖评选工作，设置"至善教学名师奖""至善教学奖"和"至善课程奖"，评选过程增设调阅授课视频、随堂听课、访谈等环节,加强对教学过程的跟踪与考核,以此推动名师优课的涌现与培育,共评选出优秀教学奖获得者 37 名。

（四）以教学问题解决为切口,开展教学诊断咨询

建立"至善教学工作站",遵循"自由进站、自我设计;问题导向,专家帮扶;信息真实,项目保密"三大服务原则,为全体教师提供"一对一""多对一"的合作研修和个性化教学咨询服务。开展教学理论、教学研究、教学方法、现代教育技术和教师专业发展等方面咨询活动,帮助教师制订个性化方案,改进教学效果、提高课堂教学质量和教学研究能力。2017 年举办"SPSS 统计软件应用"咨询研修班,外国语学院 40 余名教师参加,此次咨询活动帮助教师们全面了解 SPSS 软件的操作方法与技巧,进一步提升统计分析、数据挖掘的能力。

（五）以教学服务平台为支撑,提供优质资源服务

遵循"资源构筑基石,服务优质高效"的工作理念,充分利用网络资源和先进技术手段为教师教育教学服务,构建"开放互联"的教学支持服务平台。搭建"江南大学慕课学习平台",为教师提供分享展示优质课程的空间,汇集优质资源实现共建共享。充分发挥本校优秀教师的教学引领作用,与全国高校教师网络培训中心共建"江南大学教师在线学习中心",引进国内外优质教学资源。目前共拍摄制作《今日江大》295 期并在无锡教育电视台固定栏目播放,展示了学校品牌形象。

（六）以教学示范引领为抓手,搭建教学交流平台

开展合作交流和区域服务,引领教师专业发展,建成"研究为先导、提升为动力、评价为保障、技术为支撑"综合联动的教师发展示范基地。

1. 打造"卓越教学智库"

中心聘请王武、谢春萍、陈明选、张光生、田良臣、庄若江、徐莉、胡满峰、唐忠宝等 20 余位教学效果优良、热心教学的专家担任教学培训师,开展教师培训和教学咨询活动,引领教师专业发展。

2. 承办教师发展学术会议

中心积极组织教师教学发展交流合作活动,承办江苏高校教师教学发展研究会首届学术年会,南京大学教师教学发展中心主任、研究会会长王守仁教授主持会议,上海交通大学教师教学发展中心主任高捷教授、南京航空航天大学施大宁教授、江南大学教学评估与教师卓越中心主任沈贵鹏教授分别做了专题报告,来自江苏省 50 多所高校教师教学发展机构的 100 余位教师参加了此次会议。承办江苏省高校教师教学发展研讨会,浙江中医药大学教师教学发展中心主任来平凡、华中师范大学教师教学发展中心主任吴军其、武汉轻工大学教师发展中心主任张胜全、江南大学教学评估与教师卓越中心主任王鸿博,以及超星教师发展中心研究院院长肖月分别做了主题发言,来自省内外高校教师发展中心的 150 多名领导、老师参加了此次活动。

3. 开展区域服务支持

中心先后承办了新疆石河子大学骨干教师研修班、吉林师范大学教学管理干部研修班、贵州六盘水师范学院青年骨干教师研修班、南京信息职业技术学院中层管理干部研修班等。研修班采用"现场教学"方式,探索"研训一体、学用交融"的高校教师培训模式,培训内容涉及教师专业成长与师德培养、双一流建设与教师专业素养、教师职业形象塑造、工程教育专业认证、互联网+时代的教育变革和互联网+环境下围绕核心素养的教学创新等,培训方式包括专题讲座、教学观摩、教学沙龙、素质拓展和参观考察等。此项工作是学校发挥智力优势,深化校际合作,精心筹划开展的一项全新探索,为今后开展校际教师教学发展服务奠定了基础,同时也不断扩大中心及学校在全国的影响力。

四、文化建设

(一) 以教学制度建设为基础,构建教学卓越文化

完善内部管理和激励机制,通过多种途径激发中心全员开展教育研究的主动性和积极性,构建教学卓越文化。

1. 打造制度文化

建立完善了包括教师教学发展、教学评估、课题管理、资源建设等系列政策方案，出台了《关于加强教师教学发展工作的意见》《江南大学关于本科教学评估工作的意见》《江南大学本科专业审核评估办法》《江南大学本科教学检查工作实施办法》等12项规章制度，为教师教学发展提供了行动指南。

2. 形成激励机制

每年定期举办青年教师教学会讲，中心联合工会、教务处、人事处等部门共同组织，旨在通过"以赛促教"，搭建教学展示、观摩、反思和提升的平台，发挥优秀教师示范引领作用，鼓励青年教师不断刻苦钻研教学方法、教学技能，持续探索适应本学科特色的课堂教学模式，促进课堂教学质量的持续提高。通过院校两级选拔，评审专家严格考评，共涌现出70余位获奖者，青年教师或用声情并茂的体态传达着对教学的热情，或用新颖生动的课件将专业知识生动呈现，或用富媒体技术深入开展课堂教学互动，展示了青年教师的良好风貌。教学会讲的开展培养了全校青年教师的创新意识，夯实了教学基本功，加强了青年教师之间的教学技能和教学经验交流，营造了良好的教学氛围。组织开展校级微课教学比赛，中心认真谋划、精心指导，多次组织培训交流会，并给予政策和技术支持。积极组织参加江苏省微课教学比赛，"我们的一带一路""复兴丝绸之路，开启筑梦空间""红葡萄酒生产工艺"等30余门微课程分别获一、二、三等奖。学校以微课教学比赛为契机，充分利用信息技术优势，调动广大教师的积极性，全面适应信息化时代的教育教学需求。

3. 弘扬教学文化

拍摄制作教师节专题片、人物专访、重大活动和重要会议等，全面展示教学改革和建设成果。出版专著《心理教育论》《高校青年教师发展研究》，主编《项目引领下的教师教学卓越》《崇尚教学　追求卓越——江南大学卓越课程成果汇编》《始于初心　止于至善——江南大学入职教师文萃选编》，参编《良师轶闻》（江大文化书系），弘扬了先进教学文化。

（二）以改进作风提高效能为目标，构建教学服务文化

中心不断完善信息化服务平台，提高服务效率，践行学术性服务职能，提升

服务质量。

1. 构建学习研究型组织，强调服务意识

定期开展政治理论学习和思想交流活动，进一步完善学习和教学学术研究制度，将撰写调研报告和教学研究论文作为年终考核的一项指标，增强了思想政治素养和科学履职的能力，践行了学术性服务职能。改进工作作风，施行 AB 岗责任制，做到有事必办、来了就办、快办不拖延，致力于为教师教学发展提供全方位服务。让信息技术与服务工作深度融合，搭建教学信息反馈等服务平台，有效提高了工作效能。

2. 提倡团队精神，加强内部协作

凝练各科室工作理念，打造"追求卓越"的团队精神。高教研究所侧重院校研究，教师培训中心侧重教师培训，教学资源中心侧重技术服务，教学评估中心侧重数据分析，各科室职责明确、相互协作，致力于为教师教学发展服务，形成了一支有较强凝聚力和战斗力的团队。

3. 加强沟通交流，实现部门配合

中心积极开展内部调研，加强同发展规划与重大项目办公室的沟通，主要围绕学校发展建议及《高教动态》的编制等议题展开沟通交流。加强和信息化建设与管理中心的交流，共同推进本科教学质量检测系统、信息员管理系统等平台的建设。联合教务处、人事处、宣传部、工会等部门协同组织微课、青年教师教学会讲、优秀教学奖等各类评选活动。

4. 深化对外合作，促进协同发展

加强外部联系，接待南京大学、东南大学等多所高校访问调研；先后到复旦大学、同济大学等知名高校调研，学习先进的工作经验；发起成立中国高等教育学会高校教师教学发展分会，并成为常务理事单位，实现区域交流合作。

五、工作反思

教师发展的理想图景是教师通过教师教学发展中心的引导、帮扶和支持，逐渐使自身的教学行为从"自在"发展至"自为"，从无意识的随意转变为有意识的

设计①。因此,在取得成绩的同时,我们还要进行反思,如教师培训覆盖面窄、培训模式有待创新、培训效果亟待跟踪,教学质量保障机制亟待拓新,教学文化建设尚有发挥空间等。

(一)存在的问题

1. 教师培训覆盖面窄,培训模式有待创新,培训效果亟待跟踪

如果我们的大学老师不能适应"传授范式"向"学习范式"的变革,就不能成为一名真正意义上的探究型学者②。因此,要加强对教师的全方位培训。而现在面临的问题是培训覆盖面较低,每年培训教师近千余人次,但以入职教师和部分对教学感兴趣的教师为主;培训模式有待创新,主要以线下集中培训和报告形式为主,教师学习目的性不强,缺乏真正的投入和深入的思考;培训效果亟待跟踪,后续管理薄弱,只重视培训过程,忽视培训真正效果和实效性,未能及时收集培训评价相关数据,有效地进行持续改进。

2. 教师教学发展基层组织支持不够,人员配备不足

当下高校教师教学发展中心面临着一系列的挑战,客观上需要多元化的机构参与、交流与合作,甚至建立伙伴关系。其中与行政部门的合作,可以获取更多的资源和政策支持③。教研室作为教师教学发展基层组织之一,目前,无论是设置还是工作内容,因种种原因均有一定程度削弱,处于一种若即若离的"边缘"状态。重学科学术水平、轻教学水平的组织制度使得教学与科研脱节严重,不能合而为一,未能真正实现教学过程科研化,科研过程教学化;普遍存在安于现状的组织惰性,目标定位不明确,队伍散而不聚。

3. 教学状态数据采集任务繁重,数据共享和反馈机制尚不完善

为了推进高校教育质量保障体系的建立,国家和高校内部都在进行各类本科教学基本状态数据的采集,但目前的教育数据采集网络仍处于布局和建构的

① 王守仁,施林森. 聚焦教师教学能力提升　推进高校教师教学发展中心建设[J]. 中国大学教学,2016(04):75-80.

② 周萍,陈红. 大学教师教学学术能力的建构[J]. 高校教育管理,2015,9(06):94-98.

③ 杨洁. 我国高校教师教学发展中心:现状、问题与突破[J]. 教育发展研究,2018,38(09):23-27.

初级阶段,缺乏高等院校大数据集成和共享平台,无法实现高校间教育状态数据的共享。校内的数据采集及利用也存在这样的情况,学校花费大量精力采集来的数据形成"信息孤岛",不能有效地在校内各部门之间贯通使用,没有实现数据的共建共享,很难利用其进行自身定位和教育决策。

4. 刚性管理与柔性管理融合度低,教学质量文化意识淡薄

在高校质量保障体系建设过程中,教学质量文化的建设是其关键的一环,教学质量直接关系到人才培养质量的好坏①。但长期以来刚性管理占主导地位,没有真正地实现从刚性管理向柔性管理过渡,不利于校内教职员工创造性、主动性的调动。没有形成系统性的教学价值观念和意志行为选择,不利于进一步构建完善的校内的教学质量管理体系和质量准则,增强学校的竞争活力。

(二) 提升策略

1. 完善教师培训体系

中心通过对学校整体师资状况的分析,在了解不同教师专业水平层次和需求的基础上,系统规划培训工作,采取轮训制度,有针对性地指导教师参与培训,扩大培训覆盖面。构建全渠道培训模式,明确培训目标,采取"线下＋线上"混合式培训、移动培训、集中和分散培训模式相结合的方式提供培训资源和服务,给予教师个性化的学习体验。提高培训效果,加强后续管理,制定教师培训评价指标,优化教师培训体系,寻找深化教师培训改革的突破口和着力点,不断提高教师培养质量。

2. 加强教师教学发展支持组织建设

依托各学院成立教师卓越分中心,由院长任主任、教学副院长任副主任,人员队伍不少于 5 人。分中心负责构建学院教师教学发展体系、开发教师培训资源、拓展教学培训方式、深化教学改革研究、提供教学咨询服务、组织交流研讨活动等,探索教师教学发展的工作方式,为学院教师的教学发展提供针对性服务和支持。鼓励学院根据学科专业的特点和发展需要,创新基层教学组织形式,进一

---

① 朱欣.高校本科教学质量保障之省思:从制度到文化[J].高教探索,2015(07):73－77.

步优化教研室、课程组、教学团队、实验教学中心等基层教学组织,发挥基层教学组织在人才培养中的重要作用。

3. 拓新教学质量保障机制

完善校院两级质量保障体系,建设教学基本状态数据库、专业基本状态数据库,实现对本科教学及专业发展的常态跟踪。以课堂为中心,构建质量监管的新机制,做到潜能教师有人关注,青年教师重点关注,实现"听课记录翔实、意见反馈及时、教学改进切实"。优化教学质量监测系列文件,创新教学质量监测方式,强化对教学评估、教学检查、干部教师听课、学生评教等工作的过程管理。

4. 深化教学文化体系建设

创建良好的教学质量文化氛围,将教学质量的建设和实践工作落到实处,做到建立教学环境能满足、教学激励树榜样、教学制度更完善、教学改革出成果的教学文化体系,努力创造宽松、和谐的生态环境,形成催人上进、陶冶情操的教学文化氛围,实现价值、信念、情感和伦理在内的意识形态和教学思想的深层发展,建设良好的教学文化生态,引领教师专业发展。

参考文献

[1] 教育部. 所谓大学者,非谓有大楼之谓也,有大师之谓也[J]. 教育院/系/研究所名录,2011.

[2] 王守仁,施林森. 聚焦教师教学能力提升　推进高校教师教学发展中心建设[J]. 中国大学教学,2016(04):75-80.

[3] 周萍,陈红. 大学教师教学学术能力的建构[J]. 高校教育管理,2015,9(06):94-98.

[4] 杨洁. 我国高校教师教学发展中心:现状、问题与突破[J]. 教育发展研究,2018,38(09):23-27.

[5] 朱欣. 高校本科教学质量保障之省思:从制度到文化[J]. 高教探索,2015(07):73-77.

基于持续改进理念的教师教学发展工作

——以江苏大学教师教学发展中心为个案对象 *

鲁井兰　冯志刚

江苏大学教师教学发展中心

摘　要：本文以江苏大学教师教学发展中心为个案对象，分析了基于持续改进理念的教师教学发展工作的制度建设、工作举措及发展成效。认为制度建设和工作举措构成了教师教学发展中心工作开展的两个基本方面。其中制度建设为中心工作的有效开展提供了规范依据，而各种工作举措则落实了相应的制度内容，实现了中心的工作宗旨。为推动教师教学发展工作的不断进步，需要坚持持续改进理念，不断创新工作思路，改进工作方法，提升工作水平，确保工作效果。

关键词：教师教学发展；教师教学发展中心；持续改进理念；制度建设

以 2012 年教育部启动国家级教师教学发展示范中心建设工作为标志，历经数年发展推进，教师教学发展中心这一组织机构目前已成为我国众多高校提升教师业务水平和教学能力、提高教育教学质量的专门机构。多年探索与实践的结果是，人们对于教师教学发展中心的性质、功能及其在促进教师教学发展方面

　＊　本文为江苏大学教育教学改革与研究课题"信息化、全球化、市场化背景下高校教学管理体制创新问题研究"的部分成果。

的意义等已经形成了一些共识①,成为进一步推进这一工作的认知基础。毫无疑问,高校教师的教学发展需要有组织支持。② 而问题在于,这一专门机构应当从哪些方面开展工作,虽然人们同样做了大量的研究③,但是公开的研究成果中尚少见基于经验支持的、完整的个案描述。我们认为,对于当下仍然处于探索发展阶段的高校教师教学发展中心的建设而言,理论研究固然是重要的,但是相比之下,来自实践层面的经验总结和知识积累是尤为重要的基础性工作。因此,我们以所在的江苏大学教师教学发展中心为对象,通过个案研究的方法,描述其基于持续改进理念④的制度建设、工作举措及发展成效等方面的情况,以期为教师教学发展中心的工作开展提供一个较为完整的经验样本。

一、个案概况

2013 年 10 月,在深入学习教育部、中组部等《关于加强高等学校青年教师队伍建设的意见》的文件精神和广泛调研的基础上,根据本校开展相关工作的实际需要,江苏大学成立了教师教学发展中心(以下简称中心)。中心为正处级建制,挂靠教务处,在校教学委员会指导下开展工作。中心设主任 1 名,由教务处

①　别敦荣,李家新.大学教师教学发展中心的性质与功能[J].复旦教育论坛,2014,12(4);陈斌.大学教师教学发展中心核心使命分析——基于 30 个国家级教师教学发展示范中心陈述稿的研究[J].西南交通大学学报(社会科学版),2015(3);庄丽君.我国大学教师教学发展中心的特点与思考——基于 30 个国家级教师教学发展示范中心的分析[J].重庆高教研究,2015(4);陈丽,赵刚.大学教师教学发展中心的生成逻辑与现实困境[J].教师教育研究,2016(4).

②　雷洪德.高校教师教学发展的组织支持——对文华学院教师教学发展中心的案例研究[J].高等教育研究,2016(2).

③　吴洪富.高校教师教学发展中心的实践课题[J].高等教育研究,2014(3);吴立保,刘捷.教学学术视角下的高校教师教学发展中心建设研究[J].中国高教研究,2015(11);李永.论高校教师教学发展中心建设的四原则[J].黑龙江高教研究,2015(9).

④　持续改进理念又叫持续改善理念,是一种企业经营管理理念。该理念始于日本的企业管理,它是指运用常识性的、低成本的方法来管理工作场所。其核心精神,就是不论做什么,都要精益求精,做得更好。参见王东旺,李西锋.持续改善理念与企业内部控制[J].财会月刊(综合),2005(3).

处长兼任,设副主任2名,其中一名由教务处副处长兼任。中心设四部一室,即教师培训部、教学支持部、教学测评部、教师拓展部和中心办公室。

中心是致力于学校教师教学发展的教学支持性服务机构。其工作宗旨是,着眼于学校教学发展和培养高素质人才的需要,以提升教学能力、提高教学质量为目的,通过搭建教学交流与资源共享平台,解答教学疑惑、解决教学困难、创造和谐良好的教学环境等途径,为广大教师提供教学服务,着力打造高水平的教师队伍。

中心积极探索和创新运行机制,借鉴国内外高校的成熟经验与做法,充分利用校内校外两类优质资源,建立符合学校实际,体现学校特色的运行模式和工作机制。重点搭建梦溪师培园、三江师说苑、三山师评台、名企工作站四大教师教学发展平台,同时依托四大平台系统地组织开展教师教学培训、教学交流与展示、教师教学能力测评与咨询、加强工程类专业青年教师工程实践能力培养等工作。四大平台的相关工作分别由教师培训部、教学支持部、教学测评部、教师拓展部负责。

中心自成立以来,围绕促进教师教学发展、培养高素质人才这一核心任务,坚持贯彻持续改进、不断发展的工作理念,以制度建设和制度实施为工作开展的基本面向。其中前者使中心的工作有章可循,规范管理;后者则通过各种具体的工作举措,在实践层面上落实中心的宗旨,从而构成了中心工作开展的两个基本方面,并取得了较好的工作成效。

二、基于持续改进理念的工作制度

为了使工作有章可循,规范管理,中心把制度建设放在工作的首要地位。中心工作开展所依据的制度,主要有三个来源:一是学校原有的与教师教学发展相关的制度,如《"最受学生欢迎的十佳教师"评选办法》《关于加强实施卓越计划专业青年教师工程实践能力培养的方案》等。二是中心成立后,根据教师教学发展的实际需要而专门制定的规章制度,如《教师教学发展中心建设方案》《教师教学能力提升实施办法》《本科教学质量评价与持续改进工作实施办法》等。三是在学校原有制度基础上根据学校教师教学发展的需要重新修订的制度,如《青年教师助理教学制度实施办法》《教学大赛实施办法》等。截至 2017 年 5 月,学校共有关于教师教学发展工作的各类规范性文件十多个,形成了保障中心工作开展的制度体系。下面列出的是其中一些具有代表性的制度措施。

(一) 教学激励制度

1.《本科课程教学质量评价及奖励办法(试行)》

为健全教学质量评价与激励机制,2013 年江苏大学出台《本科课程教学质量评价及奖励办法(试行)》,实施优课优酬。文件出台后先在部分学院进行试点并取得初步成效,目前已在全校范围内实施。本科课程教学质量评价分为基础评价和综合评价两个部分,以课程教学班为评价单元,以任课教师为评价对象,根据我校"五制并举"①教学质量监控体系实行,按照以学生为主体的质量管理理念,坚持公开、公平、公正的原则,每学期开展一次。评价结果分 A、B、C、D 四个等级,其中 A 级为优秀,B 级为合格,C 级为基本合格,D 级为不合格。学校对课程教学质量评价等级为 A 的任课教师颁发证书,并给予一定的奖金;对评价结果为 C 级课程的任课教师进行帮扶,对等级为 D 级课程的任课教师给予警示,并采取切实有效措施,帮助其整改。对同门课程综合评价连续 2 次为 D 的教师,将取消其该门课程的任课资格;其后 2 年内如仍有课程被评为 D 级,则将该教师调离教学岗位。

2.《"最受学生欢迎的十佳教师"评选办法》

为进一步激励广大教师潜心投入教学工作,不断提高教学水平和人才培养质量,增强学生参与教学改革、教学管理的热情,学校出台了《"最受学生欢迎的十佳教师"评选办法》,从 2011 年起便开展了"最受学生欢迎的十佳教师"评选活动。凡我校在职一线教师且满足评选条件的均可参加"十佳教师"评选。"十佳教师"由学生投票产生,评选活动每年举行一次,每次评选入围的教师授予江苏大学"最受学生欢迎的十佳教师"荣誉称号,同时颁发奖金;对连续 3 次获此荣誉

---

① 　所谓"五制并举",是指学校建立的由学生评教制、教学督导制、同行教师与干部听课评议制、教学信息动态汇集制和第三方质量评价反馈制五种制度共同构成的本科教学质量监控与评价体系。具体见后文"教学质量监控与评价制度"部分。

的教师,再另行给予奖励。为鼓励一线教师积极投入教育教学工作,该办法规定全校中层(含调研员、副调研员)及中层以上干部一律不参加评选。

3.《教学大赛实施办法》

根据江苏大学《教学大赛实施办法》,教学大赛分为教师教学竞赛和全英语及双语教学竞赛两类,隔年轮流举办。每类比赛均分为预赛、复赛、决赛三个阶段;分设一等奖 1～2 名、二等奖 3～5 名、三等奖 5～8 名和优秀奖若干名。教师教学竞赛分为四个组:新教师组、中级职称组、高级职称组及实验和临床教学组。全英语及双语教学竞赛参赛教师须以英语讲授为主,汉语讲授为辅或全英语讲授的教学方式。英语语言类课程教师不参加此项竞赛。申请参加上述教学大赛的教师必须承担本年度课程教学任务,态度认真负责,教学效果优良。

(二) 教学能力提升制度

1.《教师教学能力提升实施办法》

为了促进教师教学能力提升工作的有效实施,提升本科教学质量与水平,根据《江苏大学关于全面深化改革创新加快推进本科教学质量名校建设进程的若干意见》文件精神,学校在多次调研论证的基础上出台了《教师教学能力提升实施办法》,推行教师培训考核制度。据此对正在实施助理教学工作的青年教师参照《江苏大学青年教师助理教学制度实施办法》的要求进行培养。其中助教培养期每年须参加各种模式的教学能力提升活动不少于 160 个培训学时,主讲培训期每年参加各种模式的教学能力提升活动不少于 100 个培训学时。对通过助理教学工作考核,年龄在 45 周岁以下的教师,仍须参加学校和学院组织的教学能力提升活动,原则上每年不少于 18 个培训学时。其中,年度学生评教平均成绩低于 85 分的教师第二年参加教学能力提升活动不少于 26 个学时。

该办法要求,教授(教授级高工)、年满 45 周岁以上的副教授(高级工程师)或高校从教经历超过 20 年的教师可自主选择参加学校组织的各类教学能力提升活动,但不做学时规定;同时应积极参与青年教师的教学指导工作,担任青年教师导师、各类培训主讲教师、教学研讨会或沙龙主持人等。

2.《关于加强实施卓越计划专业青年教师工程实践能力培养的方案》

新教师阶段是教师认知教师职业内涵、发展教学专业的关键期,对其今后的持久、有效发展影响深远。① 为进一步加强工科类青年教师工程实践能力培养，全面提高青年教师理论联系实际的综合能力，建成一支既具有扎实理论知识又具备较强工程实践能力的教师队伍，学校出台了《关于加强实施卓越计划专业青年教师工程实践能力培养的方案》，面向特定对象加强工程实践能力培养。这些对象主要是年龄 35 周岁以下且不具备至少 6 个月工程实践经历的卓越计划试点专业的专业课、专业基础课教师；或虽具有一定工程实践经历，但原实践经历与现从事专业相关度低的教师。

根据该方案，青年教师工程实践能力培养应结合所从事的学科、专业和岗位进行；35 周岁以下新任教师，作为专业实验室流动编制；在完成助理教学阶段的任务后，部分青年教师可安排到校外实训基地或者对口企业顶岗工作、挂职锻炼，参与企业科研院所的技术改造、项目设计、新产品（新技术）开发、培训学习等工作；青年教师必须积极参与卓越班学生的校外实习带教工作，对学生进企业参观学习、生产实践、专业实习等实践教学环节进行指导。

（三）青年教师助理教学制度

我校一直重视青年教师的培养工作，早在 2002 年学校就出台了《江苏大学关于做好青年教师过教学关工作的决定》，2010 年又出台了《江苏大学青年教师助理教学制度实施办法》，面向准备从事本科教学的青年教师实施青年教师助理教学制度。近几年，学校人才引进的力度不断加大，针对新引进的青年教师普遍存在着学术起点高但教学经验不足的现象，为落实全面推进本科教学质量名校建设的任务要求，大力提升新引进教师的教学水平，学校决定出台更高标准的青年教师助理教学制度。2015 年下半年，在经过充分的调研，并广泛征求教师意见后，新助理教学制度正式实施。新助理教学制中助理教学期由一年延伸为三年，其中第一年为助教培养期，后两年为主讲培训期。

在助教培养期间，青年教师在指导教师的指导下完成各相关教学环节的助理教学任务的同时，听课不少于 120 学时，参加校教师教学发展中心举办的活动

---

① 李庆丰.大学新教师教学能力发展研究：核心概念与基本问题[J].中国高教研究，2014(3).

（名师讲堂、教学沙龙、公开课、专项培训等）不少于 10 次。在主讲培训期间，青年教师可承担一定的课堂教学主讲任务，但仍需参加专业建设、课程建设、实验室建设、教学竞赛及各类教学能力提升活动，每学年听课不少于 60 学时，参加校教师教学发展中心举办的各类活动不少于 6 次。考虑部分学科发展需要，非公共基础课和专业基础课青年教师可自行选择申请实施助理教学制的时间，允许一部分青年教师进校后先过科研关，再过教学关。学校将努力完善青年教师助理教学期间学校、院、系三级考核体系，确保青年教师经过前三年的教学实践，不仅能站上讲台，而且能站稳讲台、站好讲台。

（四）教学质量监控与评价制度

2001 年，江苏大学合并组建之初便出台了《江苏大学关于教学情况评价的实施办法（试行）》。2004 年，学校在总结前几年教学质量评价的基础上，进一步规范本科教学质量评价工作程序，完善本科教学质量评价工作体系，提高本科教学质量评价工作效益，制定了《江苏大学本科教学质量评价工作规程》。文件中首次提出由教学检查员听课检查、学生评教、干部评教、同行教师评教和教学信息员评价一起组成"五位一体"的教学质量监控和评价系统。

2015 年，为进一步完善我校本科教学质量评价工作体系，规范评价与反馈工作程序，形成运行、评价、反馈、改进的质量管理闭环，促进教学质量不断提高，学校出台了《江苏大学本科教学质量评价与持续改进工作实施办法》。依照该办法，学校建立由学生评教制、教学督导制、同行教师与干部听课评议制、教学信息动态汇集制和第三方质量评价反馈制"五制并举"的本科教学质量监控与评价体系；建立由课程、专业、学院、学校构成的"四级链接"教学质量持续改进与考核体系。

为建立质量评价与持续改进工作中教、学、管各方的多向反馈与协同改进机制，学校在质量评价与结果反馈网络平台上设置学生评教、评管，教学督导员评教、评学，干部评教、评学，教师评学、评管与教学信息员评教、评学等 10 个评价窗口。对于教学评价中反映出的教师教学质量问题，相关院系应和教师本人共同制定改进方案，在院、系两个层面实施教学能力提升计划。对较为严重的教学质量问题，教务处可暂停其本科教学工作，由教师教学发展中心和相关学院共同制定限期整改方案；对于因个人原因未能按期实现整改目标者，调离本科教学工作岗位。

三、基于持续改进理念的工作举措

为了配合落实上述制度,贯彻中心的宗旨,我们采取了一系列切实有效的工作举措以推进学校的教师教学发展和高素质人才培养。

(一)常态化开展名师讲堂、教学沙龙、公开课活动

中心定期开展名师讲堂活动,邀请教学名家讲学,传播先进教育理念,扩展国际化教师视野,推动教师进行教学反思与研究;定期举办教学沙龙,邀请校内外教学名师、教学能手等与广大教师面对面交流,分享课堂教学、教学改革与建设的经验和成果;定期邀请和组织教学名师、教坛新秀、教学大赛获奖教师等讲授校内公开课。截至 2017 年 5 月,中心共举办名师讲堂活动 13 场,教学沙龙 55 场,开设公开课 145 门,累计参培教师约 7 000 人次,有效地推动了教师教学能力的提升。

(二)开展"江苏大学教师在线学习中心"网络在线课程培训

为加强我校教师的教学培训力度,拓宽培训途径,方便广大教师根据自身教学需求开展自主培训,中心于 2015 年 11 月份起与教育部全国高校教师网络培训中心合作,建设"江苏大学教师在线学习中心"网络培训平台,引进在线培训课程供教师自主培训。截至 2017 年 5 月中旬,我校在该平台有注册学员 911 人,报名课程 1 932 门次,取得证书 608 份。

(三)自主研发教师教学发展档案管理系统

为了记录教师教学发展情况,并根据《教师教学能力提升实施办法》文件要求,学校自主研发"教师教学发展档案"网络管理系统,将教师教学发展过程档案进行网络化管理。此系统可实现教师教学相关信息的电子归档;教师参与教师能力提升活动报名、培训学时录入、统计及管理;教师总结及持续改进情况汇总管理;教学质量监控结果查询分析等。

（四）举办教师教学大赛

为营造重视教学、研究教学的良好氛围,学校定期举办各类教师教学大赛,包括教师教学竞赛、全英语及双语教学竞赛和微课教学比赛等。其中教师教学竞赛已举办八届;全英语及双语教学竞赛举办两届;微课教学比赛从 2015 年起定期举办。

（五）"十佳教师"网上评选

学校每年举行一次"最受学生欢迎的十佳教师"网上评选活动,学生可通过网络投票或手机微信投票,每位学生可选择自己喜欢的 2 位老师进行投票。经学生投票,教务处、研究生院、海外教育学院审核并推荐,校长办公会决定"十佳教师"人选并授予"十佳教师"称号。"十佳教师"颁奖仪式在每年的教师节进行,由学校颁发证书,企业颁发奖教金。此活动已连续举办了 6 次,共评选出"十佳教师"43 人,其中 2 人因连续三年获选被授予"最受学生欢迎的十佳教师标兵"称号。

四、基于持续改进理念的工作成效

中心自成立以来,基于持续改进的工作理念,积极统筹优化学校教师教学发展工作,不断健全制度建设、完善机构设置,整合教学资源,系统地组织开展教师培训、教学交流、教学咨询、优质教学资源建设等工作,积极探索和创新运行机制,有效提升了中青年教师和基础课教师业务水平、教学能力,取得了一定成效。

（一）进一步确立了"教学工作"的中心地位

江苏大学的发展定位是"高水平、有特色、国际化研究型大学"。研究型大学必须更加重视本科教学、更加重视青年教师的教学发展,这已经成为全校的共识,具体体现在多个方面。其一,近年来,学校以优异成绩通过教育部本科教学审核评估,基于"五位一体"教学建设、"四级链动"教学运行、"五制并举"教学监控的本科教学质量保障体系不断完善。其二,教师"重科研轻教学"的思想得到了一定程度的扭转,科研成果转化为教学资源得到了进一步加强,实现了教学与科研相协调的良性发展。其三,教改成果得到了进一步的认可,目前翻转课堂、微课、慕课等被教师们普遍认可,并在实践中予以应用,这些反映时代特点的教改成果已经成为引领教师教学发展的新事物。其四,教授、副教授为本科生授课的比例得到了明显提升。学校严格执行关于教授、副教授为本科生授课的有关规定,切实将教授、副教授为本科生上课作为一项基本制度,并在教师职称评审中严格实行独立考核制与一票否决制。对未达到为本科生授课最低要求的教授、副教授,学校将结合年终考核情况扣发其相应的奖励性绩效工资,并将其为本科生授课情况作为下一轮聘任的重要依据。

(二) 青年教师助理教学制度的实施得到广泛认可

我校青年教师助理教学制度已实施多年,每年有80名左右的青年教师通过培训,输送到教学一线,为学校本科教学注入了新的活力。2015年年底,新助理教学制度出台后,教师教学发展中心委托关工委教学组到部分学院针对新旧助理教学制度实施情况进行了调研,青年教师对新助理教学制度的实施普遍反映良好,认为根据制度要求中助教培养期和主讲培训期两阶段培养实施下来,对其教学能力的提升将会有很大的帮助。新助理教学制度实施后,《中国教育报》、《中国科学报》、新华网、江苏教育、镇江新闻频道等多家媒体报道了我校的青年教师助理教学工作,产生了较好的社会影响。

(三) 教师的教学能力和教学水平有了明显提高

主要表现在教师的教学模式、教学方法、教学手段更加多元化,教学资源进一步丰富,工科类教师的工程能力得到了提升,实践教学和创新创业教学质量得到进一步提升。通过制度激励和各类具体工作举措的引导,教师全英语和双语教学的能力得到了显著加强,能够全英语和双语教学的教师比例不断攀升。教师教学能力和教学水平的提升不仅在学生评教中得到了验证,也在校际教师间的教学比赛中得到了一定程度的体现。例如,在2015年的江苏省高校微课教学比赛中,我校共有27名教师获奖;在获奖的70余所院校中,我校获奖总数全省第四,一等奖数全省第四。

（四）人才培养质量不断提高

统计显示，近几年来我校本科毕业生的就业率连续多年稳定在 96％以上，研究生报考率达 45.52％，上线率达 21.72％。我校曾连续 8 年获评江苏高校毕业生就业工作先进集体荣誉称号，并在近年来先后获评全国高校毕业生就业工作先进集体、成为首批全国毕业生就业典型经验 50 所高校之一。2016 年 5 月，教育部本科教学工作审核评估专家组对我校的本科教学工作进行了全方位的深入考查后认为："学校高度重视人才培养和本科教学工作，本科教学管理规范，内部质量保障体系完善，校内自我评估已经形成制度化、常态化。学校在适应国家重大需求，培养高水平人才服务江苏及区域经济社会发展方面取得了重大成效及呈现出快速上升势头。"

五、基于持续改进理念的工作经验

基于持续改进理念的工作实践，我们总结了如下一些有关教师教学发展工作的经验：

其一，制度建设是教师教学发展工作开展的基础。所谓"纲举目张"，有关教师教学发展的制度就是中心工作开展的"纲"。江苏大学的教师教学发展工作之所以取得一定的成效，首先应当归功于这些年来学校持续不断进行的制度建设。其中既有对原有相关制度的修改完善，又有根据工作需要新制定的规章制度。对于教师教学发展中心这个在探索中发展的"新事物"而言，这些制度建设的成果为其工作的有效开展提供了基础保障。

其二，工作举措应当有的放矢，切合本校实际情况。教师教学发展工作要落到实处，中心的工作举措应当从本校的实际出发，以满足提升教师教学能力水平的需要为目标，有的放矢。每一项工作的落实，都应当具体而微，挠到教师的"痒处"，才能取得实际效果。切记好高骛远，不切实际。我们的切身感受是，即便是像教学沙龙、教学公开课这样的琐碎事务，只要能做好做实，就能起到很好的示范效应，从而为中心工作的进一步开展提供条件。

其三，工作推进应当综合运用各类资源。虽然促进学校的教师教学发展是中心的本职工作,但是这一工作的推进却不是单凭中心自己的力量就可以做好的。教师教学发展工作是一个系统工程,需要综合校内外的各种资源。为此,中心需要发挥资源汇集、整合的作用,将所有各种有利于教师教学发展的因素利用起来,服务于教师教学能力提升和高素质人才培养这一核心宗旨。

其四,应当始终贯彻持续改进的工作理念。虽然教师教学发展工作已经成为高校的核心工作之一,教师教学发展中心也已普遍成为提升教师教学能力的专门机构,但是做好这一工作却不是一蹴而就的。即便中心的工作取得了一些成效,仍然有许多薄弱环节需要加强,有许多缺点需要弥补,工作的进一步发展仍然面临着诸多的困难和挑战。为此,我们应当围绕立德树人这一根本任务,贯彻持续改进的发展理念,不断创新工作思路、改进工作方法、提升工作水平。唯有如此,中心才能与时俱进,推动教师教学能力和水平的提升,为培养高素质人才做出自己应有的贡献。

参考文献

[1] 别敦荣,李家新.大学教师教学发展中心的性质与功能[J].复旦教育论坛,2014,12(4):41-47.

[2] 陈斌.大学教师教学发展中心核心使命分析——基于 30 个国家级教师教学发展示范中心陈述稿的研究[J].西南交通大学学报(社会科学版),2015(3):36-42.

[3] 陈丽,赵刚.大学教师教学发展中心的生成逻辑与现实困境[J].教师教育研究,2016(4):20-25.

[4] 雷洪德.高校教师教学发展的组织支持——对文华学院教师教学发展中心的案例研究[J].高等教育研究,2016(2):31-36.

[5] 李庆丰.大学新教师教学能力发展研究:核心概念与基本问题[J].中国高教研究,2014(3):68-75.

[6] 李永.论高校教师教学发展中心建设的四原则[J].黑龙江高教研究,2015(9):13-16.

[7] 王东旺,李西锋.持续改善理念与企业内部控制[J].财会月刊(综合),2005(3):70.

[8] 吴洪富.高校教师教学发展中心的实践课题[J].高等教育研究,2014(3):45-53.

[9] 吴立保,刘捷.教学学术视角下的高校教师教学发展中心建设研究[J].中国高教研究,2015(11):81-86.

[10] 庄丽君.我国大学教师教学发展中心的特点与思考——基于 30 个国家级教师教学发展示范中心的分析[J].重庆高教研究,2015(4):24-28.

南通大学教师发展中心建设的探索与实践

邓小泉　　徐翠霞

南通大学人事处(教师发展中心)

摘　要:基于美国教育联合会(NEA)教师发展理论,南通大学教师发展中心立足自身建设和教师发展进行了多年的实践探索,初步提出"全覆盖、全方位、全过程、全协同"的工作机制,确立了"整合资源、完善机制,搭建平台、沟通协调,研制政策、提高质量,引领文化,促进发展"的工作理念,紧紧抓住岗前培训、入职初期培养和在岗培育等三个环节,采取多种措施促进教师发展,逐步形成学术沙龙与教学研讨两大特色活动,取得明显成效。

关键词:高校;教师发展;中心建设

南通大学是江苏省人民政府和交通运输部共建的地方综合性大学,现有教职工 3 330 人,其中专任教师 1 885 人。学校于 2009 年成立教师培训中心,2012年更名为教师发展中心。近年来,南通大学教师发展中心基于美国教育联合会教师发展理论,紧紧围绕自身建设和教师发展积极探索和实践,取得明显成效。

一、组织架构的设计与探索

美国教育联合会(NEA)认为,教师的发展包括个人发展、专业发展、教学发展和组织发展四个方面,组织发展聚焦于营造有效的组织氛围,促使教师创新实践。因此,教师发展的组织架构对促进教师发展具有十分重要的影响。当前,我国高校教师发展中心主要有三种组建模式:一是独立建制,把分散在全校各部门的教师发展资源整合起来,设置独立的教师发展机构;二是挂靠教务部门,利用教务部门独特的教学优势支持教师发展工作;三是挂靠人事部门,利用人事部门综合性服务机构的优势加强教师发展工作。南通大学基于历史传统和对上述三种模式的比较选择,确立了第三种组建模式,设置教师发展中心挂靠人事处。

南通大学教师发展中心成立后,经过若干年的运行和探索,逐步提出"全覆盖、全方位、全过程、全协同"的"四全"工作机制,提出要把服务对象扩大至全体教师,把服务范围扩展到教学、科研、服务社会、身心健康等方面,把服务过程贯穿到教师职业生涯的全程,把教师发展的支持单位扩展至全校各部门和学院。根据"四全"工作机制,教师发展中心应着力围绕教师发展,从纵向和横向两个方面,加强整体设计和规划,构建全面支持教师发展的工作体系。纵向上,主要针对教师职业生涯发展不同阶段的需求,采取切实有效的培养培训举措,帮助和促进教师实现良性发展。横向上,针对不同群体的教师及教师的不同需求,整合全校各方面的资源和力量,帮助和促进教师得到更好的发展。

基于"全协同"的基本构想,结合学校的实际情况,我们酝酿设计出"领导小组+分中心"的教师发展组织构架准备提交学校审定。具体的组织架构为:学校层面成立教师发展工作领导小组,负责全校教师发展工作的规划与指导、统筹与协调;领导小组下设教师发展、教学发展、科研发展、素质发展、教学资源5个分中心。各分中心的组织情况如下:

教师发展中心承担领导小组办公室工作,主要职责为:负责研究制订并组织实施促进教师发展的有关政策;负责指导帮助教师制订专业发展规划,为教师发展提供咨询服务;负责组织开展青年教师培养和名师培养等工作;负责开展新教师岗前培训及其他有关培训、研讨工作;负责组织开展学术沙龙、教学研讨、名师讲坛等专项活动;参与组织有关教师竞赛工作;承担有关教师发展的调查研究工作等。

教学发展中心的组长单位为教务处,副组长单位为党委研究生工作部(研究生院)、党委学生工作部(学生工作处)、教学质量管理处、国际合作与交流处。主要职责为:负责教师教学发展的政策研制、考核评估、教改研究、培训指导;负责教师教学团队的建设与指导工作;负责教师教学竞赛的组织与指导工作;负责研究生导师的培训与指导工作;负责组织有关教师开展境外培训与研修等。

科研发展中心的组长单位为科技与产业处、人文社科处,副组长单位为服务地方工作处。主要职责为:负责教师科研发展的政策研制、考核评估、培训指导;负责教师科研团队的建设与指导工作;负责教师服务社会的组织与指导工作等。

素质发展中心的组长单位为宣传部,副组长单位为工会、团委。主要职责为:负责师德建设与思想政治教育工作;负责组织开展教师素质拓展活动;负责组织开展教师心理健康辅导与咨询活动;负责组织教师开展相关社会实践活动;参与组织有关教师竞赛与评选活动。

教学资源中心的组长单位为现代教育技术中心(信息化工作办公室),副组长单位为教师教育学院。主要职责为:负责教师教学资源网站的建设与管理工作,整合校内优质教学资源,搭建网络教学平台,提供各种课程教学下载工具;负责指导教师现代教育技术应用,为教师制作课件、制图等提供在线技术支持;负责教师相关教学技能的培训与指导工作等。

二、工作理念的确立与实施

关于教师发展中心的机构性质,各家众说纷纭。有的认为教师发展中心是管理机构,应更多地履行管理职能;有的认为教师发展中心是学术机构,应专注于教师发展的学术研究;有的认为教师发展中心是服务机构,主要为教师的发展提供咨询、指导和评估等服务。其实,无论机构的性质如何界定,其核心目标都是促进教师的个人发展,南通大学教师发展中心在思想上认同第三种观点,并确立了"整合资源、完善机制,搭建平台、沟通协调,研制政策、提高质量,引领文化,促进发展"的工作理念。

(一) 整合资源,完善机制

"全协同"机制的建立,不仅仅是单位机构之间的协同,更多地体现为资源的整合与利用。南通大学教师发展中心虽然只是一个副处级建制的挂靠部门,但依托人事处的综合服务职能和"全协同"的工作机制,面向全校整合资源为教师发展工作提供了良好的支持。

一是整合经费资源。学校教师发展工作经费除了教师发展中心的经费预算外,工会还特地从工会费中列出教师活动经费支持教师发展活动,近年来,教师发展中心联合工会先后举办了素质拓展、文化体验、教学研讨、学术交流、英文论文写作辅导等多项活动。二是整合场地资源。分布于全校各校区、各单位的微格教室、未来教室等均为教师发展活动提供免费服务。后勤保障中心、图书馆等单位都根据教师活动的需要随时调整安排场地。三是整合技术资源。现代教育技术中心为支持教师网络培训工作,专门建设了教学资源网站,并出资购买了"教师在线学习中心"系统,为教师的网络教学和培训提供了良好服务。四是整合专家资源。教师发展中心面向全校整合组建了一支相对稳定的专家团队,为教师发展提供培训、指导和技术支持等服务。

(二) 搭建平台,沟通协调

平台是人们进行交流和学习、具有较强互动性的渠道或载体。南通大学教师发展中心成立前,一些青年教师常流露出缺少校内交流互动平台的苦恼,迫切希望能在与其他学者的交流中获得灵感与启发。教师发展中心成立后,立足教师需求,搭建了交流和发展两大平台,为教师发展提供服务。

一是搭建交流平台,架设沟通桥梁。南通大学教师发展中心依托培训项目,通过专题讲座、座谈交流等方式建立了互动平台,定期邀请学校主要领导和相关部门负责人与青年教师交流,既使学校领导能够及时了解教师的发展状况,同时又使教师能够知晓熟悉学校的基本情况和发展动态。为帮助教师之间加强交流,南通大学教师发展中心搭建了"网上网下"两个交流平台。"网上"平台即按教师进校年份和研讨活动建立 QQ 交流群,为教师搭建了便捷的交流平台。"网下"平台即定期组织教师开展研讨、参观等活动,为教师搭建了面对面的交流平台。二是搭建发展平台,促进教师成长。交流平台是教师发展的"润滑剂",而发展平台则是教师发展的"加速器"。南通大学教师发展中心依托人才培育项目加强对具有良好潜力教师的培养,促进他们加速成长、脱颖而出;依托竞赛活动,组织教师积极备赛参赛,提供专家指导,帮助教师通过参加竞赛达到增长知识、提升技能、改革观念的良好效果。

(三) 研制政策,提高质量

教师发展工作的关键在质量,质量的保证靠政策。南通大学教师发展中心坚持政策研制与实践探索同步前行,对缺乏经验的工作实行先试先行,待时机成熟后再制订政策文件;对具有良好基础的工作先定政策再贯彻落实,确保教师发展工作的规范化、制度化和科学化。

在自身建设方面,南通大学教师发展中心从培训工作入手加强制度建设,制定了《南通大学教师发展中心培训班学员守则》《南通大学教师发展中心培训班工作人员守则》和《南通大学教师发展中心培训班考勤制度》等,规范培训、规范管理、规范考核、严格培训纪律。为了解培训方案和培训组织的效果,我们建立了"有培训就有反馈"的机制,通过问卷调查、随机访谈、座谈会以及培训考试成绩统计分析等方式,对培训方案重新审视,对培训教师反馈信息,对培训管理总结经验。

在教师发展方面,南通大学教师发展中心根据"全过程"的机制,分阶段制订培养政策,逐步完善教师发展过程体系。新教师入职前,我们根据多数教师没有接受过教师教育培养的实际情况,强化了教学技能培训,帮助教师过好教学第一关。新教师入职初期,我们充分发挥老教师"传、帮、带"的作用,先后制订了"导师制"和"助教工作制度"的政策,为新教师提供指导帮助。新教师入职成熟期,我们制订了教学名师支持计划,把教学名师的成长纳入培养计划,此外,我们正准备研制教师在岗培训滚动计划,力争用五年的时间让全校教师接受培训。

(四) 引领文化,促进发展

文化是一种积淀和熏陶。教师不是孤立的个体,是处于一定文化氛围中的人。教师的发展不能脱离群体,不能游离于大学文化之外。南通大学教师发展中心坚持文化熏陶,努力引导教师把自身发展与学校发展、社会发展紧密结合起来,实现人与学校、社会的共同发展。

引领教师实现自身发展与学校发展相结合。南通大学教师发展中心定期邀请学校领导为青年教师介绍学校的基本情况和发展动态,组织教师参观校史馆、张謇教育史馆和范曾艺术馆等,让新教师深度了解学校的历史传统、办学定位、办学理念、发展目标和发展战略,引导教师把个人职业生涯规划与学校发展规划统一起来。

引领教师实现自身发展与社会发展相结合。南通大学教师发展中心定期组织教师考察南通,鼓励教师密切关注南通经济社会发展形势,尽量使自己的学术研究贴近南通实际。为鼓励教师进一步接轨社会、服务社会,我们积极引导青年教师深入开展社会实践活动,鼓励工科类教师到相关工矿企业进行实践,鼓励公共卫生、护理类教师到临床医院、街道(社区)卫生服务中心(站)、疾病控制中心等单位进行实践,鼓励教师教育类教师到中小学或幼儿园进行实践,既努力实现理论与实践的结合,也努力实现个人发展与社会发展的结合。

三、促进发展的实践与效果

组织架构的设计、工作机制的构建与工作理念的确立,为帮助和促进教师发展奠定了基础,关键在于落实。南通大学教师发展中心从岗前培训、入职初期培养和在职培训等三个方面采取切实有效的措施,在促进教师教学发展方面进行了深入的探索与实践。

(一)岗前培训突出教学技能提高

我校新教师岗前培训工作按照省教育厅要求,结合学校实际情况组建了省级、校级和学院(部门)三个模块。省级模块以理论培训为主,校级模块以技能培训为主,学院模块以专项培训为主。省级模块具有较强的应试性,学院模块具有较强的灵活性(各学院开展情况并不均衡),而校级培训则具有较强的针对性,也是岗前培训的重中之重。

校级模块培训以往主要是校情介绍,通常以邀请职能部门负责人介绍学校规章制度为主。从 2013 年开始,教师发展中心围绕岗前培训方案的设计,陆续对新教师的教育背景进行了调研。调研结果显示,虽然历年进校的专任教师都具有博士学历学位,但其中接受过教师教育专业培养的教师占比还不到 10%。这些青年教师具有较为扎实的专业基础知识和广博的文化基础知识,但在教育理论知识和教育教学能力方面却显得较为欠缺。针对新教师群体教育背景的实际情况,教师发展中心加大了校级培训的改革力度,逐步强化教学技能培训。在培训方案设计上,将职能部门的政策介绍由现场讲授改为书面阅读,将培训重点改为教育理论、教学能力和技能实践,将培训形式扩充为专题讲座、拓展训练、文化体验、阅读参考、课堂观摩和视频观摩等(详见表 1),初步实现了培训形式的多样化,突出了培训内容的针对性。

表 1　南通大学新教师校级岗前培训方案

培训模块		内　容
专业理念 与规范	阅读参考	《新教师岗前培训手册》(包括教师发展中心规章制度、职能部门介绍、培训日程安排、教学活动介绍、培训学员名单等)
	系列专题讲座	校情介绍、师德师风、职业发展、名师成长、生涯规划、心理健康与压力管理
	拓展训练	在团队中学习与发展,破除"人际坚冰"
	文化体验	参观校史馆、张謇教育史馆、南通博物馆群、范增艺术馆等
教学理论 与技能	模拟教学	模拟教学 M1(前测)、模拟教学 M2(后测)
	教学技能训练	教学方案设计、课堂发声
	课堂观摩	优秀课堂观摩与分析
	视频观摩	分学科观看教学资源数据库的相关课程
	教学考核	模拟教学 M2
	教学反思	撰写教学培训和实践后的教学心得
信息技术 与运用	PPT 制作	多媒体课件应用与课件制作
	微课制作	教学微视频的基本制作技巧和处理方式

在培训的具体过程中,为了强化教学技能,我们围绕教学技能培训,设计了培训流程(见图 1),设置了模拟教学 M1(前测)与 M2(后测),前测指在对教师培训前的基本素质与能力进行摸底,后测旨在对培训后的效果进行检验。培训结束后,教师发展中心还将教师培训期间的模拟教学视频反馈给本人,供其反思总结提高。

专家提供教学意见

模拟教学 M1 → 系列教学培训 → 模拟教学 M2 → 实践教学 → 教学反思及反馈

完善方案

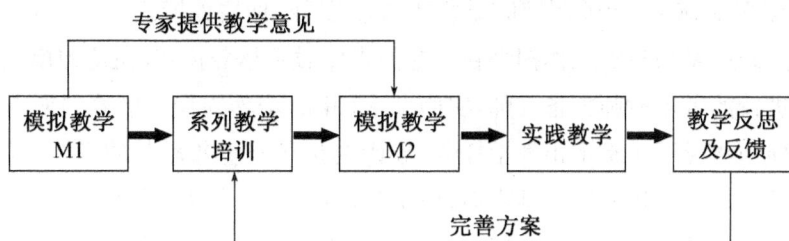

图1 教学技能培训流程图

以教学技能培训为主的校级培训取得了良好的效果。水滴石穿非一日之功,冰冻三尺非一日之寒,教师的教学技能亦是如此,需要日积月累才能形成。而教师发展中心举办教学技能培训的目的在于把学员领进"教学大门",起抛砖引玉之效,学员在最短的时间内记住课程教学设计的基础理论、工具与方法,并能够运用教学设计理论与工具独立完成相关课程的教学设计,学会科学发声及制作PPT等,掌握教学基本技能,进而为提高学员教学效率与教学效果奠定基础。对教学的认识,培训前许多学员的教学印象还停留在本科课堂,用学生的视角看待教学,培训后学员能正确理解"教师—教学—学生"三者之间的关系,能从教师的视角认识学生、认识教学;在课堂上,培训前学员关注的重心是教学内容,培训后学员能关注自身的言语表达、肢体表达,以及学生的情绪反馈等,甚至思考如何设计教学。培训后,学员经一段时间的教学实践,有学员的教学反思中表示"培训是对教学的'解惑',让我自信地上好了第一堂课""我把培训内容运用到课堂上,不断摸索,有意识地处理课堂内容授课方法和调节学生学习情绪,增加了课程的趣味性,提升了学生的学习兴趣,……获得学院教学竞赛一等奖,准备参加校级比赛",充分肯定教学技能培训效果。广大教师也对培训方案和培训组织给予了好评,2013~2016年培训调查结构显示,教学技能训练整体基本满意率达100%,非常满意率从55%增至65.8%;培训组织的满意率达100%,非常满意率从52.08%上升到75.6%。

(二)入职初期培养强化导师指导

岗前培训是教师走上岗位前的培训,还属于脱离"实战"的演练,更关键的则在于参加实际工作过程中的指导与培养。南通大学围绕入职初期教师的成长先后探索实施了"导师制"和"助教工作制度"两种培养模式。

"导师制"是与教学工作捆绑在一起的青年教师培养模式,在这种模式下,学校为新进校的青年教师配备导师,实施2～3年的培养周期。培养周期内,青年教师在导师指导下正常承担教学任务,导师的指导与青年教师的学习过程均需填写成长记录本。培养周期结束后,由学院通过试讲、考查青年教师教学科研业绩、查看《青年教师成长记录本》和《青年教师业务考核本》等方式进行考核。由于这种模式下青年教师需承担较为繁重的工作任务,考核时偏重于材料考核和科研业绩方面,影响了对教学工作的关注度,因此教师发展中心于2017年酝酿提出实施"助教工作制度"。

"助教工作制度"是一种培训考核合格上岗的青年教师培养模式,在这种模式下,导师指导的周期缩短为1学年,学院在培养期内不得安排青年教师主讲课程任务。培养周期分两个阶段,第一学期为随堂听课阶段,青年教师以听课观摩为主;第二学期为试教实践阶段,青年教师实行听课观摩与试讲课程相结合。培养期结束后,实行材料审核和课程试讲(分学院和学校两级试讲)考核方式,考核合格的青年教师方可担任有关课程的主讲教师和晋升副高级以上专业技术职务,考核不合格的青年教师需继续担任一学年的助教工作;延长一学年考核仍不合格的青年教师,视为不适合担任教学工作,应转到其他岗位或不再聘用。"助教工作制度"已于2017年秋季开始实施。

(三) 在岗培育探索多种举措

南通大学教师发展中心紧密结合教师的发展需求,通过多种方式积极探索实施促进教师专业发展的有效举措,形成良好效应。

一是适应师资队伍建设国际化需求,组织开展外语培训。近年来,为加快实现教育现代化进程,我校启动实施了教育国际化工程,组织教师出国访学、研修、合作科研,不断提升师资队伍建设国际化水平。我们立足教师出国提出的外语水平要求,积极探索举办全国英语等级考试培训班,截至目前,共举办11期,培训人数300多人。为加强对教师出国研修外语培训的管理,激发教师学习外语的活力,教师发展中心探索多种途径帮助教师提高外语应用能力,研究制订了《南通大学教师出国研修外语培训管理暂行办法》,对外语培训班实行限额制、遴选进班制和培训经费分担制,充分调动了教师学习外语的积极性,有效地提高了培训效果,培训后考试通过率从28%上升到82%。

二是遵循名师成长规律,实施教学名师培训计划。为鼓励教师投身教育教学改革,培养和造就一支师德高尚、教学水平高、教学效果好、结构合理的高素质教师队伍,学校从2012年开始启动实施"教学名师培育工程",旨在通过遴选师德高尚、教学水平高、教学效果好、科研基础扎实、教学改革创新意识强的优秀教师和其他教学人员,予以重点培养,使其成为教学名师,从而不断提高我校师资队伍的整体水平。教学名师培育工程实施以来,共遴选培育47人,其中已有6人成长为校教学名师、2人成长为市教学名师、1人成长为省级教学名师、1人成长为国家"万人计划"教学名师。当前,教师发展中心根据新的形势,启动修订了"教学名师支持计划",尝试通过更大的支持力度、更多的培养举措和更长的培养周期,促进一批教学名师脱颖而出。

三是立足教师交流需求,组织开展学术与教学研讨。交流与研讨是激发灵感的渠道,是促进教师学习与发展的平台。南通大学教师发展中心组织教师围绕学术交流与教学研讨开展了系统活动,反响良好。学术沙龙咖啡屋活动旨在"活跃校园学术氛围,加强学术沟通交流,促进学科交叉融合,推动科研协同创新",让教师们在浓浓的咖啡香中品味学术的精妙意蕴。该项活动在长期探索中形成了"个人自主申报主题,网络发布活动通知,教师自愿报名参加,中心积极提供服务"的特色,目前不但促成了校内一些跨学科团队的组建,而且吸引了外籍教师主动参与,甚至有教师动员在海外高校工作的亲属来校参加。教学午餐会采用"免费提供餐饮,利用午餐时间,围绕教学问题,嘉宾主持交流,不拘一格讨论,解答教学疑惑"的方式,组织教师"研讨教学问题、交流教学经验、开展教学咨询、共享教学乐趣",围绕课堂互动、课堂管理、教学氛围营造等教学过程中遇到的实际问题展开讨论,提出解决方案,受到参加人员的一致好评。学术沙龙与教学午餐会(或研讨会)的举办已经在校内形成常态化,参加过活动的教师总觉得意犹未尽,因而常常出现大家争相报名的景象。

四、团队建设的反思与困惑

团队建设是推动教师组织模式创新的重大举措。高校通过加强团队建设，汇聚优秀人才，集中高校多学科优势力量，既有助于提升教师个体的能力与素质，促进专业发展，也有助于发挥教师团队的整体效应，提高学校整体办学水平和办学质量。

为加强团队建设，南通大学于2015年印发了《南通大学教师团队建设与管理暂行办法》，明确要求各学院根据学科专业特点和发展方向分别组建若干教学团队和科研团队。建设教学团队旨在进一步发挥学科专业带头人与骨干教师的传帮带作用，加强青年教师培养，加强学科专业的交叉融合，形成教师队伍的团队合力与整体优势，系统地推动教学内容、教学方法和人才培养模式的改革创新，进一步推进教学改革经验的交流共享，为提高人才培养质量奠定坚实基础。建设科研团队旨在凝练学科方向，汇聚学科人才，培养具有创新能力的领军人才、学术骨干和青年教师，优化教师队伍结构，促进学术队伍可持续发展，增强协同创新意识，提高承担重大科研项目的能力，培育和产生重大科研成果，争取更多更高层次的奖项，提高教师的科研能力。

学校明确坚持教师团队建设与师资队伍建设紧密结合，规定每名专任教师都应加入教学团队和科研团队，学院在拟订师资补充与人才引进年度计划时，应明确拟引进对象所属的教学团队和科研团队，团队归属不明确的不予引进。为此，学校已经组织各学院组建了若干团队，分别报人事处、教师发展中心、教务部门和科研部门备案，作为师资队伍建设的重要依据。

南通大学团队建设实施近两年来，各项工作正在渐次推进，关于团队建设的反思也同步开始。一是团队的管理与运行，学校规定实行团队带头人负责制，团队成员的行政隶属关系不变，接受团队带头人的业务领导，但这种业务领导与学院或系的行政领导之间的关系如何平衡尚不明确。二是团队的考核，团队成员的工作考核与事业单位工作人员年度考核的关系、团队负责人在团队成员考核工作中的地位与作用等尚难界定。三是团队建设的支持举措，学校相关职能部门在团队建设中的作用、团队建设的效能还无法评估。总体而言,团队建设已经成为共识,但如何建设团队还缺乏成熟经验,团队建设的道路尚可谓任重道远。

参考文献

[1] 赵君.美国大学教师发展机构的成长分析——以普林斯顿大学麦克格劳教学与学习中心为例[J].高校教育管理,2014(3).

[2] 庞海芍.大学教师发展中心的功能与运行机制研究[J].国家教育行政学院学报,2012(8).

教师培训与发展中心为青年教师助航机制的研究[*]

王 慧 陈益飞

盐城工学院教师培训与发展中心

摘　要：青年教师是高校的中坚力量，为了不断提升青年教师的教学能力，学校成立了教师培训与发展中心。本文主要分析了盐城工学院教师培训与发展中心为青年教师助航的背景意义、工作理念、助航的举措和特色等问题，着力构建青年教师从入职到成为优秀骨干教师的培养机制，促进教师可持续发展。

关键词：教师培训与发展中心；助航机制；持续发展

一、引　言

青年教师是教育的中坚力量，既需要高深的专业知识，更需要精湛的教学技能。教师专业发展不仅需要知识与经验的积累，更需要有效的知识增长和更新机制。盐城工学院于2004年在教务处下设科级建制的师资培训中心，承担学校教师资格认定、青年教师岗前培训、上岗引导培训、教学基本能力培训等工作，重点开展教学基本能力培训。2008年，教务处将与教师发展相关的职能划归师资培训中心，开展了青年教师教学竞赛、示范课、天空教室、普讲等工作。2011年，

---

 * 本文为江苏省教育科学"十三五"规划2016年度课题"高校教师境外研修路径探索"的结项成果。

学校将师资培训中心变更为教师培训与发展中心,中心主任由教务处副处长兼任。2014年,教师培训与发展中心独立设置,为正处级单位建制,并且进一步拓展了教师培训与发展中心职能,将骨干教师国内外研修培训纳入教师培训与发展中心。中心自独立运行以来,不断探索利用国内外优质教育资源开展教师能力培训的途径和方法,开展满足教师个性化、专业化、国际化发展需要的各类培训活动,促进了青年教师快速成长。

二、为青年教师助航的工作理念

为青年教师助航,教师培训与发展中心旨在提升教师教学科研能力,提供教学培训、海内外研修管理和咨询服务。中心以营造教学氛围,更新教学理念,提升教学能力为使命,通过创新培训方法,开展教学研讨等途径,提高教师教学技能和水平。按照教育部、教育厅对教师培训与发展中心的建设要求,结合学校特色和优势,努力构建功能多样,符合教师发展需要的运行机制。按照"新教师、合格老师、优秀老师、骨干老师、教学名师"的发展层级,逐级实施培养计划,促进高校教师可持续发展。

教师培训与发展中心是校长直接领导下的独立运行的职能部门,中心的主要职能是教师教学能力培训与非学历教育的海内外研修。教师教学培训工作包括青年教师岗前培训、上岗引导培训、教学基本能力培训、专业实践能力培训、教师资格认定等工作。非学历研修包括出国英语培训、国内外高访学者和境外研修。

学校出台《盐城工学院教师培训与研修工作规程》《盐城工学院新教师培训工作实施细则》《盐城工学院教师境外研修工程实施办法》等系列管理制度,中心依据制度开展各项工作。

对教师培训与发展中心的工作实行专家委员会评定制。学校成立了教师教学基本能力评定委员会、教师专业实践能力评定委员会、教师资格申请专家审查委员会等机构,既对培训过程给予监督指导,又对培训结果进行认定,有效地保证培训质量。

中心实行集中培训与二级学院培训实践结合制,学校制订了既能保证培训效果，又与学科背景、专业特点相符合的系列制度。

三、为青年教师助航的举措和特色

中心成立以来，改变传统的"教师培训"思维，切实践行为"教师发展"助航的理念，根据我校教师的年龄、学历和现有专业化能力及发展趋势，充分分析我校教师的专业化水平、年龄结构等实际情况，按照"新教师、合格老师、优秀老师、骨干老师、教学名师"的发展层级，协助二级教学单位分层分级制定教师发展规划。尤其重视青年教师的发展，为青年教师助航的举措和特色，主要包括以下几个方面：

第一，做好新教师入职岗前培训工作，加强能力培训与考核，为青年教师掌握教学基本技能助航。通过入职系列活动，让新进教师较快融入学校，感悟教育事业，了解校园文化，熟悉学校规范，规划职业生涯发展；组织新进教师参加江苏省高校教师岗前培训，做好过程管理，进一步提高岗前培训的合格率。在师德师风培育、教学理念提升、教学技能养成、教学规范熟悉、教学制度学习等方面对新教师加强引导和培训。邀请教育专家对教师教学理念、教师备课、课件制作、教学态度、教学方法与能力等方面进行专门培训，特别是基本教学方法与技能的指导。优化培训内容，改革培训方式，加强培训考核，增强培训效果。通过"七个模块"的培训，使青年教师熟悉教学工作规范，掌握教学基本技能，经过不断的实践，顺利通过"教学关"。

第二，举办教学沙龙和竞赛，开展教学经验交流，为青年教师教科研水平的提高助航。中心还依托终身教育的理念，在教学理念、教学手段、教学内容和教学吸引力等方面对中青年教师进行培训。通过校内外培训，组织教学沙龙和教学竞赛，在学历和职称提升过程中强化教学工作的要求及教学管理能力的提升，通过名师讲座和提供咨询服务等措施促进教师教学优秀。开展教学研究，实施教学质量工程，通过午餐会、教学成果报告会、教学沙龙等形式，促进教师间开展教学交流、分享教学经验和推广教学研究成果；通过开展教学改革研究促进教学质量提高，探索与教师岗位聘任相关的教师教学质量提高机制和措施等。举办教研沙龙，教师培训与发展中心定期和不定期召开教师教学研讨会和学术沙龙，每次确定一个与教育教学有关的研讨主题,教师自愿报名参加,邀请相关专家学者指导,加强教学与科研活动的学术交流研讨。开展教师教学经验交流传授,设立专门的教师教学经验交流室,安装必要的仪器设施,购买相关的教学图书资料,由教学经验丰富的老教师、教学名师等与青年教师交流,传授教学经验,帮助青年教师解决教学中遇到的问题,也为其他教师的经验交流提供资源和空间。

第三,建立专门中心网站,举办教学网络论坛,完善教师咨询服务,为开拓教师视野助航。建立专门网站,开通教师论坛,邀请热心教学的教师担任版主,加强教师间交流,并提供相关的教学研究资料与视频,开拓教师视野。提供教师咨询服务,根据我校优秀教师的经历与经验,结合教师教学理论和职业特点,编辑有关资料,供教师参考。组织整理愿意为青年教师提供教学咨询帮助的优秀教师构成专家库,青年教师可以从中选择专家获得一对一咨询帮助。今后中心将联合学校心理健康咨询中心为相关的教师进行咨询服务,进而培养教师的良好心理品质。

第四,培养骨干教师,开展境外研修工作,为青年教师国际学术交流助航。选拔教学科研比较突出的优秀中青年骨干教师进行定向培养,做好优秀中青年骨干教师赴境(内)外开展研修工作。首先,组织实施中青年教师英语强化培训工作,遴选推荐优秀中青年教师参加学校和江苏省本科院校教师英语强化培训,为其积极参加申报国家留学奖学金、江苏省政府留学奖学金、江苏省优秀中青年骨干教师境外研修计划、学校公派境外研修奠定良好的基础。其次,做好留学奖学金公派出国工作,开展国家、省、校留学奖学金公费出国留学项目的组织、申报、服务等工作,选拔推荐优秀中青年教师赴境外研修工作,争取更多的教师入选国家、省、校留学奖学金项目。鼓励有条件的教师多渠道争取国(境)外的经费资助或使用个人的纵横向科研经费开展境外研修。加强国际学术交流,提高教师赴国(境)外一流大学(世界排名前200强)研修学习的积极性。做好国内访问学者和教学能力提升培训工作,开展国内访学项目申报协调工作和教师教学能力提升培训工作;鼓励教师积极参与国家、省组织的培训项目。结合省网络培训计划,按进度有效推进课程进修培训项目。

第五,完善培训体系,增加培训内容,为教师和学校事业可持续发展助航。形成以青年教师教学基本能力培训为主,兼顾中年骨干教师能力提升和教学名师培养的三级递进体系开展纵向培训,促进教师和学校事业可持续发展。确定培训课程体系,增加教学理论、教学模式、教学方法及教学技术等培训内容设置个性化培训课程,供广大教师有选择地参加培训。拓展培训模式,扩大培训范围,创新中心培训模式,设立针对不同教学个性、特色、专业、年龄段、职称的教师校内、外培训平台,帮助教师提升教学素质。设立专家、名师讲坛:每年至少聘请2~3位校外教学专家,3~5位校内教学名师面向全校教师开设教育、教学讲座;专家讲座的视频在师培中心网站上展示,供更多的教师分享、研究、提升。设立骨干教师论坛:在"师培中心网"上开设"论坛窗口",针对教学的前沿问题、热点问题、难点问题、盲点问题等,邀请教学专家和骨干教师参与研讨。强化项目研究,促进教师教学能力提升,以立项资助的方式帮助教师开展教学理论研究以及教学改革创新,展示教师的优秀教学成果、实践他们的教学理想。由中心对项目实施过程进行管理,并规定结题要求,即:成果要求是教学能力展示——拟请项目负责人在全校一定范围开设一次公开课,供全校教师观摩;组织一次学院层面的主题教学、教研交流活动,积极推动学院教师开展教学研究,为学院培养"实践反思型教师";公开发表一篇教学研究论文或教育、教学感悟,在中心网站上发表,供全校教师参考、分享。加强培训过程考核保证培训效果,改变"一讲定成绩"的考核方式。强化过程管理与监控,设计考核项目、改变考核方式,结合培训表现、材料评价、考试、实训视频、专家评课等多环节最终评定培训成绩。做好青年教师会讲考核,制定会讲标准,专家进入课堂听课,现场打分并决定一、二、三等奖项。

四、总结与反思

　　教师培训与发展中心在推进青年教师助航机制的实施工作中,积累了很多好的经验,主要包括以下两个方面:

　　第一,搭建资源平台,开展教学指导服务。逐步建设教师发展管理系统。关注每一个教师的成长,为他们的职业提升提供平台。加强硬件建设。利用学校现有多媒体教学设施,参照兄弟院校的做法,建设教师教学培训微格实训室,为现代教育手段支撑的培训与研讨(沙龙)提供条件。丰富网络资源平台,汇集校内教学名师、优秀教师等高水平师资的教学心得与案例,集成学校优质教学资源;展示微课、MOOC、精品课等国内外教学资源,让全校教师学习、研究、提升。成立"导教团",开展教学指导服务。通过"自荐""推荐""邀约"等方式接纳全校所有教师,特别是"潜能教师"的教学的个性化要求,提供教学技术咨询、教学诊断和专业发展咨询。

　　第二,加强部门合作,整合培训资源。加强和院系合作,发现教师教学中存在的问题,了解教师需求,争取学科教学培训方面的支持。与校工会、教务处、人事处和现教中心等学校职能部门联合推出培训活动与项目,整合部门资源,形成服务于教师发展的一体化新机制。

参考文献

[1] 潘懋元,罗丹.大学教师发展简论[J].中国大学教学,2007(1):6-8.

[2] 吴薇.荷兰大学教师发展研究轨迹探析[J].复旦教育论坛,2011(5):23-28.

[3] 权灵通,何红中.我国高校教师发展中心的建设历程与评价[J].高教探索,2016(5):118-123.

[4] 别敦荣,李家新.大学教师教学发展中心的性质与功能[J].复旦教育论坛,2014(4):41-47.

[5] 汪霞,崔军.中外大学教育发展中心研究[M].南京:南京大学出版社,2013:21-88.

基于心理契约的高校教师教学发展研究*

周亚芳

淮阴师范学院教师教学发展中心

摘　要:随着高等教育发展由数量扩张转向质量提高、从外延发展转向内涵建设,提高高校教育产出质量显得尤为重要。教师作为高校教育人才培养质量的关键因素之一,学校应创设各种情景达成高校组织与教师个体在培养学生质量方面的契约。除文本规定的契约外,教师与高校组织中还蕴含着一些内隐的心理契约,影响着教师的教学发展。本文将聚焦心理契约的内容和履行过程,利用高校教师教学发展中心的调控作用,引导教师由"要我发展"向"我要发展"进行转变;同时,通过激发教师教学动机、注重人文关怀、合理规划教师职业发展等途径,构建高校教师教学发展科学有效的心理契约范式。

关键词:高校教师;教学发展;心理契约

一、引　言

在当下高校大力倡导提高教育质量的背景下,教师的质量将至关重要,也必将引起大众对教师教学发展的关注。吴振利在《美国大学教师教学发展研究》中指出,大学教师发展是以推动其教学提高、促进学生学习与实现大学教师所在组

---

　*　基金项目:2015年江苏省高校哲学社会科学基金资助项目"关怀伦理视阈下的高校教师教学发展研究",项目编号:2015SJB692。

织之"教学改进"为目的的一系列教学发展行为。[①] 不难推断,教师的教学水平与高校教育产出质量的相关性。高等教育质量的产品质量观认为,学校是一所教育工厂,学生是教育的产品,培养高质量、适应社会的人才是学校赖以生存、持续发展的根本。当前,高校从上至下都在直接或间接地为人才培养服务,教师作为人才培养的主体,无疑对学生"加工"起着重要的作用。那么高校如何引导教师教学发展,提高教育产出质量? 这一问题已成为当下众多高校面临的现实问题。因为,高校的各项规章制度,无论是过去还是将来,在规范教师教学行为方面都起到重要的作用。然而刚性的规章契约不可能规范教师教学行为的所有方面。更何况,高校教师的教学投入本身是一种相对隐性的、不易考量的特殊劳动。心理契约作为一种内隐的心理期望,毫无疑问是对文本契约的强力补充。因此,高校相关组织只有形成并维持高校、教师与学生间的心理契约,建构合理的契约机制,才能最大限度地激发教师的教学潜能,实现高校教育产出的最大化和最优化。

二、高校教师心理契约的内涵

契约,《现代汉语词典(第 6 版)》解释为:证明买卖、抵押、租赁等关系的文书。在罗马法体系中,契约是由双方意愿一致而产生的相互间法律关系的一种约定[②]。高校与教师间契约关系最为明显的表征就是聘任制,它与心理契约是相生相伴的。本文研究的心理契约属心理学学科范畴,最早应用于社会心理学。Argyris(1960)首次使用"心理的工作契约"(psychological working contract)描述基于工作团队规范的工人和工头间的非正式关系[③]。从此,心理契约理论涉足组织行为学与管理学领域。美国著名管理心理学家施恩(E. H. Schein)认为心理契约是个人将奉献程度与组织欲望达成之间,以及组织将针对个人期望获

---

①　吴振利. 美国大学教师教学发展研究[M]. 北京:教育科学出版社,2012.

②　查士丁尼. 法学总论[M]. 北京:商务印书馆,1993.

③　Argyris, C. P. Understanding organizational behavior [M]. Homewood, IL: Dorsey Press, 1960.

得而提供的一种配合①。在高校的各种契约关系中,除一些明文的规定:如学生缴纳学费、教师付出劳动,学校给予报酬外,还存在一些隐形的期望:学生"在意"支出与所得是否等价;教师会"计较"投入与获得的相关度;学校会"关注"投入与产出的比率。因此,除显性的契约外,高校、教师与学生间还存在一定程度的心理契约。本文将其内涵界定为:高校与教师双方不通过文本的明确规定,而通过心理层面的暗示与感知,由高校的相关组织,激发教师对教学发展的敬业精神与奉献之情,积极满足教师的个人期望,并在此基础之上建立一种隐性权利义务的完整机制与协议。

三、高校教师心理契约的内容

夸美纽斯说过,教师从事着"太阳底下最光辉的事业",一直以来,教师被喻为培育祖国花朵的园丁、人类灵魂的工程师……在美化教师职业的同时,无疑对教师的敬业精神与奉献意识提出了更高的要求与期望。心理契约反映的是学校与教师间的一种内心期望。对高校而言,期望教师具备社会定格的教师"品质",做到"春蚕到死丝方尽,蜡炬成灰泪始干";期望教师毫无保留地投身教学,提高人才培养质量。那么怎样衡量教师是否全身心投入教学? 所谓的教学投入,是指教师在教育教学活动中所投入的时间、精力和情感的总和②。在多数情况下,这三方面是不容易量化的,譬如为完成高效教学所付出的思考时间、研究时间;投入精力的用心程度、用功程度。再者,教师是否愿意把教学当作主业,将大部分时间、精力用于教学上? 这一系列影响人才培养质量的因素都无法在契约中做明文规定。因而学校期望教师的教学投入,一方面,取决于教师的职业素养(长期的个性特质);另一方面,取决于心理契约中教师对学校期望的满意度。如果学校达成或超出教师的期望,教师会同等甚至加倍地投身教学,反之亦然。对教师而言,期望学校关注他们,能对教师的教学行为做出及时的"反应",并制定缜密的计划指导教师教学发展。基于以上分析及本文研究重心,笔者将高校教

---

① 施恩.职业的有效管理[M].三联书店,1992.
② 刘振天.高校教师教学投入的理论、现况及其策略[J].中国高教研究,2013(8).

师心理契约的内容概括为：学校期望教师具备良好的教学动机，承担并履行教师应尽的责任与义务；教师期望学校支持其为提升教学质量所做的一切行为，承担并履行学校对教师教学发展应尽的责任与义务。由于本文研究的限制，学生与教师间的心理契约尚待探索。

四、高校教师教学发展心理契约的履行

简单地说，心理契约是一种期望，是双方对契约关系中责任与义务的期望。本文研究的教师与学校关系除可视的合同契约外，还些许隐藏着非正式、未公开的相互期望。这种期望在学生与教师、学生与学校中亦如此，也就是说，心理契约在学生、教师与学校中并存。

（一）心理契约的形成与维持

根据契约的要素，介于学校这一组织的特殊性，在高校教师教学的心理契约中，包括三方面：学校期望、教师期望与学生期望。由于本文研究局限，只探讨学校期望与教师期望两个方面。学校期望教师具备良好的教学动机，产生"我要上好课，我要教好书"这种"我要发展"的需求，这一需求无疑保证教师责任的履行；同时学校也期望学生具备良好的学习动机，产生"我要学习"的诉求，在保证学生责任履行的情况下，学生自省的学习动机，将促使教师的教学发展，只有当教师责任与学生责任同时履行时，才能实现学校满意。但学生的学习动机除源于自身需求外，很大程度上取决于老师的教学魅力。这样看来，教师占据重要作用，那么促进教师的教学发展就显得尤为必要。因而，教师迫切期望学校的支持行为，如价值认同、教学指导及教师利益的关注等。当教师感知到学校在履行责任后，才能产生"我要发展"的态度和行为；同时教师也期望学生具备较强的学习动机，保证学生责任的履行。只有当学校责任和学生责任同时履行时，才能实现教师满意。当学校与教师同时满意时，教师教学发展的心理契约形成。图1表明，姑且忽略学生因素，当学校和教师感知对方实际履行责任和义务与内在期望相符时，心理契约就会形成，当契约双方一直履行其责任和义务、实现双方期望，心理契约就会维持。

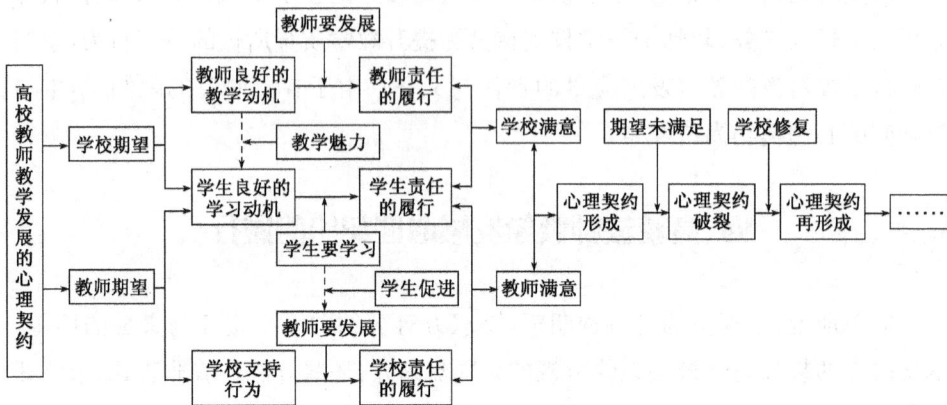

图 1　高校教师教学发展的心理契约

(二) 心理契约的违背与破裂

当契约双方的期望未满足时，会导致心理契约的违背与破裂。在 Turnley & Feldman 的心理契约破裂的后反应模型及 Robinson & Morrison 的心理契约违背的动态机制模型研究的基础上，东北师范大学阿拉坦巴根指出，破裂(breach)是指契约一方的教师对于契约另一方的学校组织未履行其在心理契约中应承担的责任与义务的认知与评价。破裂缘由与福利待遇、发展空间等心理期望有关。如果教师发现现实没有实现自己的预期，就可能会产生心理契约的破裂。心理契约破裂与组织承诺密切相关。① 从某种意义上说，学校可以说是教师单一的工作场所，亦可比作教师的"精神家园"，如果学校不关注教师的价值、不关心教师的成长，无疑使得教师的教学发展意识下降，甚至导致教师教学发展的心理契约破裂。违背(violation)指的是一方感知到对方未履行责任义务时而产生的一种情感体验。② 在本文的研究中，可以理解为教师履行了其教学责任，在感知学校未履行其支持教师教学发展的行为后，而产生的工作消极、职

---

① 阿拉坦巴根.高校课堂教学心理契约的履行机制研究[D].吉林:东北师范大学，2014.

② 同上。

业倦怠,甚至离岗等情感或行为,进而迫使心理契约的缔结终止。

(三) 心理契约的补救与修复

在高校这一组织中,有学校管理层、教师和学生,上文已阐述只有当学校、教师和学生这三方同时履行其责任,且达到各自期望,获得相应的满意时,方能形成和维持心理契约。但作为教师和学生,他们在成长过程中会产生不同阶段的心理特征及期望;同样作为学校组织,在不同时期也存在着不一样的发展需求与期望。很显然,心理契约的内容不是永久不变的,它需要缔约方的各自调适,但这种调适后的期望,未必能被对方及时感知。当一方的期望不能被满足时,将意味着心理契约的破裂或即将破裂。当契约方觉察到破裂或可能破裂迹象时而采取的弥补措施,就是心理契约的补救;当补救措施合理得当,契约双方正常履行其职责与义务时,即完成了心理契约的修复。从图1可以看出,在心理契约的补救和修复中,学校组织的态度和行为起到决定性的作用。长远来看,学校应该从政策层面和情感层面规避心理契约的破裂,在学校组织的合理调控下,应始终保持高校与教师教学发展心理契约的平衡。

五、构建高校教师教学发展心理契约的策略

美国学院与大学联合会莱斯特·芒茨(Lester P. Monts)曾说:"我成为一个好老师不仅仅是因为自己的努力,还在于我的学生、我的同事以及教师发展专业人员的帮助。我也特别想强调教师专业发展顾问以及密歇根大学学习和教学研究中心在其中所起的重要作用。"[1]据悉,刘延东同志在美国、英国等高校考察后,明确指示在我国成立高校教师教学发展平台或机构。近年来,各高校相继成立了教师专业能力发展中心、教学促进与教师发展中心等。显然,这一组织在学校与教师心理契约中发挥着重要作用。

---

① ［美］康斯坦斯·库克等著,陈劲,郑尧丽译. 提升大学教学能力——教学中心的作用［M］. 杭州:浙江大学出版社,2011.

（一）双轮驱动，激发教师教学动机

从"高校教师教学发展的心理契约"动态履行图解中看出教师的教学动机对于其履行责任、促进教学发展的重要性。教师的教学动机，一方面，通过规范保底；另一方面，通过评优促进。目前许多高校通过强化教师管理，严肃教学纪律，进而保证正常的教学秩序，全面落实高质量的课堂教学、实践教学等教学任务，高校也会适时制定教师的群体规范。但群体标准不可能细化到教师教学的所有方面，它只是规定了哪些教学行为是可以接受的，哪些教学行为是不能容忍的（即教学事故）。学校通过印发教师《教学工作规章制度汇编》，在规范教师常规教学的同时更好地保证教师的教学自觉。

心理学领域一般把动机分为两类：一是内在动机（intrinsic motivation），指个体内在兴趣、好奇心或成就需要等内部原因引起的动机。另一种动机是外在动机（extrinsic motivation），指由外在的奖惩等原因引起的动机。[①] 如果教师的教学发展来自个体内在的教学动机，则学校或教师教学发展机构无须做过多努力。相反，如果教师的内在动机不强，则需要学校通过评优、晋升等手段激发其外在动机。笔者所在学校的教师教学发展中心在教师评优工作中，已逐渐形成了"教坛新秀、教学能手、教学标兵"三级一体的校内教学评优体系，教坛新秀评选针对新进教师，旨在激发新教师的教学热情，展现新教师的教学风采；教学能手评选针对青年教师，旨在凝练教学模式、教学策略和教学特色；教学标兵评选针对副高以上教师，旨在选树典范，带动发展。将这些评选活动的参与作为教师晋升、职称评定等考核依据，以此来激发教师的外在教学动机。

（二）注重关怀，促使教师教学发展

"关怀"一词最早由内尔·诺丁斯（Nel Noddings）提出，她在《关心：伦理和道德教育的女性路径》一书中介绍了关怀（caring），并引出了"caring"的基本含义：一是关怀类似于某种责任感，指一个人操心某事而感到必须为之做些什么；二是对某人的关心、关注或是有所期望。由于高校教师的特殊属性决定了教师

---

① 皮连生.教育心理学［M］.上海：上海教育出版社，2004.

之间或者教师与学校交流较少。通俗地说,教师下课就走人。长期以来,教师不愿意更是没有机会接触学校高层,在他们看来,即使教授、博士也只是一个教书匠,没有所谓的头衔。三年一次的中层干部换届,笔者注意到,每次均有一线教师转向行政岗,做上"官"位。追根溯源,教师身份具有双重性,一是高校教师从属特定的学科;再者,高校教师又隶属行政部门。这就决定了教师选择的多样性,可以是一名纯粹的教书先生,亦可以选择成为行政管理人员。因为当教师感到从事的教学工作没有充分的成长机会或发展空间时,他们会转向其他组织(行政部门),寻求新的职业满足感。

为避免部分教师的流失或不尽责,学校竭力创造条件让高层与教师面对面接触,并推出了"校长午餐会"这一沟通平台。在中国文化中,居高位者如果首先表现出情感投资和支持行为,这种善意的信号将被放大。① 参与者全部是普通教师,他们享受到暖心与感动。校长抛开官架,甩掉官腔,与一线教师平等对话,对于老师反映的问题,校长可以现场办公,及时解决他们的诉求。更为关键的是,校长在"聆听师生心声,贴近师生需求,关心师生成长,促进学校发展"的良好氛围中,向教师们传达一种"亲民、为民"的关怀理念,使"以人为本"的管理理念得以真正体现,这无疑为教师"站稳、站好、站久"讲台打下敦厚的基础。同时,为达到校长期望,证明自我价值,教师会主动地把"被发展"转化为"要发展"。

(三) 分层指导,合理规划教师职业生涯

教师职业生涯,顾名思义是指一个人从事教师这一职业的整个过程。教师的职业生涯规划,是对教师职业发展的各个阶段进行的设想与规划。随着年龄的增长,教师在不同发展阶段会产生不同的心理特点及期望。关于教师职业发展阶段的划分,美国学者 Fessler 和 Christensen 提出八阶段论:职前期、职初期、能力建构期、热情与成长期、职业挫折期、职业稳定期、职业衰退期、离岗期②;

---

① 林澜. 心理契约及其对员工组织公民行为的影响:基于中国高校组织情境的研究[M]. 厦门:厦门大学出版社,2013.

② 王海威. 大学教师心理契约的结构及其动态变化[D]. 辽宁:大连理工大学,2009: 173.

Gregore(1973)的教师职业发展四阶段理论将大学教师的职业生涯发展阶段分为职初期、成长期、成熟期和衰退期;我国学者柳国辉提出三阶段论:角色适应阶段、主发展阶段和最佳创造阶段。不管是国内代表还是国外学者,不论是三段论还是四段论,亦可得出:不同职业阶段教师的心理变化影响着教师的职业发展。本文将教师的职业发展划分为:入职初期、职业中期和职业后期。

在入职初期,许多教师处于教学"新手",不熟悉教学或者对教学中的问题难以应付,更有一些教师没接受师范专业的训练,不懂得如何教学,所以入职初期的教师往往有强烈的教学发展需求。这个时期,学校只需要合理设计教师培训方案,教师们都会积极配合,自主参加相关教学提升活动。针对这一时期教师,学校教师教学发展中心集中开展了岗前培训,培训内容涉及学校概况、高教理论、教学设计、教学技能、职业生涯、职业适应、实践考核等模块,每个模块下有针对、有层次地安排了2～3讲专题报告。尤其在实践考核环节,通过学校教学标兵示范课展示、新教师试讲、现场把脉点评,切实增强了新教师的教学自信。

在职业中期,许多教师都很重视科研的发展,教学逐渐成为教师的"保健品"。这与教师职称评定的需要及学校政策导向的失衡有一定的关系,这个时期的教师基本上不重视教学发展,也失去了教学发展的欲望。对于教学,更多的教师认为完成教学任务,达到规定的学时即可。为激发教师教学积极性,学校通过建立教师成长考核体系、职称评审时"教学与科研并重"、教学标兵优先晋升等手段引导教师教学发展。同时学校教师教学发展中心还搭建了以教学午餐会、教学沙龙、院长论教、名师论坛及教学研修等"4+1"的教学研讨平台,帮助教师提升教学水平。

在职业后期,大多数教师会存在一种职业倦怠心理。美国临床心理学家弗鲁顿伯格(Freudenberger)指出,职业倦怠是个体不能应对一定的工作压力而产生的衰竭状态。[①] 高校教师的职业倦怠表现为:进取心下降,乐于满足现状,或者说是疲于应付工作,更谈不上教学发展,对于评优、晋升等"诱惑",他们依然没有动力。为了激发教师在其心理契约中的主体责任,学校教师教学发展中心采

---

① Maslach, C., Schaufeli, W. B., Leiter, M. P. Job Burnout[J]. Annual Review of Psychology, 2001, (52): 397-422.

取的做法是积极创造条件展示老教师风采,聘请优秀教师组建"教师教学发展指导委员会",发挥老教师的"传、帮、带"作用,让他们感受到自我价值,在享受"被需要"成就感的同时,更多的是尽一份教学责任和对学校、学生的责任。

总之,在市场经济体制下,许多教师对学校不会有较高的期望,他们只是把学校当成是解决生存问题和寄托精神需求的工作场所而已。相应地,他们只打算完成工作职责要求的"最低限度",谈不上主动履行对学校发展有利的职责外行为。在高校管理中,心理契约是连接高校与教师的心理纽带。影响高校教师教学发展的心理契约来自学校、学生,或者整个教育大环境的方方面面。本文研究仅限于通过学校教师教学发展中心的调控来维持并促进教师在其心理契约中的责任的履行,以期促使教师由"要我发展"向"我要发展"转变。

参考文献

[1] 吴振利. 美国大学教师教学发展研究[M]. 北京:教育科学出版社,2012.

[2] 查士丁尼. 法学总论[M]. 北京:商务印书馆,1993.

[3] Argyris C. P. Understanding Organizational Behavior [M]. Homewood,IL:Dorsey Press, 1960.

[4] Edgar H Schein. 职业的有效管理[M]. 北京:生活·读书·新知三联书店,2003.

[5] 刘振天. 高校教师教学投入的理论、现况及其策略[J]. 中国高教研究,2013,(8):14.

[6] 阿拉坦巴根. 高校课堂教学心理契约的履行机制研究[D]. 吉林:东北师范大学,2014.

[7] [美]康斯坦斯·库克等. 提升大学教学能力[M]. 浙江:浙江大学出版社,2011.

[8] 皮连生. 教育心理学[M]. 上海:上海教育出版社,2004.

[9] 林澜. 心理契约及其对员工组织公民行为的影响:基于中国高校组织情境的研究[M]. 厦门:厦门大学出版社,2013.

[10] 王海威. 大学教师心理契约的结构及其动态变化[D]. 辽宁:大连理工大学,2009.

[11] Maslach C, Schaufeli WB, Leiter MP. Job burnout[J]. Annual Review of Psychology, 2001,(52):397 - 422.

增能、唤醒理念下的教师教学发展实践探索

——以徐州医科大学教师教学发展工作为例

蔡红星　刘　莹　张付芝　潘　晨

徐州医科大学教师(教学)发展中心

摘　要: "加强教师队伍建设,提高师德水平和业务能力,增加教师教书育人的荣誉感和责任感"是党的十八大提出的要求,也是高校目前面临的迫切任务。本文介绍了徐州医科大学自 2011 年 9 月成立教师(教学)发展中心以来,以增能、唤醒理念为指导,构建教师教学发展的增能和唤醒体系,通过具体实践有效促进了教师教育教学能力提升,唤醒了教师的职业认同感、归属感、自豪感和幸福感,促进了教师全面发展。

关键词: 增能体系;唤醒体系;教师教学发展

一、引　言

教师是高校提高教育教学质量的关键因素,"加强教师队伍建设,提高师德水平和业务能力,增加教师教书育人的荣誉感和责任感"是党的十八大报告提出的要求。徐州医科大学是一所具有多年办学历史的医科院校,教师大多毕业于非师范院校,缺乏系统的教育理论与实践经验,教育教学能力相对不足,同时对教师职业价值的认同感不甚明确,缺乏教学的专业热忱。针对这些现实问题,我校于 2011 年 9 月成立了教师(教学)发展中心(以下简称中心),以增能、唤醒理念为指导,经过近 6 年的实践探索,已形成相对比较完备的教师教学增能和唤醒

体系,有效增强了教师的基本教学技能、教学研究能力、教学发展能力,唤醒了教师的职业认同感、归属感、自豪感和幸福感,促进了教师全面发展。

二、教师教学发展增能体系

增能(empowerment)一词由美国著名学者芭芭拉·所罗门在 1976 年出版的 *Black Empowerment：Social Work in Oppressed Communities* 一书中提出,为现代社会工作中的一种方式,指通过社会工作的介入从而达到增加个体能量或权力的目的,使个体能够通过自身力量摆脱困境。我校教师(教学)发展中心引入增能理念,希望通过教师教学发展工作的介入,加强教师之间教育教学理论和教学实践的交流,增强教师教育教学能力。在此理念基础上,构建了模块化培养内容体系、开展多元化活动项目、实行三阶段不同发展策略与三层面不同评价策略、教师发展与教学改革链条状推进、个性化强化教学反思的教师教学发展增能体系,以保障教师教学发展的系统性和专业性。

(一) 构建模块化培养内容体系

围绕教师教学能力提升,构建了师德师风和教学规范、人文素养、教学理念与方法、现代教育技术、教育测量与评价、教学改革与研究、教学管理七大模块教师教学发展内容体系。

师德师风和教学规范模块主要使教师对学校优秀教学传统、教育基本政策与法规、教务管理政策有一个初步的了解,为形成敬业爱生、勤学乐教、团结协作、情操高尚的师德师风打下基础。主要课程有徐医教学传统、教学政策与法规、教务政策解读等。

人文素养模块主要使教师掌握基本的书法艺术、发声技巧、沟通艺术、教师礼仪等内容,促进教师以身作则、衣着得体、语言规范、举止文明,为人师表。主要课程有书法艺术,发声艺术与训练、如何进行有效的师生沟通、教师礼仪、隐形课程在高等教育中的应用等。

教学理念与方法模块主要使教师了解教育教学前沿理念、教学基本技能,能运用所学到的知识、方法独立完成所从教的课程的教学设计,进而为取得良好的教学效果奠定基础。主要课程有如何撰写教案、如何组成课堂教学、如何进行板书设计、大班授课策略、微格教学训练、系列教学法学习等。

现代教育技术模块主要是让教师掌握慕课、微课等制作方法,常用教学软件及其使用方法,数字化教学系统及其使用方法,对教育技术最新前沿的理念有初步的了解,能够利用现代信息技术开展教学。主要课程有微课的设计与制作、慕课与在线开放课程建设及使用、常用教学软件及使用、教育技术最新发展前沿等。

教育测量与评价模块主要是让教师了解如何进行试卷分析,掌握常用的教育测量指标、形成性考核,能够根据教育测量结果评价教学效果,分析问题促进教学能力提升。主要课程有如何进行试卷分析、常用的教育测量指标、形成性考核、如何进行课程考核、教学质量、效果的评价与提升等。

教学改革和教学研究模块主要是让教师掌握教育研究、课堂观察的一般策略与方法,能够进行教研课题申报、论文撰写及投稿,通过研究反思教师观、学生观和教学观。主要课程有教育研究方法、课堂观察与研究、如何进行教研课题申报、如何撰写教研论文及投稿、如何申报教学成果等。

教学管理模块主要是让教师掌握基本的课堂管理技巧,了解教学管理的新思想、教学管理伦理等内容,能够用来指导具体的教学管理实践。主要课程有如何进行课堂管理、教学管理的更新与实践、教学管理案例分析、教学管理伦理等。

(二) 开展多元化活动项目

中心自成立以来,开展了专题培训、专家报告、教学沙龙、教学观摩与研讨、教学工作坊等活动项目,截至 2017 年年底,共举办各类活动 210 余场次,参与教师达 10 000 余人次,覆盖校内 13 个教学院系和校外 17 家附属医院及教学医院。

1. 开展专题培训,提升教师教学能力

目前常规性的培训有系列新教学方法培训、教育技术培训、考试评价培训、青年教师教学基本功培训、教学管理培训等主题,并形成了相对稳定的培训团队。

2. 邀请专家报告，推广教育教学理念

先后邀请到多位校内外专家分别就全球医学教育标准、医学教育改革、TBL教学策略、医学教育在美国、OSCE 客观结构化考试、Mini-CEX 在临床教学中的应用、DOPS 在临床教学中的应用、标准化病人（SP）的应用和管理等专题进行理念推广。

3. 举办教学沙龙，搭建教师交流平台

定期举办主题教学沙龙，为教师创建一个环境宽松、气氛融洽的交流平台，分享成功教学经验与先进教育理念，解决教学中的问题和困惑，逐渐形成徐医特色教学文化。

4. 组织教学观摩，发挥优秀示范引领

中心组织的教学观摩有两种形式，一种是公开的教学观摩与研讨，邀请优秀教师上示范课，讲课结束后采用说课的形式将本次课教学设计理念与参会教师进行分享、研讨、交流；另一种是随堂教学观摩，每学期初将教学比赛获奖者课表挂于校园网，其他教师自由选择到课堂进行观摩。

5. 开放主题工作坊，推广先进教改方法

主题工作坊是在主讲教师的引导下，通过团队式、互动式、参与式研讨，模拟问题情境，商讨解决对策，碰撞智慧火花。每次活动围绕一个主题展开，每位参加教师都有机会自由发表与主题相关的观点、看法。整个活动过程注重团队合作、实践与反思。自中心成立以来，已形成多个工作坊范本，主题涉及教学改革、教学方法、教学理念等方面，定期向教师开放。

（三）三阶段不同发展策略

根据教师职业生涯周期将教师分为适应期、发展期和成熟期三个阶段，根据每一阶段特点制定针对性的教学发展策略。适应期主要针对从教 3 年以下的教师，为每位适应期教师指定一位师德高尚、教学经验丰富的指导老师。同时参与中心组织的系列教育教学能力提升学习活动，主要是学习教育理论、掌握基本教学技能技巧、对教学基本功进行训练，使他们尽快适应工作岗位需要。发展期主要针对从教 3～10 年的教师，以系列新教学法培训、教学反思、教学行为认知等为主，通过培养使他们成为教学骨干，形成教学特色。处于成熟期的教师大多业务熟练,但却面临接受适应新的教学方法与技术更新较为缓慢等难题,通过参加教育技术培训、国内外教育研讨会更新知识理念,同时通过指导青年教师实现教学相长,提升教学和研究水平。

(四)三层面不同评价策略

通过微格录像自我评价、指导教师年度评价、督导专家网上巡课抽样评价对青年教师发展实行三层面不同评价策略。这些评价均是发展性评价,不计入教师年终考核,主要以定性评价方法为主,明确促进评价对象发展的改进要点并制定改进计划,目的是关注评价对象教学发展的全面性。微格录像自我评价是青年教师通过微格训练观看自己的课堂表现,分析自己在教学过程中的优点和不足,找出改进的方法;指导教师年度评价是指导教师在培养期末针对青年教师一年来的教学发展表现进行综合的评价;督导专家网上巡课抽样评价是中心组织督导专家利用学校网络教学平台开展的网上巡课,一方面可以了解到原生态的教师教学和学生学习状况,另一方面又不打扰到正常的上课秩序。专家通过对学生学习状况和教师教学能力两个方面进行观察,在巡课记录表上将相应的意见和建议记录下来,中心将意见和建议采取私信的方式直接转递给教师,供教师进行参考和改进。

(五)教师发展与教学改革链条状推进

鼓励支持教师在教学模式、教学内容和教学方法方面进行研究及创新,及时推广教改经验和成果。通过实践已经形成《高教动态》(校内部高教研究杂志)刊出高教热点——通过 QQ 群(中心建立的一线教师 QQ 群)共享文献资料(进行预热讨论)——举办教学主题沙龙活动——群空间资源共享(进行后续讨论交流)——设置专项教研课题——进行实践研究——教研成果分享交流——教研成果全校推广链条,有效提升了教师的教学研究能力与水平。

(六)个性化强化教学反思

美国著名心理学家波斯纳曾提出教师成长的公式:成长＝经验＋反思。中心为促进教师成长,针对教学反思主要有两个环节:建立教师成长档案及开展个性化咨询服务。2014年中心设计并投入使用了两个版本的《教师成长记录册》，分别针对新进教师和中高年资教师，以培养教师善于反思、勤于发现、乐于分享的学习习惯，并定期对教师成长档案进行分享活动，促进教师团队精神以及团体能力的提升。个性化咨询服务是中心为了帮助教师们做好自己的职业生涯规划而推出的服务活动，包括教学生涯规划、教学心态调适、教学策略、教学技能咨询、帮扶等教学过程中遇到的各种问题。

三、教师教学发展唤醒体系

唤醒，从心理学上讲是一种警觉状态，常用来比喻使之觉醒。德国教育家第斯多惠说过："教育的艺术不在于传授本领，而在于激励、唤醒、鼓舞。"我校教师（教学）发展中心引入唤醒理念，通过创建品牌意识，推广中心文化，联合学生组织，师生情唤醒热忱、提供展示平台，荣誉感激发动力、服务宗旨第一，亲和力建立信任、开展多元活动，点亮多彩生活、邀请教学名师，树立榜样力量等为教师提供"团结、温馨、人本化"的发展环境，唤醒教师的职业认同感、职业归属感、职业自豪感和职业幸福感，促进教师全面发展。

（一）创建品牌意识，推广中心文化

中心设计了属于自己的LOGO（图1）：一朵内镶徐州医科大学校徽核心部分的枚红色花朵，花朵下部是以中心英文缩写CTFD（Center for Teaching & Faculty Development）为模型的蓝色泉水，泉水滋润花朵成长，意为教师（教学）发展中心为全校教师服务，提供各种资源、支持及平台。以这朵小花和字母缩写CTFD为依托，用品牌推广的模式向全校教师介绍展示自己。首先，中心在学校的核心及高流量区建造了文化走廊，走廊分为三个区域：第一个区域介绍了教师教学发展中心的中西方发展简史及我校教师（教学）发展中心的简介和特色；第二个区域以软木板的形式定期更新中心的动态及团队导师的风采；第三个区域则挂满了学生们以教师教学为主题创作的书画作品。来来往往的老师们经过文化走廊总会驻足观看，这大大增加了中心的曝光率和知名度。此外，中心聘请设计师，制作了大量个性、精美、有收藏价值的文化用品。不管是人手一本的《教师

成长记录册》、印有校历的鼠标垫、以校园风光为背景的镜子还是卡片优盘、充电宝、mini 加湿器……每一件教师（教学）发展中心出品的文化用品及周边产品都是定制的、有设计感且很受教师特别是青年教师欢迎的。不仅如此，中心还制作了 logo 图案的不干胶贴片、水晶扣和印章，一些无法定制的产品我们也会贴上扣上"花朵"，教师们每参加一次中心的活动，我们就会在《教师成长记录册》上盖上"花朵"。这种推广模式至今，我们积累了满橱窗具有中心特色的文化产品，几乎全校的一线教师都拥有带着"花朵"的产品，而更重要的是，全校的教师们都认识了这朵花，认可了教师（教学）发展中心。

校徽核心部分　　　　　　　　　　　　　　　　枚红色花朵

字母缩写：
Center for Teaching & Faculty Development

图 1　徐州医科大学教师（教学）发展中心 LOGO

（二）联合学生组织，师生情唤醒热忱

中心曾经在一线教师中做过问卷调查，调查结果分析显示，98％以上的教师认为在激励他们投入教学的诸多因素中，来自学生的认可和鼓励是最为有效的。因此，中心和校团委及多个学生社团组织长期合作，举办多种师生互动活动：① 每年组织"我心目中的好老师"评选活动，让学生们选出他们最喜爱的老师；② 以教师节为契机，每年开展以感谢师恩为主题的活动，如"毕业季，老师我想对您说""只言片语话师恩"等，这种真情实感的交流最容易"唤醒"教师心中的教学热情；③ 与学生社团合作，举办书画展等艺术创作活动，收集优秀的学生作品以礼物的形式赠送给在教学上表现优异的教师。来自学生的礼物对于他们来说是最为珍贵的。

（三）提供展示平台，荣誉感激发动力

中心通过组织各类教学比赛和评选活动，深度挖掘热爱教学、教学水平高却

一直默默奉献的老师,给予他们展示自己风采的平台,请他们作为教学培训项目主讲人,经过长期的积累形成中心的培训师队伍。而在进行培训和分享的同时,这些教师们自己也获得了锻炼和成长。每年"我心目中的好老师"活动结束之后,我们都会从遴选出的教师中再挑出部分典型案例,举办"他们为什么喜欢我"主题分享活动,让这些优秀的教师用自己真实的故事和情感去感动影响更多的教师,尤其是青年教师,营造出热爱教学、投身教学的良好氛围。此外,中心举办的"毕业季,老师我想对您说""只言片语话师恩"等活动及优秀教师的案例都会被做成纪录片,在教师节表彰大会及其他重要会议上播放。以不同平台及多种形式将钟情课堂、努力教学的老师宣传推广出去,在激发他们荣誉感的同时也告诉其他教师,为教学付出是值得的,是应该被赞颂和学习的!

(四) 服务宗旨第一,亲和力建立信任

教师(教学)发展中心在成立之初就定位明确,这是一个独立于行政部门的第三方机构,其宗旨就是为全校的一线教师服务。所以中心从主任到工作人员都本着这一宗旨,走近一线教师,了解他们的需求与困难。中心挂靠教务处,因此成为链接行政机构与一线教师之间的桥梁,质朴的服务精神与亲和力是我们被一线教师接受与喜欢的重要原因。中心的 QQ 群已有群成员近 600 人,都是学校及附属医院的一线教师。这是一个实名制且非常活跃的群组织,老师们在里面讨论教学改革和教学方法、分享自己的生活和喜乐,中心也会定期上传学习资料和相关文件,通过投票及讨论等方式决定活动安排和教学相关事宜。教师们在群里提出疑问和困难,我们也会第一时间给予回应和帮助,其他老师也会伸出援手。我们的 QQ 群不是一个安静的摆设,而是温暖的组织,因为我们一直在用心地管理和维护。

(五) 开展多元活动,点亮多彩生活

教师(教学)发展中心应该是一个年轻的部门,一个多彩的部门,一个充满活力的部门。只有这样才能吸引和感染更多的教师。2014 年中心推出了自己的线上电子杂志《彩虹》,杂志包括教学、人文、生活三个主题板块,内容则根据我校教师情况甄选定制,杂志封面图片每期更换,都是源自一线教师的摄影作品,内

容上也专门开辟出给教师展示文采，分享故事的版块，让他们体会到，这是专属于自己的杂志，为他们的教学及生活添一分色彩。此外，中心除了组织教学相关活动，也经常举办书画展、摄影展等活动，鼓励教师们在提升教学能力的同时培养人文素质和良好的兴趣爱好。而每个圣诞节来临的时候，中心也都会给老师们制造惊喜，比如师生共同参与的"快闪"、挂满小礼物的圣诞树、套圈比赛等。而这些活动我们都会用摄影机记录下来并做成视频，这是中心和教师们的美好回忆，我们会在组织教学培训之前播放，让他们感到温馨和愉悦。

（六）邀请教学名师，树立榜样力量

中心多次邀请国家级省级教学名师及国内外在教学方面卓有建树的专家给校内教师们做专题报告或沙龙。此外，我们采购了教育部全国高校教师网络培训中心的讲座及课程，让教师们有更多机会向队伍中的成功人士学习。大家和大师们的影响力是巨大的，他们经验丰富又极具人格魅力，听完这样的讲座、报告，教师都深受启发和感染，极大地激励了他们投入教学的决心和信心。

（七）举办拓展活动，培养团队意识

中心通过举办拓展活动，培养教师的团队意识。如针对青年教师的培养，因为他们刚刚走上讲台，虽然面对繁重的科研压力，但是心中的教师梦让他充满了教学激情，所以中心积极采取措施来保护这份激情不被时间侵蚀，不仅为青年教师定制教学培训模块，还带领他们参与户外拓展运动，如爬树、攀岩，磨炼他们的意志，激发他们的积极向上的精神信念。另外，我们也会及时让青年教师接受优秀的高年资教师的示范和影响，从教学生涯初期开始就建立良好的理念。

四、实践成效

中心通过构建增能、唤醒教师教学发展体系，进行相应的实践探索，也初步取得了一定的实践成效，主要表现在以下几个方面：

（一）提高了教师教育教学能力，唤醒了教师的教学热情

1．提升了适应期青年教师教学基本功，帮助其快速适应角色转换

截至 2017 年年底，系统对 2011～2017 年 153 位新进教师进行了教学基本功训练，有效提升了他们的教育教学能力。从教学督导专家近四年随堂听课打分情况来看，平均都在 80 分以上；专家普遍反映青年教师经过教学基本功训练教学能力得到了很大提升；在对青年教师进行的问卷调查及座谈交流中，许多教师也说到"教师教学发展活动给我们提供了一个很好的交流平台，接触到了新的方法、手段，提高了自身素养，希望可以开展更多相关活动，提供更多的学习机会"。

2．推动了发展期教师教改热情，为学校培养了一批教学骨干

推动了发展期教师参与教学改革的热情，一部分教改成果在全校进行推广应用，近五年我校共获得国家级教学成果二等奖 1 项，省级教学成果特等奖 1 项、一等奖 2 项、二等奖 5 项，省级以上教学技能大赛 12 项，省级以上多媒体课件、微课大赛 42 项，为学校培养了一批教学骨干。

3．促进成熟期教师注重分享与合作，加强了教学团队建设

高年资教师通过指导青年教师，促使他们注重分享与合作，形成传、帮、带机制，加强了教学团队建设，目前我校有教育部长江学者特聘教授 1 人，江苏省教学名师 3 人，江苏省特聘教授 10 人，国家级优秀教学团队 1 个，省级优秀教学团队 1 个。

（二）受到临床医学认证及审核评估专家认可，教师发展工作成为学校特色

2015 年 11 月学校接受临床医学专业认证，2016 年 11 月学校接受审核评估现场考察，先后有多位专家到教师（教学）发展中心进行了走访交流，专家一致认为中心工作理念新颖，工作场地文化氛围浓郁，教师教学能力培养体系相对完善，教师教学发展活动开展形式多样，有效地促进了教师教学能力的提升，对中心的工作给予了高度的评价，认为教师教学发展工作已成为学校的特色和亮点。

（三）校外辐射作用显著

1. 倡导成立驻徐高校教师教学发展联盟，引领区域教师发展

在我校的倡导和徐州市教育局高教处的支持下，2015 年 5 月，成立了驻徐高校教师教学发展联盟，联盟成员由驻徐 12 所高校教师教学发展机构组成，我校被推选为联盟主席单位。联盟成立 2 年多来，通过互派培训师、相互交流研讨等形式开展了一系列工作，引领区域教师发展。

2. 承办教育部全国高校教师网络培训中心等机构项目，搭建共享学习平台

通过承办相关机构培训项目，搭建共享学习平台。例如，2016 年 10 月，承办教育部网培中心项目——江苏省高校教师培训工作者培训研修班，来自省内外 62 所高校 100 余位代表参加；2015 年 11 月，承办超星集团"基于网络教学平台的教学改革与应用"研讨会，来自苏北地区近 20 所高校 150 余人参加了研讨会。

3. 理念辐射其他高校，分享交流我校工作经验

在相关学术会议上做报告，分享交流我校教师发展工作经验，理念辐射其他高校。例如，2016 年 7 月，中心受邀在长沙"高校教师教学发展中心建设与发展研讨会"上做主题报告；2014 年 10 月，中心受邀在盐城举办的医学院校"校长论坛"上做"成长中的教师（教学）发展中心"主题报告。

4. 到兄弟院校开展教师发展培训项目，促进教师共同提高

我校在做好自身教师发展项目的基础上，多次受邀到兄弟院校开展教师发展培训项目。例如，2014 年 11 月，组织专家到盐城卫生职业技术学院做案例教学改革专题报告；2015 年 10 月，组织专家到徐州工程学院为青年教师做课堂教学组织专题培训。

参考文献

[1] 于晶利.社会工作概论[M].济南:山东人民出版社,2012.

[2] 刘文东.名师成长的三个关键词[J].今日教育,2014(7):42-43.

[3] 何珊,曹海鹏,谭洪新,侯伦灯.试论提升研究型学院中的教师教学积极性[J].科技创新导报,2014(22):116-117.

［4］王守仁,施林淼.聚焦教师教学能力提升　推进高校教师教学发展中心建设［J］.中国大学教育,2016(4):75－80.

［5］张崇康,刘宝玲.高校教学名师效应与名师品牌共同体构建［J］.大学教育,2014(10):85－87.

［6］涂文记,高小惠.青年教师发展项目存在的问题及对策——以北京协和医学院"青年教师培养项目"为例［J］.中国高等医学教育,2015(2):51－52.

以学生为中心的高校教师教学
发展中心建设创新[*]

刘化喜　蒋红玲　朱中华
淮阴工学院教师教学发展中心

摘　要:高校教师教学发展中心密集成立,部分高校在其机构性质、职能定位、活动主体、工作方式及价值取向等方面的建设思路并不清晰。教师教学发展中心兼具管理和服务功能,应从传统科层结构向矩阵结构过渡;中心的职能定位应根据学校总体办学定位,结合师资、教学现状及行政主管机构的职能划分确定;教师教学发展应面向全体教师,可通过优秀教师部分带动全体,提高教师参与率;教师教学发展鼓励自愿,也需与行政推动有机结合;应建立以学生为中心的理念,教师是教师教学发展活动的事实主体,学生是价值主体。

关键词:教师教学发展中心;组织建设;价值取向;教师发展

一、引　言

1962 年美国密歇根大学成立学习与教学研究中心,建立全球第一个高校教师发展机构。1998 年清华大学成立教学研究与培训中心,被认为是国内最早的

* 基金项目:江苏省教育科学"十二五"规划 2015 年度重点资助课题:以学生为本的高校教学评估模式研究(B-a/2015/01/044);2017 年度江苏省高校哲学社会科学研究基金项目:基于"人本理念"的地方高校青年教师教学能力培育策略研究(2017SJB1648)。

高校教学发展组织。2012 年,教育部批准成立厦门大学教师教学发展中心等 30 个国家级教师教学发展示范中心,同年《教育部关于全面提高高等教育质量的若干意见》(教高〔2012〕4 号)提出要"推动高校普遍建立教师教学发展中心",教师教学发展中心逐渐在各类高校陆续出现。教师教学发展中心的普遍建立是重视质量的必然要求,折射了教学质量保障从外部监控向内部关注的价值观转型①。相对于国外大学,国内高校教师教学发展中心起步较晚但密集成立,归因在于行政力量主导而非高校迫切的自我需求。中心普遍成立了,但这个机构做什么、应该怎么建,很多高校并不清楚,还面临不少难题有待破解。

二、机构性质:行政管理还是学术服务?

教师发展机构在国外大学中的名称五花八门,如密歇根大学学习与教学研究中心(Center for Research on Learning and Teaching),哈佛大学教学和学习中心(Derek Bok Center for Teaching and Learning),纽约大学教学促进中心(Center for the Advancement of the Teaching)等。国内大学较早成立的教师教学发展机构名称各有不同,后期成立的大都直接称为教师教学发展中心。别敦荣教授等学者 2014 年对全国 54 个高校教师教学发展中心的调查发现,有 22 个中心为独立设置的学校直属单位,有 28 个中心挂靠学校某一行政职能部门(从问卷设计看,该类型应该包括合署办公),另有 4 个属于其他类型②。可见对于教师教学发展中心的机构性质,高校的认识并不统一。

研究认为,教师教学发展中心是服务性学术实体③,是高校内部质量提升的

---

① 汪霞,崔军. 本科教学质量保障:大学教学发展中心的建设[J]. 江苏高教,2013(1):34－37.

② 别敦荣,韦莉娜,李家新. 高校教师教学发展中心运行状况调查研究[J]. 中国高教研究,2015(3):41－47.

③ 李永. 论高校教师教学发展中心建设的四原则[J]. 黑龙江高教研究,2015(9):13－16.

保障性机构①，是一个专门化的研究型服务组织②，其主要职责是为教师教学发展提供服务与支持。这些性质定位表明，教师教学发展中心具有显著的学术服务特征，按照我国高校管理体制应该划入直属单位范畴。但我国高校管理体制大都参照和复制政府管理体制，内部运行实行科层制模式，直属单位一般不具有管理职能。按照《教育部财政部关于"十二五"期间实施"高等学校本科教学质量与教学改革工程"的意见》要求，教师教学发展中心要"积极开展教师培训、教学改革、研究交流、质量评估、咨询服务等各项工作"，具有一定管理取向，单纯学术服务机构并不能完全胜任。

国外高校中教师发展中心的机构性质呈现出复合化特征。在美国，教师发展中心一般处于教学管理的核心，设置于管理机构名下或者独立建制，中心主任直接对教学或者学术副校长负责，接受其领导并向其汇报工作。这种设置使得中心更像一个管理机构。但中心并没有管理教师的直接权力，中心的活动与教师的聘任和晋升没有关联，教师评价的结果常常也是保密的③。在英国，教师中心会被要求"执行国家或学校改善教学的相关政策"，但他们发现，"如果这样，中心往往难以获得教师信任，造成中心关系紧张"④。

教师教学发展中心同时具有行政管理和学术服务双重功能，所以既不宜作为纯粹的行政机构，也不应是简单的学术服务机构，而是一个需要运用管理职能调动多方面资源为教师发展提供服务与支持的矩阵式专业机构，由传统科层结构向矩阵结构过渡成为必然趋势。所谓矩阵结构，就是在组织管理中将垂直联系和水平联系、集权化和分权化相互结合，既要分工又需协作的一种组织结构⑤。教师教学发展中心既要加强与教学院（系）的联系，也要加强与教务、师资

①　吴立保，张永宏.超越教师发展：范式转换与教学发展中心的建构[J].比较教育研究，2014(5)：77-83.

②　陈志勇.大学教师教学发展中心：是什么？做什么？[J].高等工程教育研究，2013(6)：92-96.

③　林杰.美国大学教师发展运动的历程、理论与组织[J].比较教育研究，2006(12)：33-34.

④　Gosling D. Educational Development in the UK: a Complex and Contradictory Reality[J]. International Journal for Academic Development，2009，14(1)：9-11.

⑤　张炜，邹晓东，陈劲.基于跨学科的新型大学学术组织模式构造[J].科学学研究，2002(4)：362-366.

等部门的协作;要有专职工作人员,也应有兼职专家队伍;要有管理服务人员,也要有学术研究队伍。各方面分工合作,才能最大限度地调动学校多方面资源服务于教师教学发展。

三、职能定位:教师发展还是教学发展?

教师教学发展的内涵有两种理解,一是教师的教学发展,二是教师发展＋教学发展,前者是狭义的,后者是广义的。国内高校中的教师教学发展中心多着力于提升教师教学能力,内在逻辑偏向狭义,即关注教师的教学发展。国外大学的教师教学发展与教师发展、教学促进等概念存在混用情况,早期多强调教学发展(Instruction)或教与学的发展(Teaching and Learning),后逐渐统称为教师发展(Faculty)。在目前的研究语境中,国外教师教学发展概念多为广义,即在立足教师教学发展的同时,更重视教师素质、能力的综合发展与全面提升。

教学发展关注的是教学,是教与学的过程,教师教学发展中心定位于教学发展本质是服务教学,强调与教学管理部门及院(系)的协作。教师发展关注的是人,是教师,教师教学发展中心定位于教师发展本质则是服务教师,实际工作中应加强与师资部门的协作。狭义的教师教学发展仅关注教学,强调通过教师教学方法与手段的改进来促进教学能力提升,本身并无不可,但教师教学发展不能一直局限于狭义,社会对高等教育的质量需求不断提升,教育的质量首先是教学质量,教师教学发展在立足教学发展的同时,应逐渐向教师发展＋教学发展过渡,实现由狭义向广义的转变。

美国学者 Centra J A 认为,广义的教师教学发展包括教师的个人发展、教学发展、专业发展和组织发展四个层次①。个人发展关注教师个体以及以个体为单位的群体需求,侧重于单个发展项目推动教师成长。专业发展强调科学基础与学术能力,提倡为教师教学、科研及管理服务工作提供支持与促进。教学发

---

① Centra, J. A. Faculty Evaluation and Faculty Development in Higher Education[A]. In J. C. Smart(Ed.). Higher Education: Handbook of Theroy and Research[C]. New York: Agathon Press,1989:155.

展则关注教学方法与手段,倡导教学学术,并在此基础上研究教与学的关系。组织发展是在传统教师发展基础上,重视教师学习环境和组织建设,重视组织中学习文化的建立。美国教育协会(National Education Association,NEA)提出的教师发展模型也认为,教师教学发展应该是教师个人、专业、教学和组织四位一体的综合发展,其中教学发展是核心。

不同的内涵表达与研究者的视角、态度、认知有关,也与大学所处的发展阶段有关。国内高校并没有必要完全效仿国外,根据学校总体办学定位,结合学校师资队伍及教学工作现状,科学确定本校教师教学发展中心的职能定位及工作目标,合理设置教师发展项目,才能建成教育部倡导的"各具特色的教师教学发展中心"。

还需要看到,服务教师发展还是教学发展,在我国的办学体制下,并非仅是高校考虑之事。国内高校绝大多数都是公办性质,受教育行政机构决策影响很大。按照教育部文件精神,示范性教师教学发展中心不仅应该服务本校,还应该辐射区域。换言之,地方教育主管机构还需要统筹本地区高校教师及教学的总体发展情况及需求,与高校共同确定教师教学发展中心的职能定位。高校教师教学发展中心的职能确定也必须与行政主管部门对教师教学发展的职能划分相一致,才更有利于做好工作。

四、活动主体:全体教师还是优秀教师?

教师教学发展中心的工作一般实行项目制,通过开展不同形式的发展项目实现教师教学发展职能,教师对活动的参与程度成为评判教师教学发展中心工作的直接指标。教师参与程度可以从三个纬度进行表征:一是举办活动的数量;二是参与活动的教师人次;三是参与教师占全体教师的比例。三个方面互相联系,又互有区别。没有一定数量的活动数和参与教师数,教师教学发展工作不能算成功,但如果教师的参与比例不高、覆盖面不广,活动很容易成为少数人的舞台。

面向全体教师是很多教师教学发展中心的明确宗旨。比如:浙江大学教师教学促进发展中心提出其服务对象是"所有在浙江大学担任教学任务的教师";纽约大学教学促进中心不仅承诺要为全校教师服务,还要为"纽约大学学习共同体所有成员提供实践资源"①。作为高校设置的教师教学发展专门机构,中心应该面向全校教师,包括管理人员乃至教学活动中的学生等,为教学活动的所有参与者服务,只为少部分教师服务是不可想象的。但现实面对愿景并不令人乐观。有学者对美国高校教师的研究发现,主动参加教师教学发展活动的教师常常是那些本来就很优秀的教师,大部分教师对活动并无兴趣②。

影响教师教学发展参与度的因素大约有四个。第一,项目设计因素。不同发展项目的设计初衷、目标各不相同,很难用一个项目满足所有教师需求。部分教师对中心一段时间内推出的发展项目没有兴趣,也就不再关注后续活动。第二,项目效果因素。教师教学发展是个潜移默化的过程,不可能一蹴而就。这个客观规律导致教师教学发展的效果显性不足,容易使一些教师产生没有证据表明中心推出的项目切实促进了教师教学发展的想法。第三,教师性格因素。教师内心希望得到发展,也认同中心的项目有助于发展,但由于个人性格方面的原因,不太习惯主动抛头露面、参加活动。第四,教师心理因素。有些教师不能正确理解教师教学发展概念,感觉参加活动意味着自己教学水平不高,从而对中心的活动产生排斥,客观上造成参加活动的多是那些足够自信的优秀教师,这些教师通过活动进一步提升了荣誉感和满足感,也令大多数普通教师更加望而却步。

教师教学发展关乎每位教师,不存在不需要发展的教师。不同教师的个体情况不同、起点不一,区别仅在于教学发展的目标任务不同。教师教学发展中心应当致力于面向全体教师,提升所有教师对教学发展的认同感和获得感。但面向全体教师并不排除优秀教师,服务优秀教师本就是面向全体教师的应有之义。要让教师教学发展成为一种文化,在这里每位教师都是需要提高的教师,而不是借助中心平台展示自己的优秀。此外,个体差异客观存在,教师发展项目在设计之初,对活动对象的目标定位就应该有准确把握。优秀教师更容易成为教师教学发展项目的先行接受者,处于建设初期的教师教学发展中心,可以尝试把活动对象定位于优秀教师,以部分带动全体,逐步实现活动主体由部分教师向全体教

① 吴洪富.高校教师教学发展中心的实践课题[J].高等教育研究,2014(3):45-53.
② 徐延宇.高校教师发展——基于美国高等教育的经验[M].北京:教育科学出版社,2009:223.

师的转变。

五、工作方式：行政推动还是教师自愿？

教师的广泛参与是教师教学发展中心的存在理由，失去了教师的投入热情，教师教学发展中心要么虚置空转，要么演变为纯粹的学术研究机构，背离其建立初衷。因此，如何吸引教师广泛参与是每个高校教师教学发展中心需要长期面对的话题。别敦荣教授调查发现，参加过教师教学发展中心活动的教师比例在75％以上的高校只占 9.26％，68％以上的高校其教师参加中心活动的比例不足50％，教师教学发展中心对教师的感召力明显不足。

如何吸引教师广泛参与？最直接的手段就是行政推动，以行政命令形式要求教师必须参加一定的教学发展活动。有的高校还把参加活动情况与教学考核、职称晋升等相挂钩，对不达标者一票否决。行政推动是促进工作的有效手段，某种意义上这也是很多高校将教师教学发展中心设置为管理部门的重要原因。然而问题在于，一方面，教师教学发展中心具有学术服务属性，完全通过行政手段推进工作不符合其功能定位；另一方面，行政强制下的教师发展忽视了教师的心理感受，教师被动参加活动，效果很难保证。严重的还可能引发教师情绪反弹，反感甚至抵制参加活动。

教师教学发展应该行政推动还是教师自愿？根本在于教师教学发展是教师还是高校的需要？首先，大学教师需要发展吗？大学教师的首要职责是教学，而教学本身就是一种学术，也是一门艺术。大学教师大都接受过专门化的学术训练，拥有本学科坚实的理论基础和系统的专业知识，但却很少接受过专业的教学训练。尤其是在高等教育大众化之后，一大批博士毕业生从课堂到课堂，缺乏从事教学的理论和实践经验。好教师不是天生的，这是哈佛大学教学和学习中心的核心理念。那么，大学需要教师的教学发展吗？质量是当今世界高等教育的共同主题，只有作为个体的教师的教学质量全面提升，高校人才培养的整体质量才会普遍提升。

教学发展是高校教师职业发展的应然需要，意味着教师教学发展应遵从自愿。教学发展是高校质量保障的必然要求，则为高校行政推动教师教学发展提供了理由。行政推动抑或教师自愿,都有其合理性。但需要是分层次的,教师自我发展的需要属于自我实现或者自我突破范畴,按照需求层次理论,它居于教师个体需求的最高端,只有在较低层次的需要得到满足时才会出现。如果完全依靠教师自愿,可能大多数教师并不会表现出对教学发展的强烈需求。所以,教师教学发展既应当鼓励自愿,发挥教师主动参与的能动性,也需要必要的行政手段推动,以保证中心的活动对教师有一定的覆盖面。实际工作中,教师教学发展中心可与教学院(系)、教研室联合开展活动,中心的活动对院(系)、教研室是自愿,院(系)、教研室对教师提出具体要求,从而保证每场活动均有一定数量的教师参与,实现教师自愿与行政推动的有机统一。

六、价值取向:教师中心还是学生中心?

教师教学发展面向教师,教师是教师教学发展活动的当然中心。这要求教师教学发展中心应该关注教师的教学能力,帮助教师改进教学,提高质量。但教师教学发展活动的出现,直接原因是学生对教学质量的不满。20 世纪 60 年代,美国高等教育的规模扩张引发了质量下降的争议,学生的抗议应运而生。他们不再相信,一个专业水平高的教师一定是个好老师。随后,以提升教师教学技能、让教师站稳讲台为目的的教师教学发展中心才陆续成为美国大学的常设机构。可见,教师教学发展中心从开始就是服务学生需求的产物。

教育活动中教育者与受教育者的地位一直十分微妙,传统教育理论认为,教育者在教育活动中处于领导和控制地位,是教育活动的主体,受教育者是被教育者认识和塑造的对象,是教育活动的客体。实用主义教育理论则认为,教育活动根本上是使受教育者得到发展,受教育者的发展只有通过其自身活动才能实现,因此受教育者才是教育活动的主体[①]。

教师教学发展是一项特别的教育活动,在这个过程中,以学习者和接受教育者身份出现的学生,其本职身份是教师。教师参加教师教学发展活动或学习,是为了促进自己得到发展,但其学习的主要内容是如何提高教学水平,更好地服务

---

① 叶澜.教育概论[M].北京:人民教育出版社,1999:11,14.

学生,所以教师教学发展的本质是促进学生的学习发展。在教师教学发展活动中,真正的学生不一定出现,却始终影响着教师的学习,学生的受益程度成为衡量教师参加教学发展项目学习效果的根本标准。

教师教学发展中心应坚持以学生的学习发展为目标,加强教师教学能力诊断评价,提供个性化教学咨询服务,组织安排教学名师与青年教师结对子,承担教学指导与帮助工作。同时搭建多元交流平台,组织多样化教学研讨与交流,以推进课堂教学模式改革为突破口,注重教师教学理念提升和教学方法创新,提高教师教学能力与水平。

一是组织学习沙龙。围绕教师教学热点、难点问题,尤其是学生学习效果方面的问题,邀请教学经验丰富的优秀教师对青年教师的教学和学生的学习问题进行针对性答疑,搭建分享成功经验与先进学习理念的交流平台。二是举办教学午餐会。采用小型、分散方式组织午餐期间教师教学交流活动,参加交流活动的教师既有提前组织的,也有临时自由组合的;交流讨论话题围绕教师的教与学生的学,既可提前梳理发布,也可由教师临时随感而发提出。三是推动教学竞赛。通过定期举办校内课堂教学竞赛、微课教学竞赛,鼓励与组织教师参加校外各类教学竞赛等,使青年教师发现自己的差距,主动反思教学中存在的问题。四是开展教学观摩。比如面向高职称、高学历教师,组织开展教授博士课堂教学观摩,推动教授、博士投入更多精力关注教学,又通过观摩优秀课例,带动其他教师共同研究教学、取长补短。还可以开设优秀教师课堂教学示范课。一方面将优秀教师教学竞赛获奖视频在校园网进行展示,另一方面开展获奖教师课堂开放活动,组织其他教师观摩学习,扩大教学竞赛影响力和受益面。

伴随着教育理论的发展,传统以教师为中心的教学范式正在向以学生为中心转换,以学生为中心被逐步接受。教师不仅需要提高教学能力,掌握传授知识的技巧,更重要的是要学会为学生的学习提供支持,引导学生主动学习、激发学生的学习能动性,从而提升学生学习效果。以学生为中心的价值取向落实到教师教学发展工作中,教师教学发展项目不再是简单的教师培训、教学竞赛等,而是更强调要营造有利于教师的教和学生的学的良好环境与氛围,构建“教师与教师、教师与学生、学生与学生”的学习共同体。

以学生为中心是现代教育理论的重要发展,教学活动从以教师为中心向以学生为中心过渡成为必然趋势。教师教学发展中心应充分吸收最新理论的成果,把关注学生发展作为重要工作内容,广泛吸引学生参与到教师教学发展项目中。需要指出的是,以学生为中心还是以教师为中心并非对立关系,而更是价值取向方面的侧重。教师教学发展中心首先做好教师教学能力培训并无不妥,教师的教归根到底都是为了学生的学。教师可以是教师教学发展活动的事实主体,但价值主体仍是学生。

参考文献

[1] 汪霞,崔军.本科教学质量保障:大学教学发展中心的建设[J].江苏高教,2013(1):34-37.

[2] 别敦荣,韦莉娜,李家新.高校教师教学发展中心运行状况调查研究[J].中国高教研究,2015(3):41-47.

[3] 李永.论高校教师教学发展中心建设的四原则[J].黑龙江高教研究,2015(9):13-16.

[4] 吴立保,张永宏.超越教师发展:范式转换与教学发展中心的建构[J].比较教育研究,2014(5):77-83.

[5] 陈志勇.大学教师教学发展中心:是什么? 做什么? [J].高等工程教育研究,2013(6):92-96.

[6] 林杰.美国大学教师发展运动的历程、理论与组织[J].比较教育研究,2006(12):33-34.

[7] Gosling D. Educational Development in the UK: a Complex and Contradictory Reality [J]. International Journal for Academic Development,2009,14(1):9-11.

[8] 张炜,邹晓东,陈劲.基于跨学科的新型大学学术组织模式构造[J].科学学研究,2002(4):362-366.

[9] Centra, J. A. Faculty Evaluation and Faculty Development in Higher Education[A]. In J. C. Smart(Ed.). Higher Education: Handbook of Theroy and Research[C]. New York:Agathon Press,1989:155.

[10] 吴洪富.高校教师教学发展中心的实践课题[J].高等教育研究,2014,(3):45-53.

[11] 徐延宇.高校教师发展——基于美国高等教育的经验[M].北京:教育科学出版社,2009:223.

[12] 叶澜.教育概论[M].北京:人民教育出版社,1999:11,14.

强化教学督导　助推高校教师发展

俞福丽

扬州大学教师(教学) 发展中心

摘　要:本文以文献资料法总结提炼高校教学督导的现有研究基础、内涵和作用,厘清并分析了高校教学督导的现状以及存在督导职责定位不准确,督导队伍结构不合理,督导结果价值不大,督导待遇有待提高等问题。提出高校教学督导的起点是规范,重点是教学能力的督查,突破点是教学各个环节的质量评价,应从发挥教学督导人员的专业素质,定期举办教学督导和教师研讨会形成合力,加强教学督导培训了解信息化课程内容,重视教学督导反馈和指导作用等几个方面加强高校教学督导工作,助推高校教师发展。

关键词:教学督导;内涵作用;发展路径

一、引　言

党的十九大报告指出,要大力提升发展质量和效益。高等教育已进入了新时代,即由数量向质量转变、由教师中心向学生中心转变,由知识灌输向能力培养转变。随着高等教育大众化,各高校都重视学校内涵建设,不断深化教学改革,重视教学管理,提升教学质量,以促进学校本科人才质量提升。学校的发展离不开高水平的教师队伍,教学督导是青年教师成长过程中重要的见证人和引路人。教学督导是强化高校教学管理与提升教学质量的重要保障。我国自

1986 年重新恢复健全了教学督导组织①,20 世纪 90 年代中期,我国高等学校的教学督导开始逐步建立和发展起来,在近 20 年的发展历程中,有众多专家学者对高等学校教学督导的制度、功能、队伍建设等方面做了大量基础性研究,取得了一些研究成果和很多成功经验。然而,我国高等教学督导工作还有很多有待完善的地方,高校教学督导制度需要创新,用现代教学理念指导教学督导实践,以推动高校教学改革的深入发展,保障教学质量不断提升,促进教师教学能力持续提高。

二、关于高校教学督导的文献研究

(一) 高校教学督导制度

徐爱萍研究认为高校教学督导制度完善路径,归纳为法律规章的健全、组织机构的革新、督导队伍的优化、督导理念的转变和督导方法的改进等五个方面,并全面系统地提出当前高校教学督导工作改革的思路。② 徐斌以高校教学督导制度为研究对象,就督导机构定位不明确、督导机构设置不统一、督导政策体系不完善、督导队伍结构不合理等问题,运用教育学、社会学及和教学督导专业化相关的理论,选择 D 大学教学督导制度建设作为案例进行较周密系统的研究分析,提出了高校教学督导专业化建设效果提升的策略和路径。③ 张艳萍对日、美、英、德、法五国的教学督导历史、制度、机制及模式进行了研究,并提出人性化教学督导的理念、建立督导员培训考核制度以及成立省、市、院三级督导机制和督导员联盟制度等观念。④ 徐苗研究分析了美国教学督导制度的历史发展与现

---

① 张军海,王晨燕,王建栋. 新形势下高校教学督导新思维[J]. 河北师范大学学报(教育科学版),2008(10):99 - 103.

② 徐爱萍. 高校教学督导制度的路径选择[J]. 高教发展与评估,2015(1):17 - 22.

③ 徐斌. 高校教学督导制度研究[J]. 科教文汇(上旬刊),2017(6).

④ 张艳萍. 国内外高校教育督导制度研究与借鉴[J]. 成功(教育),2012(11):175 - 176.

状,探究其对我国高校教学督导制度建设的重要启发意义。[①] 赵正兵对我国高校教学督导的现状做了背景分析,着重指出完善高校教学督导制度是提高教育教学质量和办学水平的重要举措,并对高校教学督导的内容与方法等进行了初步探讨。[②] 富丽琴就目前高校教学督导机制不完善等五个方面的现状及相关原因做了分析,并提出建立督导机制、完善机构设置等解决对策。[③]

(二) 高校教学督导队伍建设

席一之通过对我国高校教学督导队伍建设现状的分析,从督导人员选拔、督导制度建立等方面提出改进对策。[④] 王作成等研究得出高校督导队伍存在年龄结构不合理、专业结构不合理、职业构成不合理、工作范围过于狭窄等问题,并提出加强高校内部督导制度建设、拓宽选择渠道、加强督导队伍自身素质建设、改革督导队伍的督导方法等策略建议。[⑤] 王琳研究指出综合性高校教学督导队伍存在的问题主要表现为,对教学督导的地位和作用认识不深刻、教学督导队伍构成不合理、教学督导队伍的知识结构有所欠缺、教学督导成员观念老化,更新不及时、教学督导对自己的职责认识不够清晰。[⑥] 富丽琴就目前高校督导队伍结构不合理等五个方面的现状及相关原因做了分析,并提出了加强督导队伍建设的对策建议。[⑦]

① 徐苗. 美国高校教育督导制度特色及启示[J]. 教育与职业,2014(13):104-105.

② 赵正兵. 完善高校教育督导制度的理论探讨[J]. 图书情报刊导刊,2005,15(17):239-240.

③ 富丽琴. 高校教育督导的现状与解决对策[J]. 中华医学教育探索杂志,2008,7(11):1136-1137.

④ 席一之. 我国高校教育督导队伍建设现状评估及提升对策[J]. 理论导报,2012(9):49-50.

⑤ 王作成,梁彬. 浅论高校内部督导队伍的建设[J]. 课程教育研究,2016(5):105-105.

⑥ 王琳. 现阶段我国综合性高校教育督导队伍建设的若干问题[J]. 中外企业家,2009(24):229-230.

⑦ 富丽琴. 高校教育督导的现状与解决对策[J]. 中华医学教育探索杂志,2008,7(11):1136-1137.

（三）高校教学督导职能

唐懿鸣等通过对高校教学督导的职能研究指出，教学督导不仅仅是进行监督和检查，更为重要的是对高校教育的引领、评价和指导，同时进一步发挥相互学习，促进反思，帮助梳理，及时进行指导并进行服务咨询等业务。随着教学督导工作的开展，其功能和职责也在实践中得到进一步的深入和完善，从根本上为高等院校教育事业的发展提供保障。①

（四）高校教学督导专业化建设

胡志玲研究了教学督导专业化的背景、理论意义及实践意义，以××大学教学督导专业化建设作为案例研究，进行了高校教学督导专业化建设效果评价的实证分析。就高校教学督导专业化建设的顶层设计、高校教学督导专业化建设的基本要素、高校教学督导专业化建设的保障措施等方面提出了高校教学督导专业化建设效果提升的策略。②

通过梳理高校教学督导研究的文献发现，针对高校教学督导这一问题的研究大致有高校教学督导制度、高校教学督导队伍建设、高校教学督导职能、高校教学督导专业化建设等方面的内容。当前我国高校主要存在教学督导制度有待进一步完善、督导队伍结构不合理、高校教学督导职能有待明晰、高校督导专业化建设还需要进一步加强等问题。

三、高校教学督导作用

当前我国没有与教学督导相关的条例颁布，因此较难明确界说该概念，通过梳理已有的研究文献，相对得到认可的表述是："教学督导是指高校依托校内组织机构，依据固定的工作原则、程序和方法，对本校的教学工作实施监督、评估、

---

① 唐懿鸣，仲伟强，梁博.高等院校教育督导职能与任务［J］.中国市场，2016（35）：199，204.
② 胡志玲.高校教学督导专业化建设效果评价的实证研究［D］.南昌：南昌大学，2016.

检查和指导,是高校自主进行的教学质量保障行为"。① 在教学管理系统内部,教学督导属于基本决策支持系统,位于协同位置,区别于一般的教学行政管理,也有别于专门的评估机构。教学督导在高校一般有相关教学质量保障与评估机构负责管理,主要功能是服务于教学质量提升,搜集教师教学相关信息,有针对性地采取督导行为。因此"督导作为整个教学管理系统中的内部要素,有独特意义,具有权威及非行政性质,与系统中其他因素之间不可互相替代"②。一般来说,教学督导是指高校依托其校内的某种教学组织机构,根据一些固有的工作原则、程序和方法,对本校范围内的教学及教学管理等工作实施监督、评估、检查和指导等,是高校内部相对自主进行的一种对教学质量有所保障和进行监控的行为。③

(一) 高校教学督导的教学质量监控作用

我国高等教育经过外延式发展,当前正通过深化教育改革进入内涵式发展时代,高校内涵提升的核心是教学质量的提高、人才培养质量的提升,这是高校发展的重要途径,是世界各国高等教育发展的永恒主题,也是我国建成高等教育强国的必由之路。高等教育质量的提升涉及方方面面,我国高校教学管理中,教学质量提升的一个重要方面是发挥教学督导的作用。由于教学质量不会有非常显性的指标衡量,有可能会滞后显现,例如高校培养的学生质量在毕业若干年后可能才会有所体现,因此无法用很多定量指标来生硬衡量。而教学督导通过督查,可以有效提高高校教学质量。例如,扬州大学 2016～2017 学年,校督导共听课 1 560 余节次,抽调评阅 510 多门课程试卷,260 余篇毕业论文(设计),有效促进本科教学质量持续改进。

(二) 高校教学督导的指导作用

高校教学督导一般是由教学经验丰富,乐于奉献并具备一定教学资历的教

① 刘文君.美国现行教学督导系统及其特征[J].比较教育研究,2007(7):12－16.
② 张景雷.美国与我国教学督导的差异比较[J].教学与管理,2011(36):158－160.
③ 宣学新.高校教学督导工作的规范与创新[D].长春:吉林大学,2015.

师组成,因此在学校教学中,教学督导通过听课,对教学各个环节的督查,发现教学中存在的问题,第一时间反馈给教师,进一步指导教师改进教学中的不足,从而不断提升教师教学能力。扬州大学每年督导的中心工作之一是针对新教师、新开课及评教 80 分以下、督导听课评价为中及以下教师进行重点督查。校督导组本着对学生和教师负责的态度,组织相关督导通过个别听课与集体听课相结合,发现问题,及时沟通,现场导教、督学。各督导组通过与教师课后交流指导、召开学生座谈会和个别调研等方式,提出中肯意见、建议并撰写调研分析报告,助推青年教师不断成长。

(三) 高校教学督导的沟通作用

教学督导由教学管理机构聘任教学督导深入课堂听课,掌握课堂教学动态,了解到教师的教学现状,反馈给教学管理部门,充分发挥教学管理人员和教师之间的纽带作用,同时为教学管理部门加强教学环节管理,起到重要的沟通协调作用①。教学督导及时对教师的教学态度、教学方法给予指导的同时,通过召开学生座谈会了解学生需求,与教师沟通传达教学管理部门的规范要求及与学院交流反馈教师现状等工作路径,为教师、学生、教学管理部门架起了一座沟通的桥梁,持续推进教学质量提升。

四、高校教学督导的现状

(一) 教学督导职责定位不明确

2012 年 8 月出台的《教学督导条例》对教学督导工作有明确规定,涉及教学督导的条件、督导的职责等,在一定程度上有利于教学督导工作的有序开展。但是从宏观层面看,国家没有关于教学督导的指导性政策或是相关的法律文本;从中观层面看,各高校根据自己学校的实际情况建立了相关督导条例,缺乏一定的规范性,整体上不够完善;从微观层面看,教学督导的督查内容、督查形式、督查

---

① 代艳莉. 高校教学督导存在的问题及对策研究[J]. 知音励志,2016(19).

对象等不明晰。实践中教学督导的培训制度和青年教师的交流制度等需要进一步完善。目前大部分高校缺乏完善系统的教学督导规章制度,有些高校虽有督导工作条例,但基本是简单的通知,没有形成规范的文件,有关教学督导的许多事宜没有涉及或明确界定,因此教学督导工作存在很大的随机性。教学督导的权利职责不清晰,教学督导人员对督导对象只有建议权,缺乏相应的制度保障,因此督导意见也相对很难落到实处。[①]

(二) 教学督导队伍结构不合理

高校教学督导工作的有效开展离不开高素质、结构合理的教学督导队伍。当前从各高校的实际情况看,高校教学督导队伍存在年龄老化、结构不合理等问题,各高校的教学督导组成参差不齐,有的是由在职人员和退休人员共同组成,有的全部由离退休人员担任,有的是聘请校外人员。但总体来说大部分高校教学督导队伍主要是由退休教师构成,这种队伍构成的优势是教学督导人员具有一定的学养底蕴和教学经验,时间充裕能保证听课数量和督导范围,为学校的发展和青年教师的成长,他们乐意奉献。但这种队伍构成也存在明显不足,他们年龄较大,身体状况较差,很难保证繁重的教学督导工作落到实处。在信息化社会,各种教学新理念、教学新技术不断涌现,退休教师很难跟上时代的步伐,对新的教学理念、教学模式了解不足,而学校也不适宜对他们进行过多专门培训,这种状况很容易导致教学督导和青年教师之间产生教学理念上的偏差,造成相互沟通不畅等问题。

(三) 教学督导结果价值不大

各高校教学督导通过课堂听课、查阅试卷等多种途径,将了解到的教师相关教学情况反馈给学校和学院教学管理部门等。学校和学院教学管理部门可能会由于种种原因,并没有合理利用教学督导的评价结果。例如,在很多高校存在的现状是,即使教学督导认为新入职教师还不具备上讲台的条件,但由于学校缺少教师,还是会让新教师上课,因此教学督导的督导结果并没有得到有效利用。督

---

① 方建宁. 高校教学督导现状及其队伍建设研究[D]. 南京:河海大学,2007.

导听课后形成的评价结果对教师的职称评定等关键利益有一定影响,因此某些时候,教学督导还会受到青年教师的反感和抵制。高校领导与教师对教学督导的地位和作用认识还不足,教学督导的主要功能和作用是监督和咨询,并非为难教师,但现实中往往会受到教师的排斥。

(四) 教学督导待遇不高

高校教学督导队伍基本是由退休教师构成,这些退休教师是学校的老专家,往往是凭着热情为学校服务,以乐于奉献的精神开展工作,但很多高校对教学督导的待遇方面考虑得不足,教学督导的听课量往往很大,尤其是一些多校区办学的高校,年龄大的教学督导首先在交通上存在很多不便,经济待遇也不高,没有专门的办公场所,很少有机会外出调研,参加各种培训学习的机会很少,一方面是学校考虑到教学督导的年龄较大,需要考虑安全问题;另一方面也是经费有限,以致各高校教学督导的各种待遇不尽如人意。

五、教学督导理念新认识

(一) 教学督导的起点是规范

教学督导的起点是规范。高校教学督导应是学校教风的引导者、学风的建设者,"教"与"学"是两张皮,教学督导工作约束着学校基本的教风。教学督导要做好教学管理部门的参谋和助手,不做学术判断,代表的是学校但不代表学校和学院做出决定。教学管理部门对青年教师的培训,要与督导代表的讲座,形成相互沟通交流的机制,能够做到相互了解,学校教师要知道督导的督查范围和内容,这样才能更好地完善自己。教学督导的对象是全校教师,不仅仅是青年教师。教学督导要通过自身的专业素质得到教师的理解,体现督导价值。督导通过深入教学实际、听课和调查研究,尤其是根据学校教学改革进程中的热点、重点问题组织专题调研,一方面形成政策建议,另一方面也有利于自己督导工作的规范开展。

（二）教学督导的重点是教师教学能力提升

在当今高等学校内涵式发展的时代，高校教师的教学能力影响着大学的人才培养质量。大学教师的教育教学能力和中学教师是有差异的，教师发展和教师教育教学能力的提升是教学督导督查的重点，因此教学督导应结合学校的发展和教师的发展，既考虑到教师自我发展的内在需求，又要和学校的总目标相融合。对教师教学能力的督查应包含教师的师德和教学技能两方面的内容。一方面，高校教师承担着"育人"的职责，在传授知识、培养能力的过程中，应该为人师表，身正为范，将自身的良好师德渗透到课程教学中，潜移默化地影响学生，同时让学生受到良好课堂氛围的熏陶逐渐成长。另一方面，教学督导应从单一的课堂听课督查拓展到教学的各个环节，这样才能有利于教师教学能力的整体提升。

（三）教学督导的突破点是教学各环节的质量评价

教学督导的突破点是各个教学环节的质量评价。高校在教学质量建设中应该既有正面清单也要有负面清单，底线是各个教学环节的教学规范。教学督查的难点是实践，办学思想来源于实践，也要回归到实践中，这是教学督导把控的难点。课堂教学不能一味娱乐化，要有理念、理论支撑，包括办学理念、专业理念、课程理念、教师个人发展的理念等。关于教学方法，教无定法，贵在得法。教学督导要关注学风、教风、规范、教学工作量、文科的阅读量等这些关系着学生培养质量的环节。教学督导机构的定位是咨询机构，履行职责是从宏观、中观、微观层面上开展工作。宏观上是国家大的教育方针；中观是教育教学的职责，和院长、教学院长、系主任的沟通和协调；微观职责是对学校重大课题立专项，代表学校教学评估部门做调研、反馈，通过撰写调查报告给出建议。教学督导不仅关注课堂教学，还要关注学校办学效益、课堂教学外的创新创业、专业认证等教学工作的各个环节。

六、高校教学督导发展新路径

（一）发挥教学督导人员的专业素质

教学是一门艺术，也是一门科学，教学督导应增强工作的专业性。无论时代如何变迁，但万变不离其宗，教学督导对教学的督查都应具有一定的专业性，教学督导对教师督查的内容应该围绕教学目标、教学设计、具体教学内容安排，教学方法和教学手段的应用；在课堂教学中重点督查教师对教学内容的熟悉程度，教学重难点的把握，教学节奏、师生互动、教学手段、教学多媒体的应用，教学仪态、语音语调、语速等方面。在教学基本的框架之下，教学督导个人的教学风格也可能会影响对教师的评价，因此这就要求教学督导应在一定的规范下工作，具有专业的督查和指导水平，结合自身丰富的教学经验督查指导教师，将教学质量形成一个闭环系统，教学督导应该是这个闭环系统的连接。增加教学督导工作的规范性和科学性达到最终的专业性，以专业的素质对待教学督导工作，最终提升高校教学质量。

（二）定期举办教学督导和教师研讨会形成合力

高校教学督导人员的素质决定着教学督导的效果，由于教学督导队伍的年龄结构和兼职较多等问题，各高校教学督导队伍的自我提升比较薄弱，同时督导人员和教师的教学理念往往存在差异，因此各高校应组织教学督导人员和教师定期共同研讨。教学督导人员和教师都能了解学校发展的总目标，了解学校教学改革的新要求，通过对《本科人才培养方案》的了解，对"新工科"等概念的了解，以及对近年来以问题为导向的研究性教学、以教师为主导以学生为主体，将重视"教"转变为重视"学"、研究性教学和传统授课的区别等这些已经深入人心的教学理念进行定期交流和研讨，形成相对统一的理解，让教学督导的教学理念和学校教师的教学理念行走在一个频道上，对教师的发展和提升形成合力，真正发挥学校教学督导的作用。

（三）加强教学督导培训了解信息化课程内容

针对教学督导自我提升较为薄弱的问题，通过对教学督导的培训，使其了解近年来不断出现的 MOOC 课程、SPOC 课程、混合课程、翻转课堂、"雨课堂"等信息化课程内容。信息时代的大学课堂，每个学生拥有智能手机，有些课堂教师收学生手机并不是最佳策略，对待课堂使用手机问题，应该有"疏"有"堵"，而不是一味地"堵"，"疏"可能更加重要。通过培训让教学督导了解提升教学效果的互联网工具，如可以使用手机微信点名、用手机提问、试题导入、随机点名、弹幕调速与回访、课后小结等。《新一代人工智能发展规划》（国发〔2017〕35 号）要求完善人工智能领域学科布局，设立人工智能专业，鼓励高校在原有基础上拓宽人工智能专业教育内容，形成"人工智能＋X"复合专业培养新模式。这些信息化和课程深度融合的课程内容要求教学督导人员要把握时代特征，拓展知识。教学督导人员要自觉加强学习，更新知识，充实自己，更重要的是学校应加强培训，提高教学督导人员的信息化素质，紧跟时代的步伐，与时俱进，这样才能站得高，看得远，胜任教学督导工作。

（四）重视教学督导的反馈和指导作用

教学督导人员在督导过程中，要做到督查与指导结合，以督促导，以导为主。首先从检查、督促入手，督是一种压力，但督中有导，着力于正面指导和引导，化压力为启动他们内在的动力，促进教学工作不断发展。往往教学督导很重视听课，是督查也是"导师"，在听课督查的基础上，教学督导给予反馈和指导，是对学风和教师纪律的督查，同时应该更多指导青年教师，将教学理念慢慢渗透给青年教师。在督导过程中，一方面发现好的典型，推广好的教学经验；另一方面更多的是发现教学中存在的问题，对待教师要以谈心的方式，启迪点化，引导激励，提出改进教学的建议，做到"督要严格，评要中肯，导要得法，帮要诚恳"，使教师心悦诚服地接受指导，改进教学，提高教学水平。教学督导人员要尊重教师，满腔热情，平等待人，做教师的良师益友。教学督导人员和教师的关系应该是和谐、宽容、平等、合作、信任的关系。教学督导应该以学识水平、治学态度、个性品德、行为举止这些个人魅力来影响教师。学校要选聘有较高学识、品德素养和较高威望的专家教授担任督导员,他们不仅要敢于坚持原则,公道正派,实事求是,乐于奉献,严于律己,宽以待人,更要有不断学习、开拓创新的精神。① 教学督导要懂得欣赏教育,给教师更多的鼓励,选择让教师能够接受的方法指导教师,让他们找到自己的职业幸福感。

七、结束语

我国高校在经过扩招的外延式发展后,当前各高校都已进入内涵式发展的历史阶段,重视提升内部教学质量和人才培养质量。提高人才培养质量,首先就是要完善教学管理体制。教学质量评估监督机制是保障教学质量的重要制度,教学督导是实现教学质量监控的有效途径,因此各高校应在体制上制定规范科学合理的教学督导制度,不断提高督导的效能。建立一支既有青年教师、教学名师、行政人员,又有各类教学奖项获得者参与的结构合理、构成多元化的督导队伍显得尤为重要。同时通过提高教学督导的政治待遇(如职称晋升中的一票否决权)、学术待遇(如交流调研考察的机会)、教学待遇、空间待遇(如改善办公条件)、经济待遇等激发教学督导的工作热情。多种措施并举让教学督导在教学质量提升方面发挥应有的作用。

参考文献

[1] 张军海,王晨燕,王建栋.新形势下高校教学督导新思维[J].河北师范大学学报(教育科学版),2008(10):99-103.

[2] 徐爱萍.高校教学督导制度的路径选择[J].高教发展与评估,2015(1):17-22.

[3] 徐斌.高校教学督导制度研究[J].科教文汇(上旬刊),2017(6).

[4] 张艳萍.国内外高校教育督导制度研究与借鉴[J].成功(教育),2012(11):175-176.

[5] 徐苗.美国高校教育督导制度特色及启示[J].教育与职业,2014(13):104-105.

[6] 赵正兵.完善高校教育督导制度的理论探讨[J].图书情报导刊,2005,15(17):239-240.

[7] 富丽琴.高校教育督导的现状与解决对策[J].中华医学教育探索杂志,2008,7(11):

① 徐发.关于高校教学督导工作的几点理论思考[J].嘉应学院学报,2001,19(1):98-100.

1136 - 1137.

［8］席一之.我国高校教育督导队伍建设现状评估及提升对策［J］.理论导报,2012(9)：
　　49 - 50.

［9］王作成,梁彬.浅论高校内部督导队伍的建设［J］.课程教育研究,2016(5)：105.

［10］王琳.现阶段我国综合性高校教育督导队伍建设的若干问题［J］.中外企业家,2009
　　(24)：229 - 230.

［11］唐懿鸣,仲伟强,梁博.高等院校教育督导职能与任务［J］.中国市场,2016(35)：
　　199,204.

［12］胡志玲.高校教学督导专业化建设效果评价的实证研究［D］.南昌：南昌大学,2016.

［13］刘文君.美国现行教学督导系统及其特征［J］.比较教育研究,2007(7)：12 - 16.

［14］张景雷.美国与我国教学督导的差异比较［J］.教学与管理,2011(36)：158 - 160.

［15］宣学新.高校教学督导工作的规范与创新［D］.长春：吉林大学,2015.

［16］代艳莉.高校教学督导存在的问题及对策研究［J］.知音励志,2016(19).

［17］方建宁.高校教学督导现状及其队伍建设研究［D］.南京：河海大学,2007.

［18］徐发.关于高校教学督导工作的几点理论思考［J］.嘉应学院学报,2001,19(1)：98 - 100.

应用型本科高校师资队伍建设的方法与路径*

邢　琦

南京工程学院教师教学发展中心

摘　要:根据地方本科向应用型转变、实施本科职业教育的要求，本文分析了现有师资队伍"三个单一"导致的"三个不适应"问题；提出了"多元化结构、三能型教师、系统化培养"的方向；明确了理念创新、方法创新、机制创新的路径，给出了"分类型、分阶段"的培养体系、"模块化、个性化"的培训模式、"横向联动、纵向支撑"的协同培养机制。

关键词:地方本科转型；本科职业教育；师资队伍；方法路径

一、引　言

教育是一种社会活动，必须与社会发展相适应，高等教育的人才培养结构必须主动与现代经济、社会的人才需求结构相适应。随着我国经济发展进入新常态，经济结构深刻调整、产业升级加快步伐、社会文化建设不断推进、创新驱动发展战略大力实施，应用型创新人才成为当今社会最主要的需求，应用型本科高校则应运而生，其主要特点和任务就是从适应和引领经济发展新常态、服务创新驱动发展的大局出发，立足地方，面向基层，以应用型本科教学为主要任务，为地方

---

* 基金项目:教育部高等教育司产学合作协同育人项目"基于移动信息化教学的翻转课堂教学设计与实践"(201602018021)，江苏省教育科学"十三五"规划 2016 年度重点资助课题"基于大数据技术的应用型院校教师科研能力发展性分类评价研究"(B－a/2016/01/44)。

经济培养"基础好、知识全、能力强、素质高"的应用型创新人才。

目前，随着六部委《现代职业教育体系建设规划（2014—2020 年）》，三部委《关于引导部分地方普通本科高校向应用型转变的指导意见》，中共中央国务院《关于全面深化新时代教师队伍建设改革的意见》的相继出台，本科职业教育已成为地方本科的发展方向，高质量应用型人才培养目标的确立更是提升了高水平应用型本科教学的中心地位，地方政府和相关高校做出了积极响应，试点高校的遴选、教改方案的制定意味着转型的实施。而随着转型的推进，师资队伍问题快速暴露，成为方案落地的最大难题。其原因在于：师资队伍是办学的第一核心资源，师资队伍转型是办学转型的前提。百年大计，教育为本；教育大计，教师为本。教师作为教学活动的主要实施者和人才培养的主体，是教育发展的第一资源，教师能力的优劣决定人才培养质量的高低，一所高等学校的质量最终取决于教师的水平，因此，师资队伍建设是一所高校发展提高的关键所在，也是高校建设的重中之重，其中教师发展更是师资队伍建设和转型的聚焦点。教师发展不但关乎教师个人成长和发展，更对学校教育教学质量和人才培养水平的提升至关重要，其转型快慢决定着办学转型的速度，其转型程度决定着内涵转变的深度，师资队伍不转型，转型就会进入僵局。事实上，相对于老牌高校，应用型本科高校办学历史短、经验少、积淀薄，连年扩招导致的规模扩张，培养特征引发的特殊要求，导致这类高校的师资队伍建设更为急迫。近年来，虽有不少文献研究了地方本科转型对师资队伍的要求，但问题在哪，转向哪里，理念如何转变，队伍如何培养，这些操作层面上的问题尚不清晰，这也是本文研究的初衷。

二、三个单一：师资队伍问题的主要病灶

长期以来，由于思想准备不足、理论研究滞后和政策引导不到位，导致我国高等学校的发展缺乏分类指导，办学的同质化倾向导致了高校师资队伍虽有水平之分但无类型之别，主要体现在地方本科高校师资队伍的"三个单一"和"三个不适应"。

一是教师来源单一与服务产业的培养定位不相适应。不同的大学需要不同

的师资,不同的师资需要不同的来源。一直以来,受传统思想观念束缚,地方本科高校教师一般源于其他高校或学生留校,从学校门到学校门的结果仅仅是从学生身份到教师身份的转变或者是学术体系不同场景和研究场所的转移①。虽然我国曾有为数不多的职业技术师范学院,也常因被认为是"低层次"而被排除在本科高校师资录用之外。加上事业与企业两类单位的界限和人才只能单向流动的政策制约,教师来源的单一造成了师资队伍结构的先天缺陷,产业血缘的缺失导致了师资供需对接的必然梗阻,形成了实施产教融合的人为屏障。

二是知识结构单一与强化应用的培养要求不相适应。本科职业教育的培养目标是具有"必要本科底蕴＋突出应用能力＋良好职业素养"的应用型人才,其师资队伍不仅需要理论功底,而且需要实践经验。审视转型高校师资现状,教师主要来源于高校毕业生的状况,使其更多受到国内传统教育模式的影响,理论知识学习是他们在校学习期间的主体,实践教学环节的培养极其有限,导致绝大部分教师的通病——知识结构不宽、实践能力不足、知识更新不快,不懂工程的教师力图培养"卓越工程师",用昨天的技术培养明天的人才情况普遍存在,致使教改方案无法落实推进,原因是教师"心有余而力不足"。

三是培养机制单一与教师发展的多元需求不相适应。应该说,我国对中小学教师的研究培养比较重视,但对高校教师如何发展有所忽视。地方高校借着转型发展的契机,不断扩大办学规模,纷纷引进一大批高学历高职称人才。近年来,尽管国家针对规模扩张引发的青年教师占比过大和教师能力不足问题,启动了教师教学能力发展中心建设,以期培养、调动一批高素质创新型教师,尽快达到实施应用型本科教育、培养应用型本科人才、创建应用技术大学的发展目标,但"短期教育、自然成长"的培养机制,"重层次、轻类型"的发展机制,"功能一致、标准统一"的评价机制并未发生根本变化。

---

① 李小娃.高校教师发展中心建设的制度逻辑与理论内涵[J].中国高教研究,2013(12):69-72.

三、三个转变：师资队伍建设的基本方向

转型高校要实施本科职业教育，要培养高质量应用型人才，应首先回答需要什么样的队伍？如何建设这样的队伍？这两个基本问题。对于第一个问题，在此不予赘述，可归纳为"一德三能"，即师德；教学能力、实践能力、研究能力。对于第二个问题，可强调为"三个转变"：

（一）教师结构从"来源单一"向"途径多样"转变

转型高校办学的需求导向要求教学能够"春江水暖鸭先知"，应用型人才培养需要企业"基因"的植入和校企"血缘"关系的建立。反观现实状况，尽管人们一再强调双师型教师培养，但实效甚微，原因是双师型教师不但需要扎实的理论功底，还需要较长时间的实践经历才能形成。在教师教学任务繁重的情况下，远水难解近渴，速成"双师"均不可行。可行的方法是把不现实的"双师型"教师培养变为"双师结构"团队建设，即打通校企通道，建立流通机制，构成多元结构、优势互补的教学团队。

（二）教师能力从"纸上谈兵"向"能说会做"转变

对于本科职业教育，学用结合、强化应用是基本特征和改革目标，但教师为主、教室为主、教材为主"三个为主"的传统教学模式依然如故，以学生为中心的启发式、合作式、参与式为主的现场教学、案例教学、项目教学等教改措施难以落地，原因在于只会"纸上谈兵"的师资。因此，要坚持思想引导与政策激励并重，注重针对性培训和持续性培养，转变教师的职业观、教学观和发展观，强化教师的专业实践能力和应用研究能力，实现向"能说会做"的转变。

（三）教师发展从"碎片培训"向"系统培养"转变

应该说，相对于学术研究型大学，转型高校的师资队伍建设更为迫切、难度更大。如果说前者可以倡导学术自由、自主发展，后者则应依据需求导向要求，针对仅抓入职教育而后放任自流，教师定向不明、主动性差、发展难以持续等弊

端,注重教师发展的顶层设计和统筹规划,形成"系统化"培养机制,改变"碎片化"培训模式,实现教师有目标的发展、有针对的培训、有成效的提升。

四、三个创新:师资队伍转型的方法路径

(一) 师资队伍转型要注重理念创新

理念是改革的先导,转型高校要实现师资队伍的"三个转变",需要跳出传统思想观念的制约,强化"三个发展"的建设理念:

1. 教学队伍要优先发展

面对新时代、新征程和新使命,无论哪类大学,都要充分认识师资队伍的基础保障和发展战略地位,都应做到规划优先制定、政策优先到位、经费优先保障。对于地方本科高校,因其属于教学型且处于转型初期,应用型本科人才培养目标决定应用型本科教学的中心地位,因此更要优先强化教师的教学能力。实际上,2012 年教育部下发的《关于启动国家级教师教学发展示范中心建设工作的通知》(以下简称《通知》)中将名称定为"教师教学发展"而不是"教师发展"的用意就是强调教师教学能力发展的优先地位。

2. 教师个体要分类发展

众所周知,大学具有人才培养、科学研究、服务社会、文化传承四大功能。目前我国高校之所以出现教师"轻教学、重科研"的问题,原因是学校把大学的功能和责任均摊给了所有教师,加上评价体系的一元化,导致教师只能权衡利益、顾此失彼。对于承担着教学任务和教改任务双重压力的地方本科高校,要实现转型发展与教师发展的兼顾协调,科学的方法是把"功能均摊"变成"各有侧重",依据教师主要承担的任务和个人特长,通过分类指导,明确发展定向,实现人尽其能。

3. 建设内涵要特色发展

师资队伍建设包括引进与培养两个方面,建设理念决定着引进什么人和如何培养人。对于转型高校,一味强调引进和培养博士是个需要思考的问题。原因是:教育层次与研究宽度成反比,博士教育注重某学科知识的纵向精深,本科

职业教育注重多学科知识的横向综合。因此,转型高校应当转变"跟着名校走"的传统思想,对于重点学科建设,可以注重博士引进与培养。对于应用型人才培养,则应注重引进经验丰富的业界专家,强化现有教师的实践能力,构建多元结构的教学团队。

(二) 师资队伍转型要注重方法创新

不同类型的高校需要不同的师资队伍,新的建设理念体现在新的建设方法。要强化教师的"一德三能",促进队伍的"三个转变",需要依据转型高校的发展要求,创新师资队伍的建设方法。

1. 实行独立建制,成立"多功能、实质性"的组织机构

应该说,我国的大学历来不太重视教师发展工作,在组织管理上体现为人事处或教务处的辅助职能,在方法上历来是入职教育、学历提升、短期进修等基本模式。2012 年,教育部下发的《通知》要求"引导高等学校建立适合本校特色的教师教学发展中心,积极开展教师培训、教学改革、研究交流、质量评估、咨询服务等工作,满足教师个性化专业化发展和人才培养特色的需要"[①],意味着教师发展进入了规范化发展阶段,意图是强化组织机构建设,实现管理职责职能,持续促进教师教学发展,逐步形成优质教学文化。然而在操作层面上显然没有落地,主要体现在:一是"貌离神合"。很多高校尽管组建了教师教学发展中心,但仍挂靠在教务处或人事处,作为某部门附属机构,无法独立开展工作。二是"职能单一"。其工作内容仍是组织入职教育和教学竞赛,属于工作职能的划转,缺少对教师成长规律的研究,更未做到教师发展的个性化指导。三是"对象窄化"。应该说,转型高校教师教学胜任力不足问题体现在所有年龄段,但目前的培养培训重在青年教师甚至仅为青年教师,未能将服务对象扩展到教师整个群体,服务面窄化的结果是感召力不足。

扭转这种状况可采取三个措施:一是"独立建制"。教师教学发展作为转型高校的重要任务,不能徒有虚名,不能仅靠职能划转体现其存在,需要整合原有职能、开发新的职能,实现独立建制,才能在众多职能部门中立足。二是"强化研

---

① 许莹.基于校企合作的高校师资队伍建设[J].教育与职业,2015(24):34 - 38.

究"。教师教学发展中心作为专业服务机构,具有服务、管理、研究三个功能,应体现服务管理和发展研究双重属性,仅强调前者可能成为人事处或教务处的变种,仅强调后者可能变成研究单位。对于转型高校,之所以强调研究,旨在针对转型的新要求、研究队伍建设的新理论,为培养活动的设计提供必要依据。三是"覆盖全员"。教师教学发展中心的功能虽然有限,但活动可以无限。其服务面向的不应仅是青年教师,而应是全体师生。需要通过不同层面、不同年龄教师发展的外部要求,激发各类教师的内在需求,促进全员参与、实现全面覆盖。

近年来,南京工程学院注重教师教学发展中心建设对办学转型的重要作用,组建了人员齐全、设备齐全、独立运行的组织机构,明确了服务、管理、研究"三位一体"的综合性功能定位,提出了"三个加强,三个转变"的工作目标,即:加强顶层设计,实现教师发展从"碎片培训"向"系统培养"转变;加强理论研究,实现工作模式从"摸索前行"向"创新引领"转变;加强部门协调,实现工作模式从"单打独斗"向"多元协同"转变,有效调动了教师参与的积极性,中心的影响力显著提升。

2. 注重统筹规划,构建"分类型、分阶段"的培养体系

前已叙及,基础教育的教师发展研究是个热点,但大学教师发展研究始终被人们忽视,原因是一直存在的大学教师发展研究"多余论"和"替代论"[①]。"多余论"认为大学教师均是经历过系统训练的学科专家,强调专业化培养纯属多余。"替代论"认为大学教师尽管需要专业化培养,但学术能力提升就等于教学能力提升,无须再提专业化培养。显然,这种把教师职业发展仅定位于学术而忽视教学的观点是不妥的。其实,美国著名教育家欧内斯特·博耶在 1990 年《学术水平反思——教授工作的重点领域》中已经提出"教授的工作要改变'唯科研是从'的局面,其重点领域应该包括发现、综合、应用、教学,相应应该分四类学术"[②]。教学学术概念的提出意味着大学教师教学发展研究非常重要且不可替代,对于

① 别敦荣,韦莉娜,李家新. 高校教师教学发展中心运行状况调查研究[J]. 中国高教研究,2015(3):41 - 47.

② 王志军. 应用技术型大学教师发展的实践路径——基于博耶的"多域学术观"[J]. 高等工程教育,2015(3):129 - 133.

以教学为主体、以应用为目标的地方本科高校尤其如此。原因在于：现代社会的快速发展和需求导向的办学要求，致使这类高校师资队伍转型、教学内容更新、教师持续发展比学术性研究型大学更为突出和更加迫切，意味着要强化教师发展，需要重构培养体系。近年来，南京工程学院坚持学科学术与教学学术并重原则，转变"标准刚性、全员统一"的传统思路，以"多元化发展、个性化定向"为指导，采取两大措施，调整了教师发展的顶层设计。

一是分类定向，明确路径。学校落实"突出教学为主、强化工程应用、注重技术创新"的办学理念，设置了教学为主型、教学与工程并重型、工程技术研发为主型三类岗位，确定了各类教师所占比例、发展目标和培养路径。教学为主型占55％，主要是公共基础和部分专业基础课教师，培养路径与发展目标为：优秀青年教师—中青年骨干教师—教学名师。教学与工程并重型占35％，主要是专业课教师，培养路径与发展目标是：业界能手—业界骨干—业界专家。工程技术研发为主型占10％，主要从重点建设学科中遴选，培养路径与发展目标是：科研新秀—学科骨干—技术专家。分类定向兼顾了人才培养、服务社会、科学研究的办学功能，实现了办学"功能均摊"向教师"各有侧重"转变，解决了教师发展顾此失彼的问题。

二是分段评价，持续提升。学校针对"只靠自己、放任自流"的弊端，依据不同发展类型，建立教师发展档案，制定相应培养方案，沿循不同发展路径，组织相应培训活动，规定年度必修学分，实行阶段目标考核。如对教学为主型教师，将其发展路径分为前期、中期、后期发展三个阶段：前期发展定为5年，主要任务是树立教师的职业观和正确的教学观，熟悉学校的教学规则，基本要求是掌握教学技能并胜任教学工作，评价要求是用校级优秀青年教师标准衡量，其达成度不低于80％。中期发展定为25年，主要任务是强化自身的教学学术能力，基本要求是能够主持开展教学研究和教学改革，评价要求是用校级骨干教师标准衡量，其达成度不低于50％。后期发展定为10年，主要任务是组织引领教学发展和培养中青年教师，评价要求是30％成为校级教学名师。目标明确、重点突出的分段培养与评价强化了发展意识，营造了发展生态，促进了持续发展。

3. 针对不同需求，采取"模块化、个性化"的培训模式

培训活动是教师能力提升的载体，如何开展活动？开展哪些活动？怎么开

展活动？事关教师参与的积极性和活动的有效性。应该说，大学教师的发展是个系统工程，既要体现学校办学需要规定的制度安排，又要考虑不同高校、不同教师、不同阶段自我实现的各种诉求。从某种意义上看，教师发展类似于学生培养，应注重教师的主体地位与主动作用，解决目前培训形式单一、人员类型统一导致的"陪绑"或"陪读"问题，通过强化培训活动的针对性，激发教师的内驱力，才能实现教师的积极参与和有效参与。

近年来，南京工程学院教师教学发展中心考虑师资队伍培养的共性要求和个性需求，以"一德三能"为总体目标，实施培训内容、组织形态、学习方式的改革创新，形成了以"模块化项目、多样化方式、个性化指导"为特征的"1＋X"培养模式。"1"是指所有教师必修的入职教育和师德教育模块。"X"是指按照分类培养计划设计的教学能力提升、实践能力提升、教研能力提升、师生研讨、专题研修五大模块。其中，① 入职教育模块为新进教师必修，其内容不予赘述。② 师德教育模块为所有教师必修，采用管理制度解读、学术规范讲座、优秀教师事迹介绍等方式，强化教学规范和教书育人的自觉性。③ 教学能力提升模块主要面向青年教师，采用名师讲堂、青年教师导师制、教学沙龙、教师工作坊、优秀教师教学观摩等方式，强化教学设计、教学方法、教育技术能力。④ 实践能力提升模块主要面向专业课教师，兼顾公共课教师，采用工程导师制、技术发展讲座、专业实践与挂职锻炼、产学研合作教育培养、实验室锻炼、非工科教师社会实践、承担横向课题，强化工程实践能力。⑤ 教研能力提升模块由教师自主选修，主要通过聘请专家讲座、教研方法交流、教研室经验介绍、教学团队项目合作等方式，针对教学改革共性问题进行研究，体现研以致用、及时推广。⑥ 师生研讨模块是指要求所有课程都开两次师生研讨会，即开课前教师解读教学大纲，学生了解学习要求；考试后对照教学大纲，审视学习成效，师生面对面相互反思。⑦ 专题研修模块是指针对推广 MOOC、翻转课堂、混合式教学、项目教学、考试改革等设计的培训模块，教师自选参加。在项目实施中，为避免教师上课与培训的时间冲突，除入职教育模块培训时间固化外，其他项目均采用组班与自修相结合，线上网络培训与线下现场培训相结合，整体培训与个别指导相结合等灵活方式进行。为确保培训质量，所有项目都有考核要求，结果均计入教师发展档案。

（三）师资队伍转型要注重机制创新

地方本科高校的师资队伍建设与转型不仅是系统工程，而且是艰难工程。因为本科教育的实施意味着教师教育思想、教学模式、知识结构、教学习惯的根本转变，仅靠宣传倡导无法实现，仅靠一个部门难以实施。首先，应当加强师资队伍转型必要性的宣传，使教师认识到办学内涵的转变决定了自身转型不是顺势而为而是势在必行，通过教师的主体性觉醒实现主动转型。其次，需要在政策机制上予以引导激励，如：依据分类发展确定的不同方向，制定相应的岗位聘任条件，实施多元、发展、综合的考核机制和公平、合理、有效的激励机制，通过利益分配的杠杆撬动固化的思想观念和发展模式。此外，应充分认识部门合作、协同培养对推动教师转型的必要性，在学校的统一领导和协调下，在强化教师教学发展中心功能与职责的同时确定相关部门、教学单位、校外企业和高校的功能定位和工作职责，形成"横向联动、纵向支撑"的协同培养工作机制。① 横向联动是指教师发展中心与人事处建立信息互通机制，人事处建立教师基本信息档案，中心建立教师发展档案，以年度为周期向人事处报送教师发展考评结果，作为年终考核、职称晋升、评优评先、名师骨干遴选的依据。与教学质量评估管理部门建立联合考评关系，每学年初，质量办向教师发展中心提供教师教学质量评价数据，以便有针对性地开展相应培养培训，并用年终教学质量评价数据检验培养成果。与教学科研部门建立相互合作关系，了解教师科研工作情况，及时促进科研成果向教学转化，形成教学与科研相互促进的良性发展格局。② 纵向支撑是指注重发挥教学单位在教师发展中的主体作用，明确院、部（中心）教师发展负责人和教师信息员，组织开展教师在职学习，了解教师对教学发展的需求，为学校加强教师发展工作提供重要依据。同时，要强化教师发展中心的服务意识，为教师发展提供及时性、个性化服务。

近年来，南京工程学院以教师教学发展中心为统管，注重教务处、人事处、质管办、科技处多部门联动，明确教学单位和职能部门的工作职责，与企业行业、兄弟院校合作共建培养平台，形成了本校＋外校、学校＋企业、部门＋部门、校级＋院级、个人＋组织"多方协同、要素汇聚"的培养机制。其中，教师教学发展中心负责培养任务总体设计和下达，人事处负责教师来源和发展方向的确认；质管办负责教学质量考核评价；科技处负责技术研发为主型教师发展考核评价；教师个人制定自身职业发展规划；相关教学单位配合学校开展相关培训项目实施工作，校企合作对教师进行工程与社会实践锻炼，校际合作破解本校单科性导致的培养条件不足。在此基础上更是利用"互联网＋"的独特作用，设立了网上服务平台，开设了政策制度、培训计划、网络课程、教学竞赛、经验交流、咨询服务、教学研究等栏目，汇集校内外，国内外名校、名师、名课等优质资源，开展教师自助式在线培训和研讨交流，形成集教师职业规划、培养培训、改革研究、咨询服务、资源共享、评价激励于一体的综合性网络服务平台，有效提升了服务水平，有力推动了教师转型。

五、三个问题：师资队伍建设的实际困难

（一）培养措施的实效性难以保证

一方面，地方本科既承担教学任务又承担教改任务，教师教学科研任务极其繁重，大量精力都放在容易出成果的教学科研上，造成教学发展主观意识淡薄；另一方面，高校的二级教学单位顾虑教师参与各类培养培训活动会影响正常教学安排，更重要的是协同培养的部门和单位缺乏相应的过程监督和管理政策，使得教师发展培养措施容易流于形式，导致现状经常是：教师只是按照学校规定参与必选的入职教育、师德教育、教学能力和实践能力提升模块培养，在限期内完成活动，写好报告书，参与考核即可，对于自选的师生研讨和专题研修则是能省则省，以至于在培养过程中对真正做些什么、学到什么、成果如何、达到标准与否难以真正考量。

（二）教师发展的内在动力难以真正盘活

潘懋元教授在近期的专访中就提到，"在高等学校教学管理工作中，最难解决的问题就是如何增强教师发展动力的问题"，虽然以上阐述的培养体系、培养模式和培养机制从前期引进、中期培养、后期考评都做了详细规定，制定了具体措施方案，修订并完善了原有政策机制，力图通过政策引导来改变教师主观发展

意识淡薄的现状,但由于整体大环境仍然更倾向于"重硬件轻软件,重外延轻内涵",对教师的专业学科差异、过程的督查与管理、形式的多元与个性、成果的考量与评价等方面,远未达到完善的地步,因此无法真正盘活教师发展内在动力。

(三)培养平台的建设和支撑还不足

尽管很多地方本科已成立教师发展中心,并相应建有数量和品质都不错的教师教学发展支持平台,但对于办学规模快速扩张后激增的教师数量以及适应社会经济新常态发展的学科专业种类来说,这些平台的数量、类型和支持度都还远远不够,达不到全面、全程、多元培养的程度,难以完全支撑全体教师发展的需求。

六、五个保障:师资队伍建设的保障措施

当然应用型本科高校教师队伍建设在经历从无到有,从有到精的过程中,从机构设置、机制建立、体系建设和模式创新方面都遇到不少困难,这就需要学校制定一系列保障措施,来确保师资队伍建设工作的顺利有效开展。

(一)思想保障

充分重视思想观念对师资队伍建设的先导作用。依据高水平应用型本科高校对教师能力发展的要求,提出队伍建设的引导性问题,促进教师对照要求,自我检验;组织开展灵活多样的大学习和大讨论,适时召开学校师资队伍建设动员大会,使广大教师充分认识应用型本科教育的特色性、产业技术发展的快速性、知识能力提升的必要性,激励教师主动发展、定向发展和快速发展。

(二)组织保障

充分认识组织领导对师资队伍建设的核心作用。切实加强领导,实行一把手负责制,成立以教学校长为主任,教务处、人事处、质管办、科研处等职能部门主要负责人以及业界专家参与的师资队伍建设指导委员会,找准师资队伍建设的突破口和着力点,明确师资队伍建设方向,审议相关制度建设、标准建设、考核

评估等重大事项,协调相关职能部门相互支持、联合开展教师发展工作。

(三) 人员保障

充分认识专业人员对师资队伍建设的基础作用。依据各校功能定位与特色发展规划,参照同类高校,加强专业人员队伍建设。一是增加专职人员。改变职责不明、人员不专的现状,明确教师发展专职人员,细化分工,逐步形成教师培训、平台管理、能力鉴定、咨询服务等专业部门或科室。二是注重专兼结合。遴选若干校内优秀教师,聘请若干校外教学名师和业务骨干,组建咨询专家委员会,指导、协助师资队伍建设和工作展开。

(四) 经费保障

充分认识建设经费对师资队伍建设的保障作用。地方高校要优先保障师资队伍建设的经费投入,优化经费投入结构,优先支持应用型师资队伍最薄弱、最紧迫的教学能力和实践能力的提升,增设应用型本科高校教师教学发展立项研究、教师工程与社会实践专项经费等。充分调动校外力量投入师资队伍建设的积极性,多渠道筹措师资队伍建设经费,并制定严格的经费监管制度,规范经费使用,确保经费使用效益和队伍建设成效。

(五) 制度保障

充分认识相关制度对师资队伍建设的激励作用。建立师资队伍建设联席会议制度,定期开展研讨会议,解决队伍建设中的重大问题。建立师资队伍建设责任制,明确学校各职能部门、二级教学单位和教师个人三级职责及年度工作目标,监督、评价教师发展活动的参与度和有效度;实行相关责任人问责制,把教师发展工作纳入单位和干部考核的重要内容,通过制度与机制建设,促进师资队伍建设工作的有力、快速、实效进行。

参考文献

［1］李小娃.高校教师发展中心建设的制度逻辑与理论内涵［J］.中国高教研究,2013(12):
　　69-72.

［2］许莹.基于校企合作的高校师资队伍建设［J］.教育与职业,2015(24):34-38.

［3］别敦荣.高校教师教学发展中心运行状况调查研究［J］.中国高教研究,2015(3):41-47.

［4］王志军.应用技术型大学教师发展的实践路径——基于博耶的"多域学术观"［J］.高等工
　　程教育,2015(3):129-133.

论大学教师发展过程中的专业学术与教学学术

蔡 怡

苏州科技大学教师教学发展中心

摘 要:审视大学教师发展的历史过程,发现整个发展过程中大学教师的"专业学术"与"教学学术"始终是研究的关键,本文试图在历史考察的基础上,进一步明晰大学教师专业学术与教学学术的发展线索及其内涵,并在党中央、国务院《关于全面深化新时代教师队伍建设改革的意见》的指导下,就我国大学教师发展评价以及相关制度完善提出一些改进建议。

关键词:大学教师发展;专业学术;教学学术

一、引 言

如果以财政部、教育部 2012 年发布《关于"十二五"期间实施"高等学校本科教学质量与教学改革工程"的意见》,教育部批复首建 30 个国家级教师教学发展中心为起点,我国教育行政意义上的高校教师教学发展工作已进展了五六个年头,它以其特有的功能,在提升我国高校教师专业水平方面发挥了作用,为本科教学质量迫切需要解决的现实问题打开了局面。然而,这一在西方被称为大学教师发展(Faculty Development,简称 FD)的领域,近半个多世纪发展以来,其道路并不平坦,尤其是对于大学教师的"研究"与"教学"两者观点的二元对立,造成了大学教师发展理论上的模糊,也导致了实践中的诸多责难。直到今天,关于大学教师发展的过程、内容、本质,以及大学教师发展的规范化等问题,仍然处于各抒己见之中。本文经过对大学教师发展过程的历史考察,发现整个发展过程中大学教师的"专业学术"与"教学学术"始终是研究的关键,为此,本文试图在历史考察的基础上,进一步明晰大学教师专业学术与教学学术的发展线索及其内涵,并在中共中央、国务院《关于全面深化新时代教师队伍建设改革的意见》的指引下,就我国大学教师发展提出一些改进建议。

二、大学教师发展的历史考察:专业学术与教学学术之争

大学教师发展同大学价值与功能的发挥息息相关。19世纪初德国在普法战争中失败,被迫割地赔款,基于民族爱国思想重新建立的柏林大学通常被认为是对传统大学进行整顿和改革的开始,由洪堡等人驱动的大学改革,强调大学对高深的专门知识的研讨和科学学术水平的提高。换言之,当时大学改革着眼于教师要从事"创造性"学问,大学作为教育机构,不仅是要传播知识,而且要创造知识,大学应当承担起知识创新的责任。这与以往基于古典主义的大学观,即认为"大学是一个教学的地方,它提供'博雅教育',传承福音,培养绅士,是一个传授普遍知识的地方"的观点有很大区别。洪堡所倡导的大学理念重视科研,它对高等教育的改进和提高产生很大影响,这也形成了高等教育的德国传统。

19世纪后半期,随着经济的迅速发展,美国高等教育步入了大力发展科研、重视研究生教育的发展阶段,对高级人才的需求逐渐显现,大量留学德国的学者来到美国大学任教。随着"大学教师专业化"进程的加速,大学在聘用教师中强调"学术规范"的影响,研究型大学崛起,大学实现了从教学功能向研究功能的重要转向。直至冷战后,依然不平静的国际形势,使得每个政府都期待本国的大学产生更多创造性成果,大学教师的科研能力和水平成为一所大学竞争力的标记。

大学如此重视学术生产,显然也引起了一部分学者的忧虑,19世纪80年代英国著名的教育家纽曼在他颇有影响力的著作《大学的理念》中坚持:人才培养始终是大学基本的和第一的功能,所有大学都是教学机构,大学的目的在于"传播和延伸知识",而不是"发展"知识,科研应该在别的地方进行。

最早的大学教师发展等同于教师的学术发展,1880年哈佛大学创立的"学

术休假"制度被认为"很可能是大学教师发展的最早形式"①。一般认为,现代意义上的大学教师发展首推 20 世纪 60 年代在美国兴起的"大学教师发展运动",许多大学在那个时候建立了指向提升教师教学能力的"教学中心"。密西根大学 1962 年第一个建立"学习与教学研究中心"(CRLT)之后,马萨诸塞大学等一些学校成立了改善教学的诊所、大学教学试听中心等。这些机构帮助教师解决教学问题,或传播、生产关于教学和学习的知识。关于大学教师发展的历史进程,高夫和辛普森(Gaff & Simpson)曾经进行过划分,他们认为:

第一阶段,发生于 20 世纪初,起源于美国高校强调建立学术标准,鼓励教师学术研究上的发展,注重培养学科专家;第二阶段,发生于 20 世纪 70 年代,各高校建立起提升教学和学习的机制,重视教学职能;第三阶段,发生于 20 世纪 80 年代之后,此时,教学发展转向以课程为中心,聚焦于课程改革。

简要分析大学教师发展过程,我们可以看到,有关大学教师的专业学术与教学学术一直是大学教师发展的中心话题。20 世纪 60 年代至今,我们也可以从欧美大学"教学中心"的制度设计和运行的理论研究与实践中看到这一点:

(1) 厄内斯特·博耶(Emest L. Boyer)阐发的"教学学术能力",加深了人们对教学工作专业性地位的认识。20 世纪 80 年代的美国高校,尽管大力开展提升大学教师教学能力的活动,但是由于教师评价依然着重于学术研究成果,教授们仍然将大量时间精力投入于专业的科学研究中。博耶提出要重新审视"学术能力"的含义,在 1990 年著名的《学术水平反思》这一报告中,他写道:"要给我们所熟悉和崇尚的'学术'词语以一个更广泛更有内涵的解释了""学术不应专指发现或基础研究,是应该包括四种相互联系的学术,即探究的学术、整合的学术、应用的学术和教学的学术"②。博耶的多元学术观提升了教师教学作为一种职业的学术性,强调了一个好的大学教师不仅是一个研究者,还应该是一个好的知识传播者。

(2) 20 世纪 70 至 80 年代关于大学教师发展模型的探究。理论和实践探索

① 秦冠英. 20 世纪 70 年代美国大学教师发展的理论与实践[M]. 北京:社会科学文献出版社,2016:46.

② Boyer, E. L. Scholarship Reconsidered: Priorities of the Professoriate [M]. New Jersey: Princeton University Press,1990:15-25.

中认为大学教师作为成人的性格特质,其改变和发展并不容易,有效的大学教师发展项目,需要促成教师长足的、深层次的进步,因此要关注组织环境的保障性、教师个人的反思和审视等。那时,大学教师发展模型也纷纷出现,如伯切斯特和菲利普斯(Bergquist & Philips)的"项目发展组成"模型、高夫的"教师更新"模型、托姆巴斯(Toombs)的"三维模型"等。以伯切斯特和菲利普斯的模型为例,它通过教学过程、组织结构的支持和关注教师态度因素,来描述和界定大学教师发展的内容。内容被界定为相互联系的三个方面,即教学发展、组织发展和个人发展,研究者认为有效的大学教师发展项目应当兼顾三个层面三项内容,如果不能做到整体关注,项目难以获得成功。

发展模型研究探讨了大学教师发展的动力、条件、影响因素等,确立了大学教师全面发展的理念。随着本科教学质量问责的呼声日趋高涨,1991 年,美国教育联合会(NEA)发表了《高等教育中的大学教师发展:增强国力》的报告,正式提出了大学教师全面发展观。报告指出,大学教师发展应当围绕个人发展、专业发展、组织发展和教学发展四个目标。教学发展作为其中指标,专指教师传授知识水平的发展,教师对学习资料的准备,课程内容和教学模式的更新等。①

(3) 社会团体和基金会对大学教师教学上改进的支持。如果说从政府和学校的角度,一名学者的价值在于他知道多少,他产生多少研究成果,那么在一些社会团体和基金会的角度,这些公益性的组织更为关注的是大学的教学成果,人才培养的质量,关注大学如何促进学生投入学习,教师不仅自己知道多少,而且能够帮助学生学习了多少。博耶作为"教学学术能力"关键概念的阐发者,他本人就是当年的卡耐基教学促进基金会主席。博耶去世后,后继主席舒尔曼(Lee S. Shulman)在理论与实践上继续推进教学学术思想,他指出:"大学学术不仅指专业的科学研究,还指教师要寻找研究成果和课程内容的关联,教师要建立理论和实践的桥梁,并有效地和学生交流知识。"②基金会在大学教师发展中扮演

---

① National Education Association. Faculty Development in Higher Education: Enhancing a National Resource [M]. Washington, D. C. : National Education Association, 1991.

② Lee Shulman. From Minsk to Pinsk: Why a Scholarship of Teaching and Learning? [J]. Journal of the Scholarship of Teaching and Learning. 2000(1): 48 - 53.

重要的校外推动角色,如阿拉巴马大学教学学习中心成立第一年,有 1/3 的资金来源于丹福斯基金会,基金会同时也会为实施教师发展项目提供组织资源、信息资源和专家人力资源。

(4)大学教学中心的创建。20 世纪 60 年密西根大学在心理学家韦尔伯特(Wilbert McKeachie)等人的带领下创建大学教学中心(CRLT)。与欧美大多数研究型大学的教学中心一样,CRLT 致力于支持和服务教师,中心的大部分资源都用于为教师提供个性服务,采取多种方式提供各种主题活动,以使在宽广的意义上提高教学文化。CRLT 管理和评审教学基金项目,同时也接纳教师的学术研究发展是参与激烈竞争的必需,并在相应的项目设计中加以考虑。自 2005 年始,密大 CRLT 与我国教育部合作,举办中国大学校长项目,以促进中国一流大学的教师发展。许多中国知名大学的校长到密大集中学习调研,足见密大CRLT 在行业中的地位。然而,CRLT 仍然面临着来自专业学术的挑战:大学教师的成功在很大程度上是由他们的学术创造力和研究成果决定的,教学水平所起到的作用很小。[①]

三、专业学术与教学学术之融:走向科教融合的创新

随着人们对大学教师专业学术与教学学术之争认识的深刻,建立在科教融合理念上的大学教师发展概念,为建构科学合理的大学教师发展评价标准提供可能性。[②] 我国学者周光礼和马海泉的观点大体可以印证。然而,周光礼和马海泉也认为,尽管大学已经开始关注教学学术能力,但是人们对于教学学术的理解仍然受制于二分法的传统思维。与"科教融合"相对应,"科教分离"的思想在于过分强调了二者的个性,突出了二者的差异,从而忽略了二者的共性和大学内部的一致性。以科教二分法的思维评价大学教师,有意无意地忽视了教学和研

---

① 〔美〕康斯坦斯·库克等著,陈劲,郑尧丽译. 提升大学教学能力——教学中心的作用[M]. 杭州:浙江大学出版社,2011.

② 周光礼,马海泉. 教学学术能力:大学教师发展与评价的新框架[J]. 教育研究,2013(8):37 - 46.

究之间的耦合关系。①

　　这里值得强调的是:"科教融合"理念和美国 1991 年报告中的"个人发展、专业发展、组织发展和教学发展"四个目标之间的着眼点还是有区别的。美国学者将四个目标发展纳入一个体系,确立全面性、系统性和综合性的教师发展模型,这样的探究有其逻辑合理性,但却未必是完全精准的。这些探索在当时也受到学者们的质疑,正如曼恩(Mann)所指出的:"专业特性和专业权威仍然是学术界的核心价值,适用于行政人员和蓝领的模型并不适用于专业职业。"②与之相对应,科教融合的理念强调学术见识和教学技艺的一体性,凸显研究和教学两个关键要素融合性的价值。

　　长期以来我们对大学教师的学术和教学采用分开定义和分立评价,并往往以教师学术上的成就代替教师的整体业绩,这一方面固然是由于大学的教学工作难以量化,但更重要的还是认识上的模糊,科研和教学的确是两个鲜明不同的事物,但在科教一体化的大学里,科研和教学需要渗透相互之间的边界,互相促进、共同发展。对大学功能的进一步辨析,我们认为它既非纯粹以知识传授为主业的中小学校(这些组织需要高度弘扬"师范性"职业伦理),也非以产生科技成果为唯一的科研场所,它必然是"科教融合"的主体。

　　博耶对"教学学术"的定义能给我们一定的启示:教学学术是教师教学知识和教学能力的综合,教师深入理解教学内容,在教师的理解和学生的学习之间建立桥梁,认真计划并检查教学过程,刺激主动学习,超越知识传播,实现知识的改造和扩展。舒尔曼进一步指出:"教学学术需要一种'返回自身'(going meta)的探究活动,在此活动中,教师系统地勾画和探究与学生学习有关的一系列问题,如学习发生在什么样的情境中,学习的情况如何,如何加深学生的学习,教学的介入与学生学习的适应性如何,等等。"③由此可见,实践学术性教学的过程就是一个科研探索的过程,是知识要素重新组合进行创新的过程。

---

　　①　周光礼,马海泉.教学学术能力:大学教师发展与评价的新框架[J].教育研究,2013(8):37-46.

　　②　Mary Pat Mann. Developmental models of faculty careers: A critique of research and theory [J]. To Improve the Academy, Vol. 6 (1987): 19-32.

　　③　吕林海.大学教学学术的机制及其教师发展意蕴[J].高等教育研究,2009(8):83-88.

至此,可以得到一个结论,大学教师发展,既不能孤立从专业学术的角度,也不能单纯从教学的角度,共融并存的发展才是大学教师发展的本质追求。而教学学术能力的提出为"共融并存"提供了桥梁。为此,笔者认为,走向科教融合的创新(专业创新和教学创新)是大学教师发展的本质。这大体包括下列三层含义:

第一,大学教师发展是建立在科教融合理念上的教师创新活动。科研探索和学术精神是大学教师发展的基础和前提。

第二,教学学术能力是大学教师发展的核心。教学学术并非单纯的"技能性"能力,应当重视教学中的实践创新,课程开发和教学设计是教学学术能力的主要表征。

第三,大学和政府是促进大学教师发展的实施保障。大学教师发展的主体是教师,发展的最终结果取决于教师个人,但是,支持性的外部环境、组织管理者对于教师发展的重视程度,都是教师改变和创造过程中的保障。

我们强调科教融合的创新,旨在揭示大学教师发展是具有挑战性的复杂工程,传统的培训模式不能满足学术性的教师发展需求,为了能够超越单一知识传递型的教学职能,应当从研究和教师的心智发展模式的角度去考虑问题,从更广泛的视角理解教师和与教师合作。

四、改进大学教师发展制度建设的几点思考

明确大学教师发展的本质,是为了更好地促进大学教师的专业发展。大学教师所从事的是一种学术性职业,是研究性的教学活动,又是教学性的研究活动,是科研与教学的共融统一;教学学术能力本质上是一种创新能力,它应当被作为一项广泛的政策议程,纳入大学教师学术职业的管理规范中;大学教师发展的参与者有教师、大学、政府、社会,其中教师和大学负有主要责任,教师个人是发展教学学术能力的主体,任何大学,如果没有教师的主动意愿,发展无从谈起。但是强调教师的个人责任绝非意味着大学要把过多的责任推向教师,作为组织机构,大学是教师发展的主导,大学要在制度上为教师发展建立良好环境,建立支持教学学术能力发展的组织结构和激励机制。

正是因为认识到组织环境的保障作用,在教育部的推动下,自 2012 年起集

中加快了大学教师发展组织化、制度化的进程。目前大部分高校已经有专业机构、专职人员，但是教师发展专业化程度仍然不高，机构大都挂靠其他部门，性质模糊。从业人员的认识水平不高，羁束于传统，把教师作为被动培训对象，把教学与科研对立，"把专家当学生教"，教师发展项目难以驱动教师的高度投入。

2018年1月，中共中央、国务院发布了《关于全面深化新时代教师队伍建设改革的意见》，其中再次强调，"全面开展高等学校教师教学能力提升培训""高等学校高层次人才遴选和培育中要突出教书育人，让科学家同时成为教育家"。为此，加强科教融合、营造组织氛围、建设激励机制、促进教师发展应当是大学战略谋划和管理政策的题中之义。基于上述的讨论，我们提出如下建议：

第一，要考虑用教学学术能力评价教师。大学教师首先要有系统的、专门的、规范的学术知识，与此同时，他必须关注教学，像研究本学科的专门知识一样认真研究"学科专门化知识的传播"。周光礼和马海泉建构的大学教师胜任力模型就给我们很好的参照。教师教学学术能力主要通过课程开发和教学设计来表征。大学教师要不断反思课程、学习和教学的本质，要用探究的精神来理解教学情境。[①] 作为"知识传播者"，大学教师的不可替代性在于：教师要在前沿的学科知识中"选择最有价值"的知识纳入课程（课程开发），再把这些课程知识"有效地"传输给学生（教学设计）。教师是学习环境的设计者。课程创新能力是评价一位教师胜任与否的首要尺度。

第二，建立教师与制度环境互动的大学教师发展机制。大学和教师共同承担教师发展的责任。大学不仅要为教师提供丰富的发展项目，更要为教师提供参与决策的机会。立足于"学术性职业"的身份假设，营造制度环境首先要考虑教师个体态度的投入，创设自由、包容的物质环境，提供支持性、辅助性的组织氛围，促进学术智慧绽放；其次，必须将教师发展和教师评价结合，不为教师提供发展机会而对教师进行评价是不合理的，但是没有评价跟进的教师发展也是没有效率的，要通过评价为教师提供诊断和改进的机会；再次，要发展扶持学习共同体建设，通过习明纳、工作坊、小组讨论等措施，带动广大教师对教

---

① 周光礼,马海泉.教学学术能力:大学教师发展与评价的新框架[J].教育研究,2013(8):37-46.

学问题的关注。接受相关专家指导,促进教师通过同行群体的讨论,走向共同体学习范围。

第三,重视大学教师发展项目的有效性评估。随着大学教师发展项目的大规模施行,项目的有效性问题迫切需要得到关注。20 世纪 70 年代美国大学教师发展事业兴盛时也曾有学者指出:"大学教师发展仅仅是一时的流行,还是一项相对持久的高等教育特征,将最终取决于它的价值是否能够被证明。"①根据我国现实情境探究科学化评估,这方面工作值得进一步努力。

参考文献

[1] 秦冠英. 20 世纪 70 年代美国大学教师发展的理论与实践[M]. 北京:社会科学文献出版社,2016.

[2] Boyer, E. L. Scholarship Reconsidered: Priorities of the Professoriate[M]. New Jersey: Princeton University Press, 1990: 15 - 25.

[3] National Education Association. Faculty Development in Higher Education: Enhancing a National Resource [M]. Washington, D. C. : National Education Association, 1991.

[4] Lee Shulman. From Minsk to Pinsk: Why a Scholarship of Teaching and Learning? [J]. Journal of the Scholarship of Teaching and Learning. 2000(1): 48 - 53.

[5] [美]康斯坦斯·库克等著,陈劲,郑尧丽译. 提升大学教学能力——教学中心的作用[M]. 杭州:浙江大学出版社,2011.

[6] 周光礼,马海泉.教学学术能力:大学教师发展与评价的新框架[J].教育研究,2013(8): 37 - 46.

[7] Mary Pat Mann, Developmental models of faculty careers: A critique of research and theory [J]. To Improve the Academy, Vol. 6 (1987): 19 - 32.

[8] 吕林海.大学教学学术的机制及其教师发展意蕴[J].高等教育研究,2009(8):83 - 88.

---

① 秦冠英. 20 世纪 70 年代美国大学教师发展的理论与实践[M]. 北京:社会科学文献出版社,2016:186 - 189.

新建本科高校教师教学发展项目论

——以第一期全国新建本科院校专题培训 80 所高校为例[*]

苗贵松

常州工学院教师教学发展中心

摘 要:保证教师的质量、促进教师的发展与成长已成为世界高等教育普遍关注的焦点。高校教师发展项目经历了六个发展阶段。教师队伍建设是中国"双一流"大学的首要任务,新建本科院校也不例外,其教师教学发展的不利因素有:行政化氛围浓,老带新有困难,请名家不容易。凡事皆有两面,新建本科院校的后发优势也很明显:新型大学的新使命、新道路与新成就,使教师应然追求教学者、研究者与实践者的统一,而兼职教师项目、教学剧场项目、社会服务项目和特色发展项目,则是新建本科高校教学发展项目的优先选择。高校教师发展观正朝着应用型转向,新建本科高校更需如此。

关键词:新建本科院校;大学教师;教学发展项目

一、引 言

《全国新建本科院校教学质量监测报告》显示,2000 年至 2015 年 16 年间,

---

* 本文为江苏省教育科学"十二五"规划立项课题"两岸四地高校青年教师成长支持条件比较研究"(编号 D/2015/01/87)和常州工学院高等教育研究课题"新建本科高校教师教学发展项目研究"(编号 YH1607)、"应用型本科高校产教融合发展研究——以常州工学院探索为例"(编号 YH1702)阶段成果。

我国新建本科院校达 403 所(不含近 300 所独立学院),而在非省会城市布点的新建本科院校就有 208 所(布点率达 57.8%),占全部新建本科院校的 51.61%。

　　新建本科院校大多数位于地级城市,甚至是县级市,生于地方,长于地方,与地方有着天然的联系。但是,由于新建本科院校建校时间较短,基础相对薄弱,一些学校有专科办学经验无本科办学体会,在升本之初,有的学校存在简单模仿传统大学办学模式的倾向。那么,如何立足地方、融入地方、服务地方,如何成为推动地方经济社会发展不可或缺的重要组成部分,就成为摆在新建本科院校面前亟须破解的难题①。

　　教师队伍建设是中国"双一流"大学的首要任务,新建院校也不例外。目前,新建本科院校师资队伍主要强调建设"双师双能型"教师队伍。但是,这与高职院校的"双师型"又有何区别?

二、概念界定

(一) 新建本科院校

　　新建本科院校,是指 1999 年以来成立的本科院校(教高司函〔2007〕149号)。此类高校多数建在地级城市,外部管理体制上多是省、市共建,内部管理体制上更加注重控制与管理;办学方向上定位于为地方经济建设和社会发展服务、办学类型上定位于培养本科应用型人才、学科专业特色建设尚处于探索之中的教学型高校②。虽说这是七年前的界定,应该说目前仍然是适用新建本科高校发展情况的。

　　① 瞿振元. 新型大学"新使命、新道路、新成就"[EB/OL]. http://www.moe.gov.cn/jyb_xwfb/xw_fbh/moe_2069/xwfbh_2016n/xwfb_160407/160407_sfcl/201604/t20160406_236896.html.

　　② 李文虎,朱锡芳,苗贵松. 新建本科院校产学研合作培养应用型人才[J]. 常州工学院学报,2011(5):1-6.

（二）大学教师发展

大学教师发展在高等教育史上并不是一个新事物，1810 年哈佛大学最先施行的学术休假制度被看作大学教师发展支持措施的最早形式。"大学教师发展"（FD）在英语中通常有不同的表述，如"faculty development""educational development""professional development""staff development""academic development"等。美国是大学教师发展名称、定义和概念的发祥地，也是最初促使 FD 作为学术职业素质开发运动的国家。德国 FD 对应的概念是"大学传授学"或继续教育，具有德国特色，内容包含努力探求改善大学教师素质这一点。在法国，并不存在像 FD 这种形式简单但内容明确的定义，不过与"教师培养、新任教师培训、教育学方面的培训和继续教育"内容的 formation（育成）这一术语有很强的关联性。英国大学教师发展有自己的特点，使用 SD（staff development）比 FD 更为普及，其定义为"大学通过自身努力达到开发人力资源及增强活力的目的"。中国一方面受欧美影响，另一方面，又形成了"教师队伍建设"这么一个特殊的称谓和概念，不过内容上与欧美 FD 存在一定相似之处，主要目的放在如何改进教师教学①。尽管各国对大学教师发展的界定多有不同，但可概括为两种理解：一是广义的全面发展的视角，一为狭义的教学发展视角。

（三）教师发展项目

关于教师发展的内涵，《国际教育百科全书》（第四卷）中指出：大学教师发展（或称开发）广义上指发生在大学教师身上的总体变化，这些变化源于学校环境中各种因素的影响。狭义上指为改进大学教师的教学或更多职务上的成效而设计的一些发展项目。大学教师发展项目应该具备以下基本特征：① 能够有效促进教师的教学发展；② 能够有效改进教师的组织发展；③ 能够有效增进教师的个人发展；④ 能够设计一种良好的发展机制；⑤ 能够满足各类教师群体的发展

---

① ［日］有本章著，丁妍译. 大学学术职业与教师发展 FD——美日两国透视［M］. 上海：复旦大学出版社，2012：110 - 111.

需求①。发展项目作为高校教师教学水平提升的重要载体,得到理论与实践研究者的共同关注。

三、新建本科高校十八年及其教师发展问题

我国新建本科高校迄今已走过十八年的发展历程,对于中国高等教育大众化做出了主要贡献。截至 2017 年 5 月,全国高等学校共计 2 914 所,其中普通高校 2 631 所(含独立学院 265 所)②。

在 1 242 所普通本科高校中,有新建本科高校 710 所(占全国普通本科院校的 57.17%),其中,2015 年 5 月前 678 所(含独立学院 275 所)③,近两年新增的本科高校 32 所名单(含独立学院 9 所)见表 1。

表 1　2015 年 5 月以来教育部审核同意设置的 32 所新建本科院校

序号	学校名称	建校基础	批准时间
1	天津中德应用技术大学	天津中德职业技术学院	2015 年 11 月
2	河北东方学院	廊坊东方职业技术学院	2016 年 1 月
3	哈尔滨音乐学院	哈尔滨师范大学音乐学院	2016 年 3 月
4	浙江音乐学院	杭州师范大学音乐学院	2016 年 3 月
5	杭州医学院	浙江医学高等专科学校	2016 年 3 月
6	山西能源学院	山西煤炭管理干部学院	2016 年 3 月
7	山西警察学院	山西警官高等专科学校	2016 年 3 月
8	河北水利电力学院	河北工程技术高等专科学校	2016 年 3 月
9	河北环境工程学院	中国环境管理干部学院	2016 年 3 月

① 　周萍,沈贵鹏. 高校教师发展项目的开发与实施研究——以高校竞争性教研资助项目"教师卓越工程计划"为例[J]. 江苏高教,2013(5):69 - 71.

② 　中华人民共和国教育部. 全国高等学校名单[EB/OL]. http://www. moe. gov. cn/srcsite/A03/moe_634/201706/t20170614_306900. html.

③ 　瞿振元. 新建本科院校走出特色发展之路[N]. 中国教育报,2016 - 4 - 8,第 2 版.

（续表）

序号	学校名称	建校基础	批准时间
10	福建商学院	福建商业高等专科学校	2016 年 3 月
11	厦门医学院	厦门医学高等专科学校	2016 年 3 月
12	汉江师范学院	郧阳师范高等专科学校	2016 年 3 月
13	河南工学院	河南机电高等专科学校	2016 年 3 月
14	郑州工程技术学院	中州大学（专科）	2016 年 3 月
15	河南财政金融学院	河南财政税务高等专科学校、河南教育学院	2016 年 3 月
16	亳州学院	亳州师范高等专科学校	2016 年 3 月
17	琼台师范学院	琼台师范高等专科学校	2016 年 3 月
18	上海公安学院	上海公安高等专科学校	2016 年 4 月
19	武汉华夏理工学院	武汉理工大学华夏学院	2016 年 4 月
20	武汉晴川学院	武汉大学珞珈学院	2016 年 4 月
21	沈阳科技学院	沈阳化工大学科亚学院	2016 年 4 月
22	温州商学院	温州大学城市学院	2016 年 4 月
23	郑州工商学院	河南理工大学万方科技学院	2016 年 4 月
24	安徽信息工程学院	安徽工程大学机电学院	2016 年 4 月
25	信阳学院	信阳师范学院华锐学院	2016 年 4 月
26	安阳学院	安阳师范学院人文管理学院	2016 年 4 月
27	武汉传媒学院	华中师范大学武汉传媒学院	2016 年 4 月
28	西藏农牧学院	西藏大学农牧学院	2016 年 6 月
29	滇西应用技术大学	（直接创建）	2017 年 5 月
30	豫章师范学院	南昌师范高等专科学校	2017 年 5 月
31	贵州警察学院	贵州警官职业学院	2017 年 5 月
32	茅台学院	（直接创建）	2017 年 5 月

资料来源：本文作者根据中华人民共和国教育部网站公告信息整理（序号 19～27 为独立学院）。

随着新建本科院校的规模快速扩张并逐渐确立了培养应用型人才的办学定位,专任教师队伍数量不足和结构不合理的问题也突显出来:青年教师比例过高,"双师型"教师中具有行业背景特别是具有工程背景的比例仍然较低;具有博士学位的专任教师占比仅为 8.4％,尚有 1/3 学士学位或无学位;另外,由于教师培养培训工作组织开展不到位,相当数量的老教师仍然沿用老专科的教法来教本科生,对青年教师的传、帮、带作用未能有效发挥,青年教师教学水平的提升效果也不明显①。由此可见,要提升我国高等教育整体教学质量,新建本科高校的教师发展至关重要。

四、国外高校教师教学发展项目的六个阶段

(一) 学者阶段

从 20 世纪 50 年代中叶至 60 年代,是大学教师发展的学者阶段。高校的核心是教师,即投身于高等院校研究、教学、社会服务和文化传承创新使命的人。学者阶段大学教师发展的各种努力几乎完全定位于学术能力的提高与发展,这与传统大学以研究高深学问为己任的首要职能相辅相成。

(二) 教师阶段

20 世纪 70 年代是大学教师发展的教师阶段,重点关注教学发展,转向教学技能开发研究与实践,以及教学发展和评估项目设计②。1975 年,伯格威斯特和菲利普斯两人在《有效大学教师发展项目的组成部分》一文中提出了第一个模型:大学教师发展是由教学发展(过程)、组织发展(结构)和个人发展(态度)三块相关的活动组成的。大学教师发展应该在态度、过程和结构三个层次上展开,如

---

① 教育部高等教育教学评估中心. 全国新建本科院校教学质量监测报告(摘要)[N]. 中国教育报,2016-4-8,第 8 版.

② [美]索尔奇内利等著,周军强译. 大学教师发展:从历史迈向未来[M]. 北京:北京师范大学出版社,2016:2.

果仅仅注重一个层次的变化,教师发展的项目便断难获得成功。同年,森塔对美国 700 多所高等教育机构进行了调查,发现这些高校的教师发展项目有 45 种,并把这些发展项目概括为四个范畴:教师参与项目、教学提高项目、传统项目、评价项目。教师参与项目向教师介绍学校发展目标、老教师与新教师的合作等,与我国高校教师岗前培训有些类似。教学提高项目主要指通过教学专家对单个教师在发展教学技能、评定学生成绩方面的帮助。传统项目包括年度优秀教学奖、学术休假等。评价项目包括学生评教、同行评价以及对所有教师的定期绩效评价等,这是最难做的教师发展项目。

(三) 发展者阶段

发展者阶段始于 20 世纪 80 年代,许多高校开始启动新的并更新已有的项目,诸多基金会开始关注大学教师的活力,并对大学教师发展项目大力投资。

(四) 学习者阶段

20 世纪 90 年代,随着世界高等教育大众化,促使高校开展多元教学,教师发展进入学习者阶段。越来越多的新教师、非终身制教师、女性教师和兼职教师的出现,使得大学教师发展项目的作用日益突出。1990 年,美国学者 Bland 和 Schmitz 的《关于教师群与机构活力的研究动向》从 141 位学者的观点中整理出 178 条建议,作为"促进教师和大学活力重振计划的提案"(活动重振项目),以下是其中的 20 项,见表 2。

表 2　促进教师和大学活力重振计划的提案(活动重振项目保障)

序号	内容
1	把个人的发展计划和活动与组织要求、目标协调起来。
2	鼓励教师抽出一定时间提升自身素质,并建立个人长期发展计划。
3	在提高教师活力项目上,应确保教师的自主性和个人规划。
4	把 FD 活动与教师晋升、终身教职制以及奖励措施等结合起来。
5	应安排一位具有崇高地位的人士负责大学组织中 FD 的管理事务。他/她可以是终身教职的副教授或教授,是优秀的教学研究人员,他/她深谙组织文化,参与大学政治性决策,并且在观念、支持、物资等方面拥有校内外广泛人脉。

（续表）

序号	内容
6	应把 FD 当作具有统合大学组织、延续性和透明性工作，并重点投入资金，突显其重要地位。
7	根据每位教师对职业的要求，提供各种促进活力的策略。
8	培育能够促进活力的领袖（如学科主任、院长等），训练内容包括 FD 项目的规则、实施和评价方法。
9	为促进教师的教学研究活动，丰富其职业经历，应充分利用大学的政策、奖励和资源。
10	判断 FD 与教师评价结合起来是否合理。
11	活力是事关教学、个人、组织等各方面的综合性 FD 项目的开发。
12	为促使个人顺应组织发展，必须变革促进活力的规划。
13	由大学内部具有影响的观念倡导者（opinion leader）开始实施。
14	教师可自由参加特定的 FD 项目和活动。
15	鼓励研究教师职业、教师与大学活力以及促进这些活力的方法。
16	在实施教师活力项目前，必须考虑教师已有的知识与经验。
17	策划特定的 FD 项目或付诸实施之前，应对提高教师以及大学的活力项目反复推敲。
18	尽可能做到不废除传统的教师支持项目（如休假、研究休假等）。
19	在考虑教学研究的价值和目的时，应顺及大学的价值与使命。
20	扩大教师职历的定义范围，这是因为大学教师的职业经历太过结构化，缺乏一定弹性，往往被限定成一生的职业，为此，大学应提供实现广义职历的发展机会。

资料来源：引自［日］有本章著，丁妍译. 大学学术职业与教师发展 FD——美日两国透视［M］. 上海：复旦大学出版社，2012：97.

　　同是 1990 年，辛普森对高等教育机构的教师发展项目进行了研究与分类，分别是综合发展项目、专业发展项目、个人发展项目、干预性项目（如帮助教师提高某一方面的能力）、特殊群体项目（如新教师、女性教师项目及职业规划项目）①。1991 年，美国教育联合会（NEA）明确提出教学发展是教师发展的四个主要方面之一。同年，陆冰发表的《中美高校教师发展项目比较研究》（得克萨斯科技大学博士学位论文）则是高校教师教学发展研究的代表成果。

（五）网络化阶段

新世纪的到来，大学教师发展进入网络化阶段。2000 年和 2003 年，美国"未来教师培养计划"先后以《大学、学院共同培养我们所需的教师》《未来教师培养计划在人文社科领域：一种改变的指南》《未来教师培养计划在自然和数学领域：一种改变的指南》为题，向社会公布了研究成果②。网络化学习是新世纪高等教育的优势，现代教育技术在高校教学中的运用激增，大学教师发展项目随之转型。

（六）数字化阶段

2012 年以来，大学教师发展进入 MOOC 教学和虚拟教室阶段。2012 年被《纽约时报》称为"慕课元年"。这场由斯坦福、哈佛、麻省理工等世界顶尖名校掀起的教育风暴震动了整个高等教育，引发各界的密切关注，唤起了对教学模式的重新审视，标志着教育开始走出工业文明，步入数字化时代③。

港台高校作为我国高等教育先锋，融入世界大学教师发展潮流。如台湾大学 2006 年成立了教学发展中心，主要开展四类教师教学发展项目：一是开展新教师研习营，二是建立教师传习制度，三是举办卓越教学讲座及教学工作坊和教学领航计划，四是推广微型教学。香港大学教与学促进中心的发展项目主要包括必修项目、专业化的学习、咨询和特有的活动（如来访者的演讲、座谈会、展示

---

① 　徐晓红.澳大利亚大学教师发展研究——基于学术职业的视角［M］.上海：上海大学出版社，2016：26 - 27.

② 　聂永成.美国的博士生教育与"未来教师培养计划"［J］.教育评论，2012(1)：156 - 158.

③ 　陈玉琨，田爱丽.慕课与翻转课堂导论［M］.上海：华东师范大学出版社，2014：5 - 12.

活动等），这些项目之间是相互嵌套和相互关联的，可为教师不同发展阶段提供相应的帮助。港台高等教育的国际化程度较高，对内地新建本科高校教师教学发展国际化与本土化融合借鉴更为可行。

五、近五年新建本科高校教师教学发展项目

2008 年之前，学界对大学教师发展项目的研究主要是以"高校教师培训项目研究"出现的，并主要集中在"教育技术培训"和"岗前培训"两个方面。而关于"外语培训""助教研修班""访问学者""学历培训"等，则鲜有提及①。

这里以第一期全国新建本科院校党委书记、校长专题培训班（教高司函〔2010〕27 号）80 所高校为统计源，发现三种情形：① 有 18 所高校设置了教师教学发展中心等机构（或独立，或合署，或挂靠），中心网站有具体的教师发展项目（详见表 3）；② 有 13 所高校虽然设置了教师教学发展中心等机构（或独立，或合署，或挂靠），但中心网站未见具体的教师发展项目；③ 有 2 所高校虽然没有明确设置"处级"建制，但湖北理工学院（原名黄石理工学院）在教务处下设"师资培训科"、荆楚理工学院在人力资源部"师资科"内明确了教师发展与培养职能；④ 其余 47 所高校还未设置教师教学发展中心等机构，当然这些高校实际上也会有教师发展相关活动或项目。无论是"双一流"高校，还是新建本科高校，教师队伍建设总是第一要务。整理这些历史相对较长的 18 所新建本科高校教师教学发展项目的基本经验，有益于占据我国高等教育"半壁江山"的新建本科院校走新路。

---

① 范怡红. 中国与欧洲大学教师发展比较研究——基于多维学术的视角［M］. 成都：西南交通大学出版社，2013：119－120.

表3　18所新建本科高校教师教学发展项目的主要做法

序号	项目名称	主要做法
1	中国劳动关系学院干部人事处（教师发展中心）"中青年骨干教师出国研修项目"	每年资助人数为5人左右，申报时年龄不超过45周岁；在校工作满2年及以上，近3年年度考核等次均为合格及以上；资助范围包含全部学科，重点资助对象为学校优势及特色专业的中青年一线骨干教师，同时适当考虑管理岗位人员；已接受学校资助出国留学的人员，回校工作5年内不再安排此项目资助。
2	防灾科技学院教师教学发展中心"专任教师短期脱产进修项目"	时间原则上为3～6个月，主要安排在每学年的春季学期。适用的脱产进修范围仅指岗位进修，即为适应现聘工作岗位需要，提高履行岗位职责的能力而进行的非学历教育（主要包括单科课程进修、社会实践锻炼、国内访问学者、高级研修班、国内短期进修班等形式），参加国内学术会议和学历教育不在此范围。
3	吉林华桥外国语学院教师教学发展中心"专业教师到行业企业挂职锻炼项目"	档案关系在学校，入校工作满一年以上，没有本专业实践工作经历的青年教师（40周岁以下）；教师可以脱产、在职利用课余时间挂职，还可以利用寒暑假时间完成挂职任务；时间应为3～6个月，累计不低于60个工作日。
4	上海金融学院（并入上海立信会计学院）教师教学发展中心"教学名师工作室项目"	除师德修养、教学水平、热心指导外，要求申报者获市级教学名师称号或入选上海市级及以上高层次人才计划（不含青年计划）；获得上海市教学成果一等奖或校级教学名师称号者，可申请教学名师培育工作室；两年建设周期，年度经费8万元（培育工作室3万元），有专项拨付细则。
5	常州工学院教师教学发展中心"三名工程"等	自2013年3月开始，定期开展名师公开课、名师大讲堂、名师工作室、青年教师公开课、研究型教学示范课、资深教师示范课、教学沙龙、青年教师论坛等系列教研活动；举办卓越教师培养对象研修班、青年骨干教师培养对象研修班、青年教师教学发展营、中青年教师教学研修班、教授教学研修班、教学名师培养对象研修班、优秀教学团队培养对象研修班、教学管理人员研修班、实践（实验）教学人员研修班等各类培训班；鼓励教师到企业、到地方挂职，培养"双师型"教师。
6	三江学院教师发展中心"教学沙龙简报"	① 自2014年10月开始，定期举办教学沙龙，至今已经开展11期。② 自2015年10月开始，定期举办校本培训，并网上发布"教学沙龙简报"。

（续表）

序号	项目名称	主要做法
7	丽水学院教务处（教师发展中心）青年教师培养四大类别	青年教师培养分为新教师入职培训、青年教师助讲制、课堂教学能力提升进行和企业（事业）实践锻炼四大类别。
8	合肥师范学院教师教学发展中心"青年教师职业发展规划"六个步骤	青年教师职业发展规划实施办法六个步骤：① 教师进行自我分析评估，划分职业发展阶段；② 熟知学校、院（系、部）发展规划；③ 制定个人职业发展目标；④ 撰写青年教师职业发展规划书；⑤ 教师个人发展规划审核、备案；⑥ 发展规划的阶段性评价和调整。
9	临沂大学教务处（教师发展中心）"双师双能型"教师培养	协调外派教师和管理干部国内外培训及挂职锻炼；"双师双能型"教师培养；实施青年教师教学能力提升计划；参与各类高校课程联盟、专业联盟等协作组织等。
10	安阳工学院教师教学发展中心"优秀教案评选"	优秀教案评选、教研室主任专题培训，教学秘书专题培训；近三年没有更新内容。
11	武汉生物工程学院干部教师及员工在职培训工作处（教师发展中心）	中层干部管理能力提升培训班，后勤集团食品、天然气安全周系列培训活动，行政人员基本行政能力提升培训班，新进教师培训班，暑期校内培训师培训（TTT）等。
12	长沙学院人事处（教师发展中心）"教师实践能力培养"	制订了《关于加强青年教师培养工作的若干规定》《教师进修培训管理办法》《教师实践能力培养实施办法》等，举办新入职教师系列培训、现代教育技术培训班等项目。
13	肇庆学院教师发展中心	中心网站培训项目列有校长项目、名师项目、骨干教师项目、新教师项目、班主任项目、普通教师项目，内容空白。
14	重庆文理学院教学部（含教务处、实验实训中心、教师发展中心）工作坊	内设"教师教学能力训练中心""教师教学发展办公室"两个科室，开展了"优秀教师教学能力提升主题工作坊"等活动。
15	西安文理学院人事处（教师发展中心）"年度教师发展项目计划"	各二级单位提出本单位年度教师发展项目方案，并填写《学院年度教师发展项目计划表》，教师个人继续教育进修方面统一填写《学院年度教职工继续教育计划表》。
16	安康学院人事处（离退休工作处、教师发展中心）"教师在线学习中心"	设立教师在线学习中心，开展教师现代教育技术应用能力培训、新入职教师的教学实践技能专题培训以及青年教师综合素质提升工程项目。

(续表)

序号	项目名称	主要做法
17	西安外事学院教学与研究部(下设教师发展中心等5个内设机构)	在教师教学能力提升方面主要有专题培训、学历提升和教学比赛三类发展项目,使用教师教学能力提升专项资金;落实新聘教师导师制,制订新入职教师培训管理实施细则。
18	兰州城市学院教师教学发展中心	实施青年教师能力提升计划、青年教师导师制、教师实践能力培养培训方案,以及国内进修、访学计划。

资料来源:本文作者根据相关高校教师教学发展中心网站信息整理。

从上述案例可以看出,一个有效的大学教师发展项目需要包含以下六个基本元素:有明确的目标;有明确的开始和结束时间;需要消耗一定的人财物资源;独特的一次性工作;需要用渐进明细的方法来完成;改变现状①。

就大学教师发展项目实践的影响而言,则非30个国家级教师教学发展示范中心莫属,当然也包括一项老牌"双非"高校的典型经验,例如上海中医药大学、首都经济贸易大学、浙江工业大学等。

高校类型、规模和不同群体教师也影响着大学教师发展项目的选择:一是大学的类型不同,在教师发展项目方面的选择也会有所不同。二是不同类型的教师会影响教师发展项目的选择(对于新教师、职业中期和职业晚期教师都需要实施不同的教师项目,兼职教师的发展需求不同于全职教师),相当于上文提到的全国高校教师网络培训中心"分阶段、分层次、分群体"的定制培训项目。三是大学的规模会影响大学教师发展项目的选择。如在规模大的研究型大学,分散到各个院系的教师发展项目会更有效;而在新建本科高校,集中式的大学教师发展中心则更有成效②。因为新建本科院校规模较小,更强调教学规范,青年教师和新教师的比例大,但却不能像研究型大学那样先做一到两年助教才能拿到主讲教师资格,因为缺人才招人,集中培训是首选就顺理成章了。但强制性的发展项目要少而精,高校学科专业的多样性,使得高质量选择性的发展项目供不应求,

---

① 汪小金.项目管理方法论(第2版)[M].北京:中国电力出版社,2015:37-38.

② 徐晓红.澳大利亚大学教师发展研究——基于学术职业的视角[M].上海:上海大学出版社,2016:27-28.

可谓一片蓝海。

一些省市充分利用教师发展项目作为提升高校教师职业能力的重要载体，有的已经形成体系，如"上海市属高校新入职教师培训项目"、上海高校"教师专业发展工程"评估等，新建本科高校与应用型本科高校的项目也开始受到关注。其实，近几年在教育部全国高校教师网络培训中心计划中，就有"新教师在线课程与专题""分阶段、分层次、分群体的定制培训项目"以及"高校教师培训工作者培训项目"，尚需学者重点研究。

新建本科院校更需要教师教学能力的提升，新教师的比例大，规模小，社会实践型的教师不足。与老牌高校相比，新建本科高校教师发展项目更重实践性；相对于高职高专院校，新建本科院校教师发展更重研究性。新建本科高校教师发展项目应是教学者、研究者与实践者的统一，需拓展"双师双能型"教师队伍建设。

六、新建本科高校教师发展项目的优劣分析

项目是以一套独特而又关联的任务为前提，有效利用资源，为实现一个特定的目标所做的努力[①]。新建本科高校尚无成熟的教师教学发展项目经验，只能从项目比较劣势和优先项目选择的角度略做分析。

（一）项目比较劣势

1. 行政化气氛浓

新建本科院校的特殊性之一在于更加注重控制与管理，更加注重教学规范，教学文化建设任重而道远。一般来说，领导带头科研和教学案例少，优秀教师安心教学少，争聘有级别的行政管理岗位者大有人在，善教学者还难以为荣。这对新建本科院校的教师教学发展非常不利，譬如一些院校网页的大部分报道还是以行政领导开会、讲话、出行为主，教师、教学、学生、学习方面的活动难成要闻和主流。组织文化是教学发展的底色和氛围，新建本科院校教师发展项目还是以

---

① 戚安邦.项目管理学(第2版)[M].北京:科学出版社,2012.

培训为主,效果不十分理想。另外,项目刚性有余而柔性不足,参与教师比较压抑,影响发展成效。

2. 老带新有困难

新建本科院校的特殊性之二在于青年教师多且学历高,但是原有中年、资深教师整体学历低,指导青年教师科研乏力,影响教学权威度,老带新有困难。笔者曾参加过一次某高校二级学院新进教师教学反思会,一位早年引进的本科学历教授真诚谈到指导新引进青年博士的尴尬:自己高端科研项目很少,而青年博士更注重科研水平,即便是教学,自己对新技术、新手段的应用反更需要向青年人请教。这与研究型大学教授的名校教学科研指导可谓天壤之别,青年教师的获益有限。况且一些学院老教师数量较少,更增加了老带新的难度。

3. 请名家不容易

有研究指出,地方高校教师最愿意参加大学教师发展项目依次为名师讲坛、教学工作坊、教学研究项目资助制度、全国高校教师网络培训、校本示范观摩课、微格教学诊断、青年教师教学导师制度、新教师研习营、教学技能竞赛、教学咨询,这可能与地方高校教师和学生群体特征有关①。但新建本科院校多在地级市办学,除东部发达地区外,交通相对不便,即使能请到一些名师名家来校做项目指导(名家大都集中在省城以上高校),有时也会因事不能来校,跨省越城时常排不上日程。此外,名师大都在研究型大学与国家重点高校,对新建本科院校的教学了解有限,讲座与"地气"还有距离。

4. 缺乏团队支撑

新建本科院校因办学历史较短,学科专业特色尚处于形成阶段,规模小、专业杂,几乎一个专业就设一个系,一些专业每年一般只招一个班,教师只有 10 人左右,教研室甚至只有一个。有的专业匆匆上马,超过 10 年就算是老专业了。在这种情况下,教师几乎都在单打独斗,同行稀少,知音难觅,缺乏真正意义上的课程教学、科学研究、社会服务团队,难以适应新时代的教师发展项目。

---

① 房厚信,余宏亮.转型期地方高师院校教师教学发展的实证分析——以 A 省 F 师院为例[J].池州学院学报,2015(4):131 - 134.

（二）优先项目选择

1．兼职教师项目

新建本科院校专业结构强调"社会需求导向"，这就要求教师具有相关行业经历，教师进企业和企业来高校是两条解决路径。就兼职教师而言，目前新建本科院校一般尚未开展相关教学发展项目，教学质量缺少保障。兼职教师发展的主要内容是教学方面的发展，如美国峡谷学院的联合项目是一系列以微格教学为基础的研讨班，为兼职教师提供课堂相关的实践经验①。可以看出，兼职教师发展项目与新建本科高校普通教师关注社会实践正好相反，教学实践是中心。就江苏而言，高校兼职教师最高者为"产业教授"，自2011年至2016年已有700多名，但与新建本科院校几乎无缘。2017年，常州市产业教授选聘工作启动，将使新建本科院校兼职教师工作迈上新台阶。

2．教学剧场项目

教学剧场项目以美国密西根大学为最早，以互动和情境性而著称。有学者认为，教学剧场项目具有其他发展模式不具备的优势，更适合青年教师的科学健康发展②。如前所述，我们的教师发展项目总体上还是"培训"的观念，形式比较单一，内容比较枯燥，不太符合成人学习心理。上海交通大学教学发展中心"教学相声剧"项目颇有趣味，譬如《我爱上课》《牛老师先飞》《助角》《高数下的小矮凳》《好老师》等，值得新建本科高校创作借鉴。

3．社会服务项目

地方本科高校转型的实质是人才培养模式和教师发展指向的转型，是教师转变与学校教育质量提高同期互动，其落脚点是"教师—市场逻辑"和"教师—学生逻辑"，即教师专业发展需要考虑教师的思想和实践如何为市场发展服务，需

---

① 徐延宇.高校教师发展：基于美国高等教育的经验[M].北京：教育科学出版社，2009：166－167.

② 师为硕，黄国清.增设教学剧场项目，促进地方高校青年教师发展刍议——基于地方高校转型的视野[J].淮阴师范学院学报（自然科学版），2015(1)：73－76.

要考虑教师怎样让学生了解工作实践过程,具备完成工作实践过程的能力等问题①。与研究型大学和高职院校相比,新建本科院校教师发展项目要插入社会实践和教学研究,实现教学者、研究者与实践者的统一。"教学"是高校的第一职能,"研究"是保持本科教育的水准,"实践"是应用型院校的根基。

4. 特色发展项目

譬如,常州工学院申报的"苏南国家自主创新示范区航空产业实习实训基地建设项目"2017年获批国家"十三五"应用型本科产教融合发展工程规划项目,全国也仅百所高校;获批教育部2017年第一批产学合作协同育人项目13项,在江苏有立项的38所本科高校中位列第五。这为前期学校制定教师社会实践实施办法和"双师型"教师认定暂行办法的运行提供了高端平台。

凡事皆有两面,新建本科院校的后发优势也很明显。教育部近两年同意设立的滇西应用技术大学、茅台学院等新建本科院校,都为其教师教学发展提供了后发优势项目,因规模小、定位准,教师教学发展项目更容易确立"新道路、新使命、新成就"的新标杆。

七、结 语

总之,如何保证教师的质量、促进教师的发展与成长已经成为世界高等教育普遍关注的焦点。目前,大学教师培训项目已是促进教师发展与成长的重要渠道之一。虽然对大学教师发展项目的研究还不够多,但通过上述教师教学发展项目的梳理可知,高校教师发展观正朝着应用型转向,新建本科高校更需如此。

参考文献

[1] 瞿振元. 新型大学"新使命、新道路、新成就"[EB/OL]. http://www. moe. gov. cn/jyb_xwfb/xw_fbh/moe_2069/xwfbh_2016n/xwfb_160407/160407_sfcl/201604/t20160406_236896. html.

---

① 王坤. 论地方本科高校转型对教师专业发展的影响[J]. 教师教育研究,2016(4):26 - 31.

［2］李文虎,朱锡芳,苗贵松.新建本科院校产学研合作培养应用型人才[J].常州工学院学报,2011(5):1-6.

［3］［日］有本章著,丁妍译.大学学术职业与教师发展 FD——美日两国透视[M].上海:复旦大学出版社,2012:110-111.

［4］周萍,沈贵鹏.高校教师发展项目的开发与实施研究——以高校竞争性教研资助项目"教师卓越工程计划"为例[J].江苏高教,2013(5):69-71.

［5］中华人民共和国教育部.全国高等学校名单[EB/OL]. http://www. moe. gov. cn/srcsite/A03/moe_634/201706/t20170614_306900. html.

［6］瞿振元.新建本科院校走出特色发展之路[N].中国教育报,2016-4-8,第2版.

［7］教育部高等教育教学评估中心.全国新建本科院校教学质量监测报告(摘要)[N].中国教育报,2016-4-8,第8版.

［8］［美］索尔奇内利等著,周军强译.大学教师发展:从历史迈向未来[M].北京:北京师范大学出版社,2016:2.

［9］徐晓红.澳大利亚大学教师发展研究——基于学术职业的视角[M].上海:上海大学出版社,2016:26-27.

［10］聂永成.美国的博士生教育与"未来教师培养计划"[J].教育评论,2012(1):156-158.

［11］陈玉琨,田爱丽.慕课与翻转课堂导论[M].上海:华东师范大学出版社,2014:5-12.

［12］范怡红.中国与欧洲大学教师发展比较研究——基于多维学术的视角[M].成都:西南交通大学出版社,2013:119-120.

［13］汪小金.项目管理方法论(第2版)[M].北京:中国电力出版社,2015:37-38.

［14］戚安邦.项目管理学(第2版)[M].北京:科学出版社,2012.

［15］房厚信,余宏亮.转型期地方高师院校教师教学发展的实证分析——以A省F师院为例[J].池州学院学报,2015(4):131-134.

［16］徐延宇.高校教师发展:基于美国高等教育的经验[M].北京:教育科学出版社,2009:166-167.

［17］师为硕,黄国清.增设教学剧场项目,促进地方高校青年教师发展刍议——基于地方高校转型的视野[J].淮阴师范学院学报(自然科学版),2015(1):73-76.

［18］王坤.论地方本科高校转型对教师专业发展的影响[J].教师教育研究,2016(4):26-31.

共同体视角下的高校教师分类培养[*]

李小红

三江学院人事组织部

　　摘　要:高校对教师的"分类管理"与"分类培养"是一个问题的两个方面,高校应加强对教师分类培养工作的自觉性。高校教师可归属的行业共同体和专业共同体对其分类培养有着特殊价值。教育共同体对高校教师的分类培养纵向须考量不同教育阶段的承继与接续,横向须关注不同教师个体的职业发展类型;专业共同体对高校教师分类培养纵向应关注教师职业发展的不同专业水平,横向应致力于保持学术研究的互通互促以及理论与实践的常态勾联。在当前教育体制内,本着"内外合力""上下联动""刚柔并济"的原则,教育行业共同体推动高校教师的分类培养,宜"官主校辅""纵主横辅",专业共同体则宜以"专业共同体为主",坚持"横主纵辅"。

　　关键词:高等教育;共同体;师资培养;教师分类管理

一、引　言

　　近年来人力资源和社会保障部、教育部等各级各类政府职能部门针对教师的管理、聘任、发展等出台各类政策性指导意见,总的趋势在于推动教育共同体

---

　　* 基金项目:本文系三江学院教学建设与改革项目"教师分类培养机制研究与实践"(项目编号 J16084)的研究成果。

各类学校完善教师分类管理与分类评价机制,对不同职级、职型、职责的教师采用不同管理模式。基于政策推动,各高校除在整体发展规划上部署落实之外,更纷纷设立教师发展中心以推动教师的教育教学能力提升与职业发展规划等,其中针对教师的培训培养工作是多数教师发展中心的基本职责。然而,受长期形成的上对下式的单向度管理惯性的影响,尽管各校针对教师的分类管理有了较好的理论研究与实践探索,但对教师实行分类培养的理念与实践依然式弱,本文拟从共同体的视角对高校教师的分类培养工作做一浅析,以就教于同行。

二、高校教师分类培养的认知与实践

(一) 高校教师分类培养的研究现状

"分类培养"是教育学范畴的常用概念,学界所讨论的分类培养,一般而言培养主体为学校或教师,被培养主体为学生。"分类培养"的内涵则主要是指教育者"根据学科特点、社会需求及学生差异"对教育对象开展不同模式的培养,分类培养改变了单一培养的模式,"对于满足社会需要、促进学生自身发展、优化教育资源配置具有积极意义"。[①] 本文所讨论的"分类培养"的培养主体是教育行政主管部门或者学校等用人单位,被培养主体是教师,概念应归属于教育管理学或人力资源管理学范畴,但在价值理念层面与教育学范畴的分类培养是相通的,比如二者都关注了主体因素的差异性、培养内容的多元性,以及社会生活的多样性等。

当前,针对教师分类培养的直接研究成果较少,少数一些培养视角的研究成果,主要是针对中小学教师职前教育的分类培养研究,但这类研究所提出的教师培养类型、内容、模式、路径等值得在研究高校教师之分类培养时加以关注。有的研究者指出教师培养应关注专业核心能力、共性的教育学素养,也应注意区别不同的施教区域、教育类型去推进师资培养;主张教师分类培养应建立教育行政

---

① 王海峰等.基于科技创新人才培养的科研院所研究生培养机制思考[J].高等农业教育,2015(2).

主管部门、师资培训机构、行业、企事业单位等协同创新培养机制等①，这些观点对高校教师的分类培养均有借鉴意义。关于高校教师的分类培养研究更多的是从分类管理的角度切入，"分类管理"与"分类培养"虽有密切联系，一定意义上甚至是一个问题的两个方面，但所体现的师资队伍建设理念却大相径庭。在这些研究成果中对教师的类型划分各不相同，有的根据师资的不同来源进行类型化管理（张晓阳，2015），有的主张应结合招生专业来分类培养教师（陈红云，2013）。此外，从研究者对教师岗位的分类也可窥见教师分类培养的方向，对教师岗位有的主张设置教学型、基础研究型、应用开发型和复合型岗位（黄永乐，2004）；有的主张设置教学型、科研型、教学科研型岗位（郭丽君，2007）；有的主张设置教学岗、科研岗、社会服务岗位（张国臣，2007）等。

（二）高校教师分类培养的实践概况

基于九年制义务教育的国家权力强介入性，以及广大师范类院校的专业自觉，我国初中小学教师的分类培养一直自觉开展，并且制度化程度较高，不但小教法、中教法的研究和实践一以贯之地推动，语数外等各科教师的分类培养也多由教育行政主管部门主动推动。高中阶段的教师，基于高考这一指挥棒，教学内容与方法的统一性要求高，各学校对教师的专业性分类培养与教育教学方法技能的同一性有高度自觉，教师的分类培养状况也较好。而大学教育，因为各学校的发展类型以及专业方向的多元化与纵深化，自觉且成体系的教师分类培养工作并不成熟，甚至一般的培养实践也较为欠缺，特别是高校教师本身的重视程度也不够。从管理角度看，在《国家教育事业发展"十一五"规划纲要》（2007年）、《关于高等学校岗位设置管理的指导意见》（2007年）、《国家中长期教育改革和发展规划纲要（2011—2020年）》（2010年）、《关于全面提高高等教育质量的若干意见》（2012年）等一系列政策性文件的导引下，各高校对教师分类管理建构了大致相似的模式。多数高校根据自身不同的发展定位，通过对不同的人力资源类型设置不同的岗位职责、评价考核体系等进行教师发展引导。各校教师以设

---

① 刘延金，温思涵. 分类、协同创新培养：我国教育职前教育发展的方向［J］. 当代教育科学，2015（3）.

教学型、研究型、教学研究型三类型为主①，亦有一定的变式，如有的分教学科研型和专任教学型二类，有的分教学为主型、教学科研并重型、科研为主型、应用技术开发型四类，有的分教学为主型、教学科研并重型、科研为主型、社会服务与技术推广型、团队科研—教学型五类等。②

三、共同体推动高校教师分类培养的价值

（一）共同体的价值及所指

"共同体"是社会学的一个基本概念，最早由斐迪南·滕尼斯专门论及，后至涂尔干开始关注职业群体对社会道德失范的整合价值，其主张"通过职业群体（或法人团体）的组织方式彻底拯救日益败落的伦理道德，并以此构建起一个功能和谐与完备的新型社会"③。杜尔克姆则提出了分工基础上的"职业共同体"概念并论及职业共同体之价值，认为职业为纽带的共同体，内部具有实质的社会互动，"当一个社会由于社会转型、社会规范巨变而变得分崩离析，人与人之间连基本的社会信任关系都失去了的时候"，职业成为最有利的社会联系渠道。④ 进而言之，专业相同，兴趣爱好相近的社会主体进入相同的职业，基于业务关联的互动会使人们形成一个不可分割的联系模型，从业者之间会形成协同合作的价值自觉，从业者之间会产生同质化；相同或相似的职责、权义可以使从业者形成共同追求的利益；职业群体内的行为范式，不断固化和明确，成为职业规范。⑤ 共同体的最高形式是"精神共同体"⑥，而精神共同体的养成需要外力的宣讲、灌

———————————

① 中国高等教育学会师资管理研究分会编. 高校师资管理新探（第 14 辑）［M］. 苏州大学出版社，2013："分类管理篇".

② 李汉学. 我国高校教师分类管理研究的回顾反思与展望［J］. 黑龙江高教研究，2016（12）.

③ 埃米尔·涂尔干. 社会分工论［M］. 渠东译. 三联书店，2000：3.

④ 李强. 职业共同体：今日中国社会整合之基础［J］. 学术界，2006（3）.

⑤ 李强. 职业共同体：今日中国社会整合之基础［J］. 学术界，2006（3）.

⑥ 斐迪南·滕尼斯. 共同体与社会［M］. 林荣远译. 商务印书馆，1999：65.

输,也需要共同体成员的内养成就。一旦这种群体的主客观共同特征高度明晰化,那么任何事物都阻挡不了该共同体实现群体对社会的整合与教化。一般说来医疗、教育、法律等行业是并且应当是典型的可形成职业共同体的行业。

任一群体在社会群体纵横交互的立体模型中,其所归属的共同体并不是唯一的,但就高校教师来说,当我们讨论其职业内容时,其共同体界域是可特定化的,比如当我们讨论其作为专家学者的学术观点时,我们关注的是其专业性共同体成员的面相,而当我们讨论其教育教学技术、能力等时,则是基于其教育职业共同体成员的面相。因此,在对共同体的价值及所指有了基本认知后,再讨论高校教师的分类培养,我们将从行业共同体与专业共同体两个方面展开探究。

(二)行业共同体对高校教师分类培养的价值

本文讨论的高校教师是指狭义的专任教师为主的一部分高校人力资源,其归属于教育行业。教育是一个以传道授业解惑为基本要旨的行业,行业整体要承担教授技能、养成精神、科学研究、社会服务、文化传承等诸多职责。从行业角度谈对高校教师的分类培养,一方面需要纵向考量教育行业的不同阶段,即应关注从早期教育、中小学到大学期间的全过程。其价值在于实现教育的承继与接续,因为一般来说不管哪种层次的教育,其施教的终极目的是一致的,即受教育者的成人成才,那么注意并专业地针对高校教师开展行业纵向类型的培养,可以保持教育者话语一致、理念互通,进而形成教育之合力。这种合力的实现程度决定着教育行业对社会整体的贡献度,影响着教育行业社会分工价值的实现。我们的教育对象在小学唱着"捡到一分钱,交到警察叔叔手里边",到大学毕业成为一个"精致的利己主义者",原因之一即在于教育的承继与接续出了问题。

另一方面则要从横向关注不同教师个体的职业发展类型的培养,前述各高校对教师分类管理关注的正是这一角度的培养。大一统管理模式下的高校教师既要完成教育教学任务,又要做课题、做项目、推动科研成果转化,还要有实践技能,以便教学与实践更紧密地结合,这对教师是沉重的负担,也难以兼顾,将教师队伍划分成不同类型,提出不同的考核标准和要求,其价值正在于使高校教师各尽其职,各攻其能,以合力的形式实现对教育行业的贡献。

（三）专业共同体对高校教师分类培养的价值

高校的专业是多元的，专业教育水平的发展必须依凭专业水平不断提高的教师，从专业共同体角度对高校教师进行分类培养的目的正在于此。这一视角的分类培养从纵向来说是指针对教师职业发展的专业水平不同层次的培养，如对助教、讲师、副教授、教授等不同职称梯度教师的分类培养，又如有的学校对资深教授、学术带头人、学术带头人第二梯队、中青年骨干教师、35 周岁以下优秀青年教师等不同学术能力梯度教师的分类培养等。① 其价值在于突出师资培养的能动性与个性化，主动性与积极性，避免教师培养中的形式化问题，以及有研究者虑及的高校教师与行政管理者之间的对立情绪，同行相争、师生相远等问题。② 事实上这一视角分类培养的培训推动主体既可以是教育行业共同体，也可以是专业共同体，之所以置于专业共同体下讨论，笔者意在主张由专业内行具体推动该类培养。

专业共同体对高校教师的分类培养从横向来看，主要是指借助专业、行业协会等开展的专业共同体之间的跨院校、跨行业学术交流式培养，推动这类培训的价值在于可以使教师对国内外专业所涉的知识快速可持续更新，并且与其他院校和实务行业的专业同道保持密切的业务联系，保持学术研究的互通互促以及理论与实践的常态勾联。以法学专业为例，全国有中国法学会，之下各省市也多成立有法学会，法学会以宪法与法理、行政法学、刑事法学、民商法学等专业研究会的形式开展学术交流，各研究会以每年年会、专题研讨会等形式，聚拢了同专业但不同地域、不同行业的法学科研人员和实务工作者深度全面交流，对高校法科教师的专业能力提升发挥着重要作用。加之，自媒体时代借助微信群、公众号等平台，学术共同体之间的专业知识共享与科研能力互促几乎可以零成本无时差的进行。

---

① 中国高等教育学会师资管理研究分会编. 高校师资管理新探（第 14 辑）[M].苏州大学出版社，2013：272.

② 高迎斌.“三职一体”式高校教师分类管理模式探讨[J]. 中国高校师资研究，2011（2）.

四、共同体推动高校教师分类培养的路径

（一）共同体推动高校教师分类培养的原则

前文论及，对某一高校教师来说，其所归属的共同体是多元的，在本文语境下至少包括专业共同体、行业共同体，在实践中其当然地还归属于某一单位和院系群体等。因此从共同体的角度推动高校教师分类培养应坚持以下两个一般性原则：

一是"内外合力"共同培养原则。一方面，应充分重视并利用好教育行政主管部门和行业行政主管部门等主导的教育通识类和专业基础类培养机制。另一方面，不同学校、不同专业的师资力量不尽相同，某一学校的教师职称比例也可能不平衡，因此在某一学校内，并不能保证每个专业的教师培养发展"传帮带"良性循环体系都能形成，故培养教师的师资可以借力于国内外各兄弟院校的专业力量支持。

二是"上下联动"全面培养原则。高校教师的培训类型种类繁多，各专业的培训内容差异性较大，且培训对象在授课内容、任职年限、专业能力、兴趣爱好、职业规划等方面差别较大，校级层面不应当也不可能实质推动全部的教师培养工作，而应致力于推进教师培养的"上下联动"格局。首先，校级层面应主要负责规划联络教育共同体的通识类培训。校级各职能部门应根据各自的工作职责，负责安排好针对全体教师的各项校本类培训工作。这些内容包括但不限于教育教学技能提高、师德师风提升、教育心理优化、图书资料使用、科研项目申报等。其次，各院系应主要负责规划联络专业共同体的专业性培训。涉及各专业方面的培训，因专业特色各不相同，且各教学单位的专业发展筹划，教学工作安排，师资队伍数量、质量不一，只能由各教学单位根据各自的实际情况进行统筹安排。再次，教师个体应为自身的个性化培训内容负责。每个教师都有自身的职业规划和专业关系网，一些更为小众的，或者与某一特定课程相关联的培训，教师个体要有个性化的设计和规划，应主动融入相应的共同体中，以寻求个人专业能力的提升。

（二）行业共同体推动高校教师分类培养的路径分析

教育行业共同体推动高校教师的分类培养，宜"官主校辅""纵主横辅"。所谓"官主校辅"是就培养主体而言的，即当基于早期教育、中小学到大学期间教育一体化考量，在针对大学教师开展大学教育目标、培养方法等内容的培训时，应以教育行政主管部门为主开展。研究各级各类教育行政主管部门的"三定"方案可知，该类主体在主管教师工作，"指导教育系统人才队伍建设"外，既要负责"指导各级各类学校的教育教学改革"，也要负责"组织审定基础教育国家课程教材，全面实施素质教育"，还要"指导各级各类学校的思想政治工作、德育工作、体育卫生与艺术教育工作及国防教育工作"等。① 可以说该类主体最明晰在我国各级各类教育机构应一以贯之地培养何种人才以及如何培养，或者说对国家教育的基本原则、目标、方法、政策等教育行政主管机关有部署落实的职责。而各高校横向之间针对教师的培养主要在于教育教学技能、通识类教育教学内容等方面的协同培养，这其中不同类型的高校共同体应推进合作共享机制，发展自治组织去推动教师的分类培养。

所谓"纵主横辅"是就培养内容而言的。针对不同阶段的教育，都应有相应教学法，一直以来，我国对幼教法、小教法、中教法的研究和实践推进力度较大，而大学教育基于各高校的发展方向多元性与专业方向多元性，教育教学方法的同一性研究并不繁荣。近年来各高校热推的微课、慕课、翻转课堂等，并非高等教育专属，相关教育教学模式、技法在中小学的运用和推广远比高校提前，也比高校深入。同时笔者在此所虑及的针对高校教师的培养内容更多的是指在大学阶段，高校教师如何保证国家整体的人才培养目标的实现问题，或者说高校教师如何接力中小学教师所追求的受教育者核心素养养成重任，如何推进国家教育目标一体化的问题。不论哪个阶段的教育，在教授具体知识和技能之外，重要的是培养受教育者的核心素养，进而提升国民的整体素质，比如自我发展、独立思考能力，欣赏、表现、创新能力，表达、沟通、分享能力，尊重、关怀、合作能力，规

① 国务院办公厅关于印发教育部主要职责内设机构和人员编制规定的通知[EB/OL]. http://www.moe.edu.cn/jyb_zzjg/moe_188/201001/t20100114_46388.html.

划、组织与实践能力等,这些都是综合性的能力和素养,需要不同阶段的教育者一以贯之地通过一门门课程、一个个知识点以"润物细无声"的方式去培养,简言之,即需要通过各种教育内容和场境去促成。教育共同体应对高校教师加强这方面内容的培养力度,唯此才能实现高校教师教育价值的最大化,并且避免教育共同体培养效能的自行削减。

教育行业共同体的横向培养协作则主要是指针对不同教师个体的同一职业发展类型的共同体培养。对此,鉴于学校层级或者类型的差异较大,可协作的共同体必须再行细化。比如研究型大学和应用型大学同一职级、职型的教师可共同培养的基础并不具备,共同体对教师进行分类培养协作时,须细化为研究型大学教育共同体、应用型大学教育共同体,如果再虑及地区性差异,可协作的基础则更为复杂,总体上可操作性较差。

(三)专业共同体推动高校教师分类培养的路径分析

教育行业共同体针对高校教师的培养很多是可以刚性开展的,比如教育行政主管部门针对教师的岗前培训,可以通过教师资格的授予与否进行控制,用人单位对新教师的入职培训等可以通过职称岗位的评聘进行制约。但专业共同体针对高校教师的培养工作多数只能柔性为之,多数专业共同体并没有对高校教师培养的自觉性,其关注更多的是专业的知识体系构建和创设问题,只有在论及专业知识的传承时才可能会特别关注对高校教师的培养问题。一般说来,专业共同体推动高校教师分类培养,宜以"专业共同体为主",坚持"横主纵辅"。

所谓"专业共同体为主"是由专业共同体的松散联合性及专业方向多样性决定,借力该类共同体推动教师分类培养,教育行政主管部门或学校校级层面只能引导,专业共同体的专业知识、技能提升机制是另一套体系,应尊重专业共同体的专业自治性。当然,对于院系来说,基于专业问题的内行认知,则可以通过一定的机制去强制推动专业教师融入专业共同体。比如法学院即可细化规定学院教师必须每年参加国家、省级法学会一到二个专业研究会的年会,并须提交参会论文或担任主讲人、评议人、学术总结人等。

所谓"横主纵辅"是指专业共同体推动高校教师培养发展,横向应长期不间断地加强专业职业共同体并基于专业进行高效自觉聚合,纵向则只要做到同一类教学内容,在不同层次教学中保持专业知识、理念的一致性、连贯性与承继性即可。举例来说,法学专业共同体只有不断加强高校法科教师与法官、检察官、律师等其他法律职业群体的交流互动,就不同法律部门的问题进行可持续的理论界与实务界的沟通联系、对话研讨,法科师资的专业知识才能得以及时更新,专业素养才能得以不断提升。而纵向来说比如宪法知识的教授,在小学放置在"品德与社会"等课程中,中学放置在"道德与法治"等课程中,大学则开设有"法律基础"等课程,高校教师开展宪法知识教学前,只要让其明晰受教育者已经具备的宪法知识是什么,宪法理念的培养深度如何等即可,换言之,作为大学教师,其知道与中小学相联系的教育教学内容从何处接续即可。

五、结 语

上文在梳理我国当前高校教师分类培养的研究概况与实践样态的基础上,分别对教育行业共同体与专业共同体在高校教师分类培养中的价值与路径进行了粗略的分析论证,在本文行将结束之际,以下几个理念需要进一步明确,唯此,共同体对高校教师分类培养的价值才可能实现并达致效能最优。

一是教育者要有整体教育观或者说大教育观。教师和教育行政管理者都是广义的教育者。教育行政管理者的管理视野要开阔,培养理念要开放,对高校教师应致力于培养、提升而不只是管理,更不应压制,对师资培养成本可通过合同进行合法控制,但不应借力经费、机会等进行不合理控制。教师只要从事教育工作,其教育教学能力和专业水平的高低都会影响教育的优劣,教育行政管理者应可持续地推动教育行业共同体对高校教师的分类培养。对教师来说,也要有整体教育观,对我们所教授的每一门课,在专业教育中的作用,在学科中的位置,在整个教育体系中的价值,包括在中国、世界教育体系中的价值都应有清晰的认知和自觉的价值追求。教育是一场接力赛,当教育从中小学教师那里接力到大学教师手中时,大学教育必须了解受教育者所接受的整个教育的过程,并且应懂得在大学阶段为受教育者的成人成才贡献什么,要有一种大的全局式的教育情怀。有此教育观的教师才会在教师职业生涯中自主融入和寻求各类共同体的培训与培养,对自身的教育教学技能和专业知识水平有提升的自觉性。

　　二是要有刚柔并济的高校教师分类培养观。教师培养也是教育,教育旨在推动知识积聚、素养提升与理念精深,抽象精神劳动的特征较为明显,教师培养要有规范的管理制度,但也不应单纯依赖行政管理的手段去展开,应更多地通过柔性诱导进行,路径不外制度约束规制与奖惩考核引导。通过组织、管理、引导,一方面督促教师克服惰性,不得不培训提升,另一方面推动教师养成自觉参与行业和专业共同体的有机互动,自然达到培养目的。

　　三是要广义理解培养内涵。从主体角度来说,培养不只针对新教师、青年教师、低学历教师,高职称、高学历教师也应自觉重视自身业务能力的提升和知识更新,只不过行政管理对前者的监管和推动力度更大些,应相对刚性。从培养内容来看,不但应重视教学技能、科研方法、专业知识等的培养,也应注意教师身心健康、幸福能力,以及发现、应用、整合与教学等的综合能力的提升。从培养模式来看,行业共同体整齐划一的培训模式有存在的必要性,但专业共同体更应发挥在专业师资培养中的作用,而作为教师则应当成为接受培养的自觉能动主体。同时高校教师既可以被培训者的身份获得培养提升,也可以担当培训者的角色,实现自身综合能力的提升。

参考文献

[1] 王海峰等.基于科技创新人才培养的科研院所研究生培养机制思考[J].高等农业教育,2015(2).

[2] 刘延金,温思涵.分类、协同创新培养:我国教育职前教育发展的方向[J].当代教育科学,2015(3).

[3] 中国高等教育学会师资管理研究分会编.高校师资管理新探(第14辑)[M].苏州大学出版社,2013:"分类管理篇".

[4] 李汉学.我国高校教师分类管理研究的回顾反思与展望[J].黑龙江高教研究,2016(12).

[5] 埃米尔·涂尔干.社会分工论[M].渠东译.三联书店,2000:3.

[6] 李强.职业共同体:今日中国社会整合之基础[J].学术界,2006(3).

[7] 斐迪南·滕尼斯.共同体与社会[M].林荣远译.商务印书馆,1999:65.

[8] 高迎斌."三职一体"式高校教师分类管理模式探讨[J].中国高校师资研究,2011(2).

[9] 国务院办公厅关于印发教育部主要职责内设机构和人员编制规定的通知[EB/OL].http://www.moe.edu.cn/jyb_zzjg/moe_188/201001/t20100114_46388.html.

高校教师发展需求调查与组织支持建议

任珂瑶

苏州市职业大学教育与人文学院

摘　要:研究以对一所普通本科院校教师专业发展与服务需求的实证调查为基础,通过对调查数据的整理、分析,了解高校教师发展需求,教师发展中心作为组织机构在提升大学师资素质方面所发挥的作用。文章认为,高校教师发展中心在具体实践过程中,应注意借鉴国内外成功经验,探索适合国情、校情的教师教学发展路径。在教师专业化实践过程中,高校教师发展中心应争取校高层支持,为教师专业化发展提供更多资源;根据教师发展需求,构建多元化教师发展项目;针对不同教师群体需求,构建学习共同体;根据教师专业化发展过程中面临的不同问题,提供个性化咨询服务。

关键词:高校教师发展中心;教师专业发展;教师需求

一、引　言

2011年,教育部、财政部颁发的《关于"十二五"期间实施"高等学校本科教学质量与教学改革工程"的意见》中,明确提出要"引导高等学校建立适合本校特色的教师教学发展中心""重点建设一批高等学校教师教学发展示范中心";2012年,教育部发布的《关于全面提高高等教育质量的若干意见》中,明确提出要"推动高校普遍建立教师教学发展中心"。同年,30个国家级教师教学发展示范中心建立,开启了我国教师教学发展中心建设的进程。随后,全国众多高校的同类机构也如雨后春笋般成立。与其他国家相比,我国大学教师教学发展组织的建设尚处于起步和探索阶段,缺乏符合国情的成熟建设经验和系统理论的指导,为了进一步探索适合国情、校情的可行性教师教学发展中心工作路径,本研究选择了一所国内普通本科院校——X 大学作为研究对象,通过调查该校教师的专业发展与服务需求,了解高校教师发展需求,教师发展中心作为组织机构在提升大学师资素质方面所发挥的作用,得出完善高校教师发展的组织支持建议,探索推动教师教学发展和高校教育教学质量全面提升的有效策略。

二、研究设计与实施

本研究拟结合 X 大学教师教学发展中心的工作实际,围绕如何更好地服务高校教师,促进大学教师教学能力的提升,开展有效的教学,对研究整体思路和框架进行设计,本研究主要采用问卷调查的形式,通过对问卷的设计、编制、发放、回收、统计、分析获取 X 大学教师个体对大学教师专业发展与服务需求的意见,并以此作为完善高校教师发展组织支持建议的依据。

(一) 问卷的设计

本研究基于大学教师发展的相关理论和国内外大学教师教学发展中心的研究成果设计《X 大学教师专业发展与服务需求调查问卷》。问卷分为两大部分:第一部分为基本信息,第二部分为大学教师专业发展与服务需求调查内容,从"教师满意度现状"和"教师发展需求"两个方向展开。对"大学教师满意度现状"的调查设置了 6 个题项,从职业认可、自身发展现状、学术制度环境、教学激励和评价制度、人际关系与发展环境、对现有培训的满意度六个方面展开;对"教师发展需求"的调查从教学发展需求、专业发展需求、个人发展需求和组织发展需求四个方面展开,共设置了 21 个题项。

(二) 问卷的发放与回收

X 大学现有教师 648 人,本次调查采取分层随机抽样的调查方式,在 10 个学院共计发放问卷 648 份,回收问卷 581 份,其中,空白卷 4 份,有效问卷 579

份,问卷回收率89.66％,有效率为99.66％,有效样本量占母体的89.35％,样本具有较高的代表性。通过对有效问卷的描述性统计分析可知:第一,在年龄方面,X大学50岁以下的教师占比为77.8％,说明该校目前教师队伍以中青年教师为主;第二,学历和职称方面,83.2％的调查样本具有硕士以上学历,副教授职称以上占比48.5％,讲师占比46.8％,说明X大学教师普遍具有优秀的教育背景和较高的专业水平;第三,本次调查样本学科分布百分比由大到小依次为:工学(44.9％)、理学(22.7％)、文史哲(13.4％)、其他(10.3％)、社会科学(8.7％),说明X大学教师在学科专业方面侧重于工学和理学;第四,在教龄方面,53.6％的填答者的工作经验都在10年以上,说明X大学教师队伍教学经验丰富,对大学教师专业发展与服务需求具有较为深刻的感知与理解,一定程度上保证了数据的客观性与真实性。

(三) 项目分析

为了测验问卷量表个别题项的适切性,问卷回收后,对问卷的条目进行了项目分析。经同质性检验,其中,问卷中第7题(a7)与参与量比总分相关的系数为0.283,$p=0.000<0.05$,虽然两者Person相关系数小于0.4,但二者P值达显著水平,考虑到Person相关系数0.283与0.4相比,不至于很低,所以考虑保留该题项。问卷其余题项显著性(双尾)p值均小于0.05且Person相关系数都在0.4以上,说明题项与量表总分的相关性显著,所以保留问卷所有题项,并无删除。

(四) 问卷的信度、效度检验

为了确保设计问卷的合理性和准确性,在进行结果分析前,通过统计分析软件SPSS 22.0来对问卷进行信度、效度分析。

本研究采用内部一致性系数中的Cronbach α系数来测量问卷信度。得到的Cronbach α信度系数是0.806,说明问卷有较高的信度,内部具有较高的一致性。

本调查问卷在参考众多文献资料的基础上,经过与学校管理者、教师发展专家多次讨论,确定量表内容,易于调查对象作答,因此从编制的程序来说,具有较好的内容效度。

三、研究结果讨论与分析

本研究拟了解"大学教师满意度现状"和"教师发展需求"两个方面的内容，为提高教师教学发展中心服务的针对性和专业性提供依据。

（一）X大学教师满意度现状

为了了解 X 大学教师目前的满意度现状，研究从职业认可、自身发展现状、学术制度环境、教学激励和评价制度、人际关系与发展环境、对现有培训的满意度六个方面展开。研究结果如下：

1. 教师对"职业的满意度"和"目前自身发展状况的满意度"均很低

调查结果显示，在"选择大学教师这一职业的满意度"和"目前自身发展状况的满意度"这两个问题上，调查样本在年龄、学科、教龄、学历、职称五个维度上均表示"不满意"。

2. 教师均对"学校人际关系与发展环境"感到不满意，认为"学校开展的各种培训"对自己没作用

分学科来看，工学、理学、社会科学、文史哲和其他五类学科老师对目前的"学术制度环境状态""教学激励和评价制度"均感到满意，但在"学校人际关系与发展环境"和"学校开展的各种培训"两个方面，分别有 43.8％和 42.3％的教师感觉到不满意和没作用。

表 1　变异数同质性测试结果

	levene 统计资料	df1	df2	显著性
对目前的学术制度环境是否满意	0.697	4	542	0.594
对教学激励和评价制度是否满意	0.37	4	544	0.83
对学校人际关系与发展环境是否满意	1.066	4	545	0.372
学校开展的各种培训对您作用	0.731	4	541	0.571

经方差同质性检验,学术制度($F＝0.697,p＝0.594＞0.05$)、激励和评价制度($F＝0.370,p＝0.830＞0.05$)、人际关系与发展($F＝1.066,p＝0.372＞0.05$)、各种培训($F＝0.731,p＝0.571＞0.05$)四个检验变量均未达 0.05 显著水平,可知,五个学科的教师对四个题项的看法趋于一致,即五个学科的教师均认为,对学校"教学激励和评价制度""目前学术制度环境"感到满意,而对"学校人际关系与发展环境"感到不满意,认为"学校开展的各种培训"对自己没作用。

(二) X 大学教师发展需求

根据实践经验,高校教师发展一般包括组织发展、教学发展、专业发展和个人发展,其中,教学发展是核心和基础。因此,设计本次问卷时,在研究"教师发展需求"时,作者从教学发展需求、专业发展需求、个人发展需求和组织发展需求四个方面展开。

1. 不同教龄段教师的发展需求

表2　1~3 年教龄段教师发展需求统计表

发展需求 教龄	教学发展		专业发展		个人发展		组织发展	
1~3 年	教学技巧的使用	40.50%	科研能力的提升	72.60%	学术上的支持帮助	66.70%	良好的工作环境和组织氛围	57.10%
	教学研究的参与	39.30%	学术会议参与的支持	40.50%	职业生涯规划指导	35.70%	工作中信息的获取和沟通	41.70%

1~3 年教龄的新进教师,在教学发展方面,比较迫切的需求为"教学技巧的使用"(40.5%)和"教学研究的参与"(39.3%);专业发展方面,对"科研能力的提升"(72.6%)和"学术会议参与的支持"(40.5%)两方面的需求尤为强烈;个人发展方面,最强烈的需求为"学术上的支持帮助"(66.7%),次之为"职业生涯规划指导"(35.7%)。

表3　4～10年教龄段教师发展需求统计表

发展需求 教龄	教学发展		专业发展		个人发展		组织发展	
4～10年	教学研究的参与	46.40%	科研能力的提升	72.50%	学术上的支持帮助	68.10%	良好的工作环境和组织氛围	62.30%
	教学技巧的使用	40.60%	学术会议参与的支持	39.90%	教学上的支持关怀	36.20%	工作中信息的获取和沟通	44.90%

　　4～10年教龄的青年教师,在教学发展方面对"教学研究的参与"(46.4%)和"教学技巧的使用"(40.6%)的需求比较强烈;专业发展方面,排名前两位的需求为"科研能力的提升"(72.5%)和"学术会议参与的支持"(39.9%);个人发展方面,对"学术上的支持帮助"(68.1%)和"教学上的支持关怀"(36.2%)的需求最多。

表4　11～20年教龄段教师发展需求统计表

发展需求 教龄	教学发展		专业发展		个人发展		组织发展	
11～20年	教学研究的参与	38.30%	科研能力的提升	61.70%	学术上的支持帮助	59.00%	良好的工作环境和组织氛围	58.30%
	教学技巧的使用	30.90%	学术会议参与的支持	39.40%	教学上的支持关怀	35.10%	工作中信息的获取和沟通	35.80%

　　11～20年教龄的中年教师,在教学发展方面对"教学研究的参与"(38.3%)和"教学技巧的使用"(30.9%)有强烈需求;专业发展需求方面,排名前两位为"科研能力的提升"(61.7%)和"学术会议参与的支持"(39.4%);个人发展需求方面,排名前两位的需求依次是"学术上的支持帮助"和"教学上的支持关怀"。

表 5   21 年以上教龄段教师发展需求统计表

发展需求 教龄	教学发展		专业发展		个人发展		组织发展	
21 年以上	教学研究的参与	32.70%	学术会议参与的支持	42.00%	学术上的支持帮助	45.70%	良好的工作环境和组织氛围	57.10%
	教学讨论与指导	29.60%	科研能力的提升	38.30%	教学上支持关怀	38.30%	工作中信息的获取和沟通	41.70%

教龄为 21 年以上的具有丰富教学经验的老教师的教学发展需求排名前两位为:"教学研究的参与"和"教学讨论与指导";专业发展需求前两位为:"学术会议参与的支持"和"科研能力的提升";个人发展需求排名前两位为:"学术上的支持帮助"和"教学上的支持关怀"。

2. 不同职称段教师的发展需求

表 6   助教发展需求统计表

发展需求 教龄	教学发展		专业发展		个人发展		组织发展	
助 教	教学技巧的使用	59.30%	科研能力的提升	74.10%	学术上的支持帮助	59.30%	良好的工作环境和组织氛围	66.70%
	教学研究的参与	48.10%	学历的提高	51.90%	职业生涯规划指导	51.90%	工作中信息的获取和沟通	48.10%

助教在教学发展方面,比较需要加强"教学技巧的使用"和"教学研究的参与";在专业发展方面,对"科研能力的提升"和"学历的提高"需求较为强烈;个人发展方面,除了需要获得"学术上的支持帮助",还需要"职业生涯规划指导"。值得一提的是,助教的"教学发展需求"和"个人发展需求",与上述数据统计得出的入职 1～3 年新任教师的"教学发展需求"和"个人发展需求"完全一致。

表 7   讲师发展需求统计表

发展需求 教龄	教学发展		专业发展		个人发展		组织发展	
讲　师	教学研究的参与	45.90%	科研能力的提升	70.90%	学术上的支持帮助	69.80%	良好的工作环境和组织氛围	63.10%
	教学讨论与指导	35.10%	学术会议参与的支持	38.10%	教学上的支持关怀	39.90%	工作中信息的获取和沟通	37.70%

讲师在教学发展方面,希望加强"教学研究的参与"和"教学讨论与指导";专业发展方面,需要得到"科研能力的提升"和"学术会议参与的支持";个人发展方面,对"学术上的支持帮助"和"教学上的支持关怀"需求强烈。

表 8   副教授发展需求统计表

发展需求 教龄	教学发展		专业发展		个人发展		组织发展	
副教授	教学研究的参与	34.80%	科研能力的提升	51.90%	学术上的支持帮助	47.10%	良好的工作环境和组织氛围	54.30%
	教学讨论与指导	31.40%	学术会议参与的支持	44.30%	教学上的支持关怀	34.80%	工作中信息的获取和沟通	33.30%

对副教授来说,"教学研究的参与"和"教学讨论与指导"是其最需要得到的两个教学发展支持;专业发展方面,"科研能力的提升"和"学术会议参与的支持"是其最在乎的两个专业发展需求;个人发展方面,副教授关注的是要有"学术上的支持帮助"以及"教学上的支持关怀"。

表9　教授发展需求统计表

发展需求 教龄	教学发展		专业发展		个人发展		组织发展	
教　授	教学讨论与指导	34.30%	学术会议参与的支持	39.70%	学术上的支持帮助	51.50%	良好的工作环境和组织氛围	58.80%
	教学研究的参与	22.10%	科研能力的提升	30.90%	教学上的支持关怀	26.50%	工作中信息的获取和沟通	25.00%
	多媒体教学辅助设备等技术手段	22.10%						

对教授来说,最关心的教学发展需求有:"教学讨论与指导""教学研究的参与"和"多媒体教学辅助设备等技术手段";专业发展需求有:"学术会议参与的支持"和"科研能力的提升";个人发展方面,教授关注的是"学术上的支持帮助"及"教学上的支持关怀"。

同样的,不同职称段教师对于组织发展的需求,位于前两位的均是"良好的工作环境和组织氛围"及"工作中信息的获取和沟通",这与不同教龄段教师对于组织发展的需求又惊人的一致。

四、研究结论及启示

通过对调查结果和高校教师教学发展中心的现行状况分析,高校教师教学发展中心可以从以下方面给予教师专业发展有效的组织支持:

(一) 争取校高层支持,为教师专业化发展提供更多资源

海内外一些实证研究表明,校级领导对于教师培养和发展活动的重视程度越高,教师的总体满意度越高。同样也有研究表明,教师培训和发展活动的筹备状况以及校级领导的态度对教师发展产生直接影响。在本研究中,所有学科的教师对"职业的满意度"和"目前自身发展状况的满意度"均很低,其原因相当复

杂,但是终究应当加强对教师的愿景引领。大学是思想文化的聚居地,也是青年教师职业生涯的出发点,学校有影响力的人对点燃青年奋发有为的热情的作用是不可估量的,教师教学发展中心应该邀请学校主要领导以及关心青年教师成长的校内贤达与青年教师分享、谈心。同时,为了提高自身的地位和价值,高校教师教学发展中心也需要与学校管理机构和人员密切联系,争取校领导的支持,为中心争取更多的发展机遇和资源,更好地为教师提供服务。

(二)根据教师发展需求,构建多元化教师发展项目

针对不同教师群体的发展需求,制定不同的教师发展策略,设计有针对性的教师发展项目。调查中所有学科的教师均认为"学校目前开展的各种培训"对自己没作用。这反映出了学校目前培训形式、内容的不足。不同教龄、职称的教师的发展需求有所差别,因此,教师教学发展中心应该有针对性地进行教师发展培训。在教学发展方面,刚入职1~3年教龄的新教师的最迫切需求是"教学技巧的使用",而教授则对"多媒体教学辅助设备等技术手段"有强烈的需求;作为4~10年、11~20年和21年以上教龄段教师的最迫切的需求则是"教学研究的参与"。在专业发展需求方面,除教授外,其余职称段的教师最为迫切的专业发展需求是"科研能力的提升";个人发展方面,四个教龄段的教师均最迫切渴望得到"学术上的支持帮助",而教授最关注的专业发展需求则是"学术会议参与的支持"。由此可见,大学教师教学发展中心要凸显其工作开展的针对性和实效性,针对不同教师群体的发展需求,开发不同的发展项目,为新进教师开展入职培训、科研能力提升、教学技巧分享等新教师发展项目;为高职称的老教师开展先进教学技术手段的学习培训,助其更好地利用现代化信息技术开展课程教学;针对各学院各专业的需求,开展专业或课程的教学培训,形成多层次的教师教学培训体系,促进所有教师群体向专业化发展。

(三)针对不同教师群体需求,构建学习共同体

学界普遍认为,教师发展方式应从正式的个体学习,走向以实践共同体为代

表的团体非正式学习。① 在调查中,不同学科的教师均表示对"选择大学教师这一职业"不满意;对学校"学校人际关系与发展环境"感到不满意;同时,不同职称段和教龄段的教师对于组织发展的需求中位于前两位的均是"良好的工作环境和组织氛围"及"工作中信息的获取和沟通"。这几个问题的提出再一次证明了在教师中建立一个学习共同体的必要性。应给教师创建一个互动与合作、互相了解的地方,让教师在业务发展方面有人倾诉、帮助,在共同学习体中,成员们可以"找到一种社群的感觉,觉得在教学学术工作中很有劲头,解决了最初的担忧和焦虑"②。教师们在这个共同体中分享想法,提出问题,在交流之中,教学水平得到提高,同时,相互之间的关系也得以融洽的建立。教师教学发展中心要起到支架作用,充分利用教师的闲暇时间,创建互动与合作的组织氛围,将专业与非专业互动结合起来,应建立教师之间指导与合作的交流平台和网络,可借鉴普林斯顿大学的"午餐习明纳"、威廉姆斯学院的"教师圆桌"、圣诺伯特学院的"食品换思想"等学习共同体形式,摸索师徒合作、学习小组、同事指导等有效的学习与发展方式,增进教师之间的感情,营造一个良好的人际沟通、学术交流氛围,及时互通情感、学术信息,提高教师对自我价值的认识和对大学教师的工作满意度。

(四) 根据教师专业化发展过程中面临的不同问题,提供个性化咨询服务

通过教学咨询、微格教学、教学督导等为师生的教与学提供个性化的服务。研究表明,刚入职 1~3 年的新教师和"助教"在个人发展需求前两位均有"职业生涯规划指导"。而"教授"次为关心的个人发展需求均为"教学上的支持关怀",4~10 年、11~20 年和 21 年以上教龄段教师位于第二位的个人发展需求是"教学上的支持关怀",由此可见,教师教学发展中心需要根据不同教龄、职称段的教师的发展需求,提供个性化的咨询服务。面向全校教师开展教学咨询,落实教师个别咨询,帮助教师解决在教学实践中遇到的真实问题和困惑;提供教育教学改革建议,职业生涯发展咨询建议,教研沙龙,评教结果深度分析等个性化服务。

---

① 吴洪富. 高校教师教学发展中心的实践课题[J]. 高等教育研究,2014(3):45-53.

② Mackenzie, J., et al. From Anxiety to Empowerment: a Learning Community of University Teachers[J]. Teaching in Higher Education, 2010, 15(3): 282.

同时，也要紧跟信息化时代，利用现代网络新媒体技术，探索"线上＋线下"的咨询服务体系，开发网上咨询服务平台，解决教师的疑难困惑，助力教师专业化、全面发展。

参考文献

［1］吴洪富.高校教师教学发展中心的实践课题［J］.高等教育研究，2014(3):45-53.

［2］Mackenzie，J.，et al. From Anxiety to Empowerment：A Learning Community of University Teachers［J］. Teaching in Higher Education，2010，15(3)：282.

［3］夏秋.高校教师发展中心的激励功能研究——基于中外案例的实证分析［J］.北京邮电大学学报(社会科学版)，2015(4):105-112.

［4］别敦荣，李家新.大学教师教学发展中心的性质与功能［J］.复旦教育论坛，2014，12(4)：41-47.

［5］屈廖健.美国大学教室发展中心教室发展项目研究——以密歇根大学学习与教学研究中心为例［J］.国家教育行政学院学报，2016(5):90-94.

［6］汪海伟.高职院校辅导员胜任力模型的构建及应用［J］.师资培养，2016(11):57-58.

图书在版编目(CIP)数据

江苏高校教师教学发展的探索与实践 / 王守仁，施林淼主编. — 南京 ：南京大学出版社，2018.10

ISBN 978 - 7 - 305 - 21054 - 9

Ⅰ．①江… Ⅱ．①王… ②施… Ⅲ．①高等学校一师资培养－研究－江苏 Ⅳ．①G645.12

中国版本图书馆 CIP 数据核字(2018)第 231888 号

出版发行	南京大学出版社
社　　址	南京市汉口路 22 号　　　　　邮　编　210093
出版人	金鑫荣

书　　名 **江苏高校教师教学发展的探索与实践**

主　　编	王守仁　施林淼
责任编辑	董　颖　钱梦菊　　　　　编辑热线　025 - 83596997
照　　排	南京南琳图文制作有限公司
印　　刷	虎彩印艺股份有限公司
开　　本	787×960　1/16　印张 14.25　字数 225 千
版　　次	2018 年 10 月第 1 版　2018 年 10 月第 1 次印刷

ISBN 978 - 7 - 305 - 21054 - 9

定　　价　55.00 元

网址：http://www.njupco.com
官方微博：http://weibo.com/njupco
官方微信号：njupress
销售咨询热线：(025) 83594756